JN109972

奇跡の歌

戦争と望郷とペギー葉山

門田隆将

角川文庫
23856

目次

それは、日本歌謡史の「歴史的瞬間」となった
（1958年12月、NHK高知放送局開局記念番組『歌の広場』にて『南国土佐を後にして』を歌うペギー葉山　写真提供：NHK）

果てしなく続く鯨部隊の行軍

ハチは鯨部隊のマスコット
だった(成岡正久曹長)

舞踊家・宮操子さんを慰めた
幼少時のハチ(右は成岡氏)

人気番組『スター千一夜』でも原作者探しがおこなわれた（左端がペギー葉山、1人おいて久米滋三氏、その右隣が松浦初男氏。右端は司会の三木鮎郎氏）

はりまや橋に完成した『南国土佐を後にして』の歌碑の前で歌うペギー葉山（2012年11月）

『ドレミの歌』が福島の子供たちを励ました
(2013年3月、いわき市立大野第一小学校にて)

『南国土佐を後にして』を配したよさこい踊り子隊『十人十彩』(2016年8月10日)

はじめに

二〇一六（平成二十八）年十二月十四日。

木枯《こが》らしが舞い、慌ただしさの中をコートに身を包んで気ぜわしく人々が行き交う師走《しわす》の昼間、私は、ひとりの女性を東京・港区赤坂一丁目のANAインターコンチネンタルホテル二階のインタビュールームで待っていた。

長年、調査し、取材しつづけたことをその女性にぶつけ、感想を伺うためである。いわば、取材の「集大成」ともいうべき日だった。

その女性とは、ペギー葉山さんである。

御年八十三歳。『南国土佐を後にして』『ドレミの歌』『学生時代』『ラ・ノビア』……歴史に残る数々のヒット曲を歌い、日本歌手協会の会長も務めたペギー葉山さんは、日本を代表する歌謡歌手であり、ジャズ歌手でもある。

ペギーさんによって「命」を吹き込まれ、世の中に出て、そして、ひとり歩きをしていった不思議なパワーを持つ「歌」についての物語を、私は、長年にわたって追っていた。

その歌が生まれ、多くの人に歌い継《つ》がれたこと、そして、紆余曲折の末に、ペギーさんによって大きな「光」が当てられたこと、さらには、その歌がきっかけとなって、新たな曲が発見され、それが多くの人たちの「勇気」となりつづけていること――そんな物語について、私は取材を重ねていた。

その主役であったペギー葉山さんの口から、私は、どうしても、さまざまな「事実」を伺わなければならなかった。

その歌とは、戦争中に兵隊たちによって中国戦線でつくられた『南国節』というものである。「生」と「死」の狭間《はざま》にいた若者たちが、異国の地で故郷を偲《しの》び、家族のことを思いながら、歌い継いだ「望郷の歌」だ。

悲惨な戦争の中で誕生し、生き抜き、兵たちの復員とともに日本にきたその歌は、かたちを変えながら、ひとり歩きをしていったのである。

この歌に、「力」と「命」を吹き込んだのがペギー葉山さんであり、その陰には、多くの名もなき人々がかかわっていた。

私は、運命論者ではない。しかし、この歌と、それにかかわってきた人々が歩んできた道を知るうちに、いつしか「運命《さだめ》」という言葉が脳裡に刻み込まれていた。

ひとり歩きし、かたちを変えていった歌は、二〇一一年三月十一日に起こった、東日本大震災の被災者たちを勇気づけ、大きな影響を与えた。

誕生から実に八十年近くを経ても、ますます大きな力を発揮しようとするその歌は、まさに「奇跡の歌」と呼ぶにふさわしい。

その元になった歌をつくった人は、今も「不明」のままだ。

もし、その作者が現代によみがえり、自分がつくった歌が「辿《たど》った道」を知ったならば、ただただ絶句するに違いない。

「世の中には、不思議なことがあるもんだ……」

その人は、きっと、そう呟《つぶや》くだろう。

ふっと自分の頭の中に浮かんだ歌詞とメロディが、自分の口から出たあと、勝手に歩みを始め、次第に想像もできないようなパワーを伴って、世の中に大きな影響を与えていく。

そんなことが実際に起こっても、つくった当人は、ただ、「いやあ、不思議なことがあるもんだ」と唸《うな》るしかないだろう。

私は、その歌に大きな力を与えたペギー葉山さんご本人に、多くのことを伺いたかった。

なぜこの歌は、これほどの「力」を持っていたのか。

ペギーさんがこの歌に出会ったのは、必然だったのか、それとも偶然だったのか。

この歌が、「望郷の歌」であると同時に、仲間への「鎮魂歌」でもあることを私は知っていた。そして、ペギーさんご自身もまた、戦争に翻弄された少女時代を過ごしたことも知っている。

戦争中に、秘《ひそ》かにつくられた「詠《よ》み人知らず」のこの歌のことを、ペギーさんはどう語ってくれるのだろうか。

午後三時、ペギーさんは約束の時間に、鮮やかな青と紫のツートンカラーのワンピースにシックな黒のジャケットを着て、颯爽《さっそう》と現われた。ペギーさんは長時間にわたって、私の質問に、丁寧に、そして優しく、答えてくれた。

時間を忘れて聞き入ったそのお話は、日本の「歌謡史」そのものであることに、私は、気づいた。それほど、ペギーさんが後世に与えた影響は、はかり知れなかったのである。

しかし、その四か月後の二〇一七年四月十二日、私は衝撃的な報に接した。

ペギー葉山さんが肺炎で急逝《きゅうせい》したというニュースだった。

つい二週間前には、大先輩の亡き越路吹雪《こしじふぶき》さんの特別追悼公演で、元気に歌を披露したばかりだった。

結果的に、私がお聞きしたお話は、ペギー葉山さんの「遺言」となった。

数奇な運命に導かれて、世の中に鮮やかな光芒を放ちつづける歌を世に送った大歌手。私は、彼女が放った一本の光の筋を追いながら、戦争の悲劇、歴史に埋もれた真実、そして挫折から立ち上がることの大切さ……等々、多くのことを教えられた。

本書では、取材を通じて学んだ、人間が持つ勇気と思いやりの素晴らしさを、できるだけ忠実に、そして生々しく描き出したいと思う。

読み終わったときに、さまざまなものが共鳴し合う「奇跡」のような物語が実際に存在し、それこそが「人生」であるということに思いを馳《は》せていただければ、筆者として無上の喜びである。

筆　者

プロローグ

その踊り子隊が近づいてきたとき、観客は、それまでとはまったく違った反応を見せた。

「さすがやねえ」

「今年は、これで来たか……」

さまざまな呟きと溜息の中、名門踊《おど》り子隊「十人十彩《じゅうにんといろ》」は、やって来た。

二〇一六（平成二十八）年八月十日、第六十三回よさこい祭りの本番初日が始まっていた。

四国・高知の夏を彩る「よさこい祭り」のメインは、いうまでもなく各踊り子隊が、工夫と猛練習を重ねて披露する踊りにある。

チームを先導する地方車《じかたしゃ》と呼ばれるトラックを先頭に、大きな隊では百五十人もの踊り子たちが美しさと豪壮さを競い合うのだ。

よさこい祭りは、ブラジルのサンバとよく比較される。

〝土佐の高知の　はりまや橋で　坊さんかんざし　買うをみた〟という「よさこい鳴子《なるこ》踊り」のフレーズがどこかに入り、かつ、鳴子を鳴らして前進さえすれば、あとは、どう曲をアレンジしようが、また、どんな踊りであろうと自由なのである。バラエティーに富み、陽気で開放的な南国の踊りが、よさこい祭りの特徴だ。

「まるでブラジルのサンバ」

その自由さが年々、若者に共感を呼び、大胆な曲と踊りが、大きな評判を呼ぶようになったのである。全国で「よさこい」の名が冠せられた祭りの数は、いまや二百を超え、阿波踊りを凌《しの》ぐ日本一の規模となっている。

参加した踊り子隊は、ついに六十三回目にして、二百五チームを数えた。遠く北海道や長崎からの参加もある。

その本元である高知の「よさこい祭り」が炎熱の中、スタートした。

気温は、摂氏三三・四度。日射しを遮《さえぎ》るものがないところでは、おそらく四〇度を超えるだろう。一般の人間には、とても耐えられるものではない。だが、踊り子たちは、そんな暑さをものともせず、〝踊り狂う〟のである。

なかでも過去四回の「よさこい大賞」、十一回の「金賞」受賞を誇る踊り子隊「十人十彩」は、屈指の強豪チームと言える。

「今年の十人十彩は、どんな踊りやろねえ」

毎年、関係者の間で、大きな期待を受けている十人十彩が披露したのは、冒頭に『南国土佐を後にして』を配した踊りだった。ご存じ、ペギー葉山の大ヒット曲である。
鮮やかな藍色を基調にした着物に赤い縁《ふち》取りのある黄色の襟《えり》、両胸に桜の紋を白く染め抜いたいでたちは、美しさとともに、凛《りん》とした雰囲気を観るものに与えてくれる。前《まえ》身頃《みごろ》の裾《すそ》には、白く「十人十彩」の文字が入り、真っ赤な帯がそれを際立《きわだ》たせている。
さらに、両サイドには、彼女たちを挟み込むように、炎《ほむら》立つような紅の着物に身を包んだ凜々《りり》しい男たちが並んでいた。三日月形の編み笠を目深にかぶった女性たちと見事な対《つい》を成している。

南国土佐を　あとにして
都へ来てから　幾歳《いくとせ》ぞ

ゆっくりしたテンポで歌声が響き始めると、手に鳴子を持った踊り子たちが、一糸乱れぬ踊りを披露し始めた。

思い出します　故郷の友が
門出に歌った　よさこい節を
土佐の高知の　はりまや橋で
坊さんかんざし　買うをみた

編み笠が、きゅっきゅっと、きれ鮮やかに向きを変えるのが、十人十彩の踊りの特徴だ。あでやかさと、艶《つや》っぽさ、それでいて、男たちの豪快な動きも、観るものを魅了する。

私は、十人十彩をはじめ、さまざまな踊り子隊が、練《ね》り上げてきた踊りを披露しながら通り過ぎていくのを、時間を忘れて見入っていた。

高知城の追手門からまっすぐ東に走る「追手筋《おうてすじ》」は、幕末の志士たちが闊歩《かっぽ》した昔も、そして二十一世紀となった今も、土佐のメインストリートである。

その両側にスタンドを設《しつら》えた「追手筋本部競演場」は、高知市内全十六か所の競演場・演舞場の中で、最大のものだ。

私は、その競演場の観客席に、この日の午後、九十五歳になる老人とともにやってきた。私たちの目の前で多くの踊り子隊が自慢の踊りを〝爆発〟させていく。

地方車から発せられる大音響の歌と演奏で、すぐ隣同士の会話もままならない。

老人の名は、渡辺盛男。日本陸軍支那派遣《しなはけん》軍の第四十師団歩兵第二百三十六連隊の元騎兵である。

「よさこい祭りも年々、大きくなりますね」

「そうやねえ。昔のよさこいとは、えらい違いじゃねえ」

渡辺と私は、そんな話をしながら、個性ゆたかに工夫が凝《こ》らされた演舞を見ていた。

渡辺は、中国大陸から復員後、生まれ故郷の大豊町《おおとよ》（当時は、東豊永村《とよなが》）の役場に勤め、一九八四（昭和五十九）年からは大豊町の町長を三期務めた人物である。

歩兵第二百三十六連隊は、通称号が「鯨《くじら》」である。日本軍は、部隊の呼称を万国共通の「数字」で表わすだけでなく、漢字を「通称号」として用いていた。敵にわかりにくいように、軍と軍との連絡も、兵たち同士の会話でも、数字ではなく通称号のほうを使ったのである。主に漢字一字を充てたこの通称号は、「秘匿名《ひとく》」とも呼ばれる。

海の王者・鯨は、勇魚《いさな》の別称を持つ水を制する最大の哺乳類《ほにゅう》だ。

土佐の漁師は、いにしえよりクジラ漁や、マグロ漁に挑んできた。「鯨」と言えば「土佐」というイメージからすると、「鯨」という通称号は誰にも腑《ふ》に落ちるものだったと言えるだろう。

高知を中心とする四国出身者の連隊「鯨部隊」は、昭和十四年六月に編成されて以来、行軍を重ねて中支・南支を戦い抜き、総移動距離は二千数百キロにおよび、総戦死者数も二千人余を数えた勇猛部隊である。

騎兵だった渡辺は、その鯨部隊に昭和十五年に入り、敗戦後、昭和二十一年五月に復員するまで、六年にわたって戦いつづけた人物だ。

私は、鯨部隊の生き字引といわれる渡辺に、数度にわたって長時間の取材をおこなっていた。それは、彼ら鯨部隊の面々が激しい戦いの中で歌い始め、戦後、歌謡曲として大ヒットする歌にまつわる話だ。

昭和三十三年にペギー葉山が歌った『南国土佐を後にして』である。

戦争中に望郷の思いを募らせた土佐出身の兵たちによってつくられたこの歌は、中国大陸で歌われ、やがて戦後、空前のヒット曲となった。

さらに、この歌はかたちを変えて、二〇一一年三月十一日に起こった東日本大震災でも、被災者たちの大きな勇気となっていく。

まさに、「数奇な運命を辿った歌」という表現がふさわしいだろう。

私はこの日、渡辺の話に耳を傾けながら、よさこい祭りを満喫《まんきつ》した。巷《ちまた》では、リオデジャネイロ・オリンピックでの日本人選手の活躍が連日のように報道されていた。

その世界のスポーツの祭典に負けない熱気が、ここ南国土佐にあった。汗が飛び散る踊り子たちのダイナミックなパフォーマンスと、ペットボトルに入った冷たい水をノドに流し込みながら、それに見入る観客。時間が経つのを忘れたかのように、祭りは、つづいた。

私は、渡辺とともに、この日の夕方、高知市栈橋《さんばし》にある「自由民権記念館」に足を延ばした。

そこで、一頭の豹《ひょう》の剝製《はくせい》を見るためである。

普段は、そこから九百メートルほど離れた「子ども科学図書館」に展示されているその豹の剝製は、よさこい祭りに合わせて「生活の中から戦争を考える企画展」が開かれていたこの時期、自由民権記念館一階の特別展示室に移されていたのだ。

展示室に入っていくと、凛々しい豹の剝製が入口を向いていた。

ショーケースに入った豹は、体長が一・六メートル、高さは八十センチほどあるだろうか。やや口を開いた剝製は、観に来た人を威嚇《いかく》するでもなく、そうかといって愛嬌を振りまくような表情を浮かべているわけでもない。

豹の名前は「ハチ」。かたわらには、「日本動物愛護協会」からの賞状が置かれていた。

〈ヒョウ　ハチ殿　兵士たちのマスコットとなった子豹が　戦後剝製として保存され七十年に渡り平和・反戦の象徴としてきた歴史と努力　貴重な想いの意味を高く評価します　よって人と動物の共生への理解に寄与した功績は大であり　ここに日本動物大賞貢献賞を授与いたします〉

渡辺は、それを見ながら呟いた。

「ハチの剝製を実際に見たがは、初めてじゃねえ。これがハチかよ。そうかよ……」と。

ハチもまた数奇な運命を辿った豹だった。鯨部隊によって育てられ、人間社会に入り込んでしまった、愛くるしく、心優しい生きものだったのだ。

世界中で五千万人以上の人命が失われた第二次世界大戦。弱いものに必ずしわ寄せがいく戦争の悲劇は、人間だけでなく、さまざまな生きものにも、もたらされた。

しかし、それでも、人々は復活した。

ハチは剝製となって、今も、あの悲劇の時代を伝えている。

戦争の悲劇の中で生まれたものが、その後、多くの人々の「希望」と「勇気」につながるものへと成長していく実話は、後世の人間である私たちの心を捉えて放さない。

ひとつの歌が人々の心を震わせ、さらに多くの人の心に郷愁と共感を呼び起こし、世代を超えて人々の心の灯《ともしび》となっていく道程は、それ自体が奇跡である。

その不思議な歌の物語を辿ってみたい。

第一部　苦難を越えて

第一章　鯨部隊の最前線へ

歓呼の声に送られて

「ばんざーい、ばんざーい」

灼熱《しゃくねつ》の南国土佐の大地に悲壮な声が轟《とどろ》いていた。そのなかを無言の兵たちが、歩いていく。

ザッザッザッザッザッザッ……。

打ち振られる日の丸と、無言の兵たちとのコントラストは、この場に集まった人々の複雑な思いを表わしていた。

一九四二（昭和十七）年七月十九日。高知市朝倉《あさくら》——。

もう陽が傾きかかった夕方だというのに、刺すような日射しは、群れをなす人々の肌を容赦なく焼いていた。しかし、そのことに気を留める人間はひとりもいない。

兵たちの家族にとって、それは、この世で見るわが子やわが夫の「最後の姿」かもしれないのだ。

（なんとか、生きて帰って来て！）

心のなかでそう思っていても、その切なる願いを口にすることはできなかった。できることと言えば、

「ばんざーい、ばんざーい」

ただ、そう叫ぶだけである。無事の帰還を祈って、肉親の姿を必死に探す気持ちは、どの人にも共通だろう。

真珠湾攻撃によって、ついに「米英撃滅」のための大戦争に突入して七か月あまり。南方で、そして中国で、連日、「大勝利」の大本営発表と報道に接してきた国民にとって、戦争の勝利自体を疑うものではなかった。

実際には、前月にミッドウエー海戦で日本が誇る空母四隻を一挙に失うという手痛い敗北を喫《きっ》し、戦争の前途に暗雲が垂《た》れ込めていた。

しかし、国民はそんなことを知る由《よし》もない。まだ、戦争の行く末に対する不安ではなく、ただただ「生きて帰ってきてほしい」という肉親の無事を祈る思いだけがその空間には満ちていた。

（はっちゃん、はっちゃん……）

人混みの中で、兄・松浦初男《はつお》（二九）の姿を探す妹、松浦三枝《みつえ》（当時十八歳。現姓「吉門《よしかど》」）は、どうしても、その姿を捉えることができない。

高知市から東へおよそ四十キロにある高知県東部の町・安芸《あき》。四日前に安芸駅で「万

歳」の声に見送られて出征した〝はっちゃん〟こと、兄・初男が、もう高知を離れて中国の前線に向かうというのである。

（えっ、そんなに早く？）

安芸から高知市に洋裁を習うために出てきていた三枝は、家族のなかで、兄を見送ることができるのは、自分だけだと思った。

とるものもとりあえず駆《か》けつけてきた朝倉駅は、すでに兵たちの家族を含め、無事を祈る人たちでごった返していた。

一八九六（明治二十九）年に設置された歩兵第四十四連隊を始まりとする高知連隊は、高知県全域を管轄下に置く歴史ある連隊である。日露戦争で激戦を展開し、シベリア出兵にも投入され、さらには、日中戦争から太平洋戦争に至る大戦争のなかで、各地で奮戦をつづけることになる連隊だ。

一方、歩兵第二百三十六連隊は、これとは別に、泥沼化する日中戦争に新たに投入する目的で編成された「第四十師団」の中核部隊としてつくられた。高知県出身者が多かったため、まず高知市の朝倉に兵たちは集められ、ここで厳しい訓練を受けた。

だが、逼迫《ひっぱく》する情勢に応じて、やがて訓練も「現地」でおこなうこととなり、松浦のように入隊四日後に早くも戦地に赴《おもむ》くようになっていたのである。

三枝は、まさか三十近い兄がこんな歳になって召集されるとは思ってもいなかった。

兄は、妻・鶴《つる》との間に、五歳の巌《いわお》、三歳の正《ただし》という二人の息子と一歳の娘、直子《なおこ》がいる。かわいい盛りの三人の子供を持つ兄が、家族と引き離され、戦地に赴くとは、なんというむごいことだろうか。兄の気持ちを思うと、三枝はたまらなかった。

松浦初男は、地元の尋常《じんじよう》・高等小学校を卒業後、安芸中学（注＝中学は、現在の高校に相当する）に進み、同校を卒業後、農業試験場に就職。その後、農業試験場で得た農作物に対する知識を買われて大阪の中央野菜卸売《おろしうり》市場に転職し、数年を過ごしている。しかし、松浦家の長男であることから安芸に呼び戻され、今度は、高知県の県職員に採用された。県から安芸の職業安定所に配属された松浦は、まじめな人柄そのままに懸命に働いた。

妹の三枝によれば、

「私は、安芸の実践《じつせん》女学校に通っていたんですが、兄は、いろいろな人の職業の世話をするのが仕事ですから、女学校にもよく来ていました。兄が事務室のほうに階段を駆け上がっていく姿を思い出します。〝ほら、またお兄さんが来てるよ〟と、同級生が教えてくれたものです」

職務をまじめに果たす松浦初男は、その性格ゆえに、のちに大いに悩むことになる。

「仕事をお世話した人たちが、かなり亡くなっていますからね。満洲や、いろいろな外地にも、職のお世話をしていました。自分が世話をした仕事のせいで亡くなった人のことを思って、その責任を重く感じていたようでした」

そんな愛すべき兄が、ついに戦場に赴くのである。

三枝は、戦地に行く兄の姿をひと目でも見たかった。

頭の片隅に、生きている姿を見るのはこれが最後かもしれない、という思いがどうしても消し去れない。三枝は、兄にひと言でも声をかけてから送り出したかったのだ。

しかし、肝心の兄の姿を見ることは、ついに叶《かな》わなかった。

「姿を探したんですが、わからざった（わからなかった）ですねえ。見送りの人の数があまりに多すぎてね。ホームまで、人で溢《あふ》れかえってしまって……」

それから、七十五年という気の遠くなるような歳月を経た二〇一七年四月、九十三歳となった三枝は、そのときのことをそう述懐した。

「兄は本当に優しい人でした。誰からも、〝はっちゃん、はっちゃん〟と親しみをもって呼ばれてましてね。兄は三男三女の一番上で、私は五番目。歳も離れていたから、〝みつえ、みつえ〟と、よう可愛がってくれました。頼もしくて、優しい兄だったんです」

妹が見送りに来て必死に自分を探しているなどと知ることもなく、歩兵第二百三十六連隊の補充兵である松浦初男は中国へと去っていったのである。

省線（現在のＪＲ）の土讃《どさん》線に乗って、急峻な四国山地を越えた兵たちは、香川県の坂出駅で下車。そこから貨物改造船に乗船し、瀬戸内海を一路西へ。博多沖で碇《いかり》を下ろす。

夜半に出航した船は、一気に玄界灘を押し渡った。

夜中、計四隻で敵の魚雷攻撃を避けながら、ジグザグに航行していくさまを当の松浦は、のちに自費で出版した『鯨部隊　ある補充兵の手記』(以下、『松浦手記』)にこう記している。

〈朝甲板《かんぱん》に出て見ると、済州島の灯台の下を航海中で、僚船三隻それぞれジグザグコースをとりながら進んでいる。海には大きな海月《くらげ》が、数多く泳いでいた。

船は朝鮮の南端を通り、東支那《しな》海に出て沿岸ぞいに南下しているらしい。甲板では、木製の高射砲が、天空を睨《にら》んでいた。

一夜明けると、海の色が黄変している。揚子江《ようすこう》の水のためらしい。いよいよ江口に達し、船は支流を遡《そ》行《こう》して上海に向かう。河巾《かわはば》も狭まり、堤には土饅頭《どまんじゆう》の墓が望見される。

やがて上海馬《ま》頭《とう》に横づけになる。僅《わず》か二、三日の航海で、風物の異なる外国に来たかと思うと、不思議な気がする〉

高知から、たった二、三日で着いた中国・上海。黄色く、にごった海の色を見た松浦は、故郷・南国土佐のエメラルドグリーンの爽やかな海の色とのあまりの違いに、「異国にやって来た」という物思いに浸《ひた》ったのである。

松浦は、支那事変勃発以来、どれほど過酷な戦いが、ここ中支で強いられているかは、もとより知《ち》悉《しつ》し、同時に覚悟もしている。

しかし、そんな予想を遥《はる》かに超える「地獄の四年間」が待ち受けているとは、松浦には、まだ想像できていなかった。

編成された土佐人部隊

支那派遣軍の一角を占める第四十師団の歩兵第二百三十六連隊は、昭和十四年六月に高知で編成（一部は丸亀でも編成）され、同年十月には、中支に渡り、まず、中国・湖《こ》北《ほく》省の大冶《だいや》鉄山《てつざん》付近の警備についた。

昭和十二年七月の盧溝橋《ろこうきょう》事件の勃発によって支那事変（日中戦争）が始まり、多くの日本の若者が中国での戦争に駆り出されていた。歩兵第二百三十六連隊もそのひとつである。

そのうえ昭和十六年十二月八日には、日本は、ハワイの真珠湾を奇襲し、ついに、アメリカ、イギリスとも戦端を開いた。

中国戦線での部隊の任務は、主に二種類ある。「作戦」と「警備」だ。

「作戦」とは、敵と戦闘し、撃破することである。支那派遣軍は最盛期百万を超える大兵力となり、中国各地で戦闘を重ねた。国民党軍、軍閥、あるいは共産軍（注＝「八路《はちろ》軍」と称された）と戦い、中国大陸の広い範囲に部隊は展開したのである。

敵を撃破し、占領した地域は、その後、そこを守備しなければ、敵の手に再び陥《お》ちてしまう。そのため、占領した地域に駐屯して、敵の反撃に備えた。それが「警備」だ。

中国大陸があまりに広大なため、いくら占領地を増やしても、それは「点」と「線」に過ぎず、泥沼の戦線で苦しむことは周知のとおりである。

部隊には、満期除隊する者、途中から加わる者、さまざまな兵がいる。のべで言えば、一万名を超えたこの土佐人部隊は、七年間で、中支、南支を、およそ二千数百キロにわたって行軍し、大小の多くの「作戦」を敢行した。

ざっと挙げただけでも、宜昌《ぎしょう》作戦、第一次長沙《ちょうさ》作戦、第二次長沙作戦、浙贛《せっかん》作戦、江南《こうなん》殲滅《せんめつ》作戦、湘桂《しょうけい》作戦、桂林《けいりん》作戦……等々、激戦として歴史に残る作戦は少なくない。北は中支の南昌《なんしょう》から、南は広東西南およそ百二十キロに位置する台山《だいざん》に至るまで、広大な中国大陸を行軍し、敵と戦った。そして、切り開いた地は、自ら警備した。

鯨部隊には、中国人（注＝当時は、「支那人」と呼ばれた）との交流や、後述する「豹」にまつわるエピソードなど、多くの逸話《いつわ》が存在する。同時に、七年余の激戦の日々は、同じ故郷から集まった兵たちに、明と暗、さまざまな運命をもたらした。

幸運にも二年の満期除隊で、故郷・高知に帰っていった者、除隊が許されず（注＝「現地除隊」し、「即日召集」という形をとることが多かった）、故郷や家族を思いながら、延々と戦いつづけた者、途中で、戦死したり、マラリアや赤痢《せきり》、コレラといった病気に倒れ、戦病死していった者——「運命」という言葉だけでは、とても済《す》ませることができない、それぞれにさまざまな物語があったのである。

そして、この部隊では、故郷・高知を思う歌が生まれ、それが兵たちによって歌い継がれ、のちに社会全体に大きな力を発揮していくのである。

補充兵の苦悩

松浦たちは、「補充兵」である。

徴兵検査に合格したばかりの二十歳のばりばりの現役兵とは、体力も、気力もまったく違う。現役兵には、ほぼ女房子供はいないが、補充兵には、守るべき妻と子供がいる場合が多い。

守るべき家族がいない若者と、生きて帰って妻子を養わなければならない補充兵とは、自ずと、戦争に対する意識も異なっていた。

兵役《へいえき》には、「現役」「予備兵役」「補充兵役」「国民兵役」の四種類がある。

二十歳になると男子は、等しく徴兵検査を受け、甲種、第一乙種、第二乙種、丙種、丁種、戊種の六段階に分けられる。甲種と第一乙種、第二乙種は、現役兵（注＝期間は、通常、陸軍が「二年」、海軍は「三年」）となるが、定員の関係でそれから漏れる者もいる。

それが補充兵だ。

予備兵役とは、現役を終えた人々のことで、陸軍の場合は十五年四か月、海軍は十二年間、その任を「待つ」ことになる。

戦時になって、兵の数が足りなくなると、この「予備兵役」や「補充兵役」の人間は召集を受けるのである。

戦時にならなければ補充兵は幸運だが、戦時となれば悲惨だ。

それまで軍務に就《つ》いていないため、年齢は高いのに「二等兵」から始めなければならないのだ。そのため、歳の若い現役兵の方が階級が高く、彼らのシゴキを受けることが少なくなかったからだ。

いつ召集があるかわからない当時の男子は、若くして結婚し、子供をつくった。生きているうちに子孫を残しておかないと、家が成り立たなくなる。特に、松浦のような長男はそうだ。

当時の地域社会には、世話する人はたくさんいる。松浦が、その頃の花形職種だった電話交換手をやっていた鶴と結婚したのは、昭和十一年のことだった。

二人の間には、三人の子供が生まれ、仕事も充実していた昭和十七年に、召集令状が舞い込んできたのである。

聞けば、同じ大正二年生まれの友人たちにも、続々、召集令状が届いていた。

(俺だけではない。これは大戦争だ……)

松浦は、そう思った。七か月前の真珠湾攻撃に成功したニュースに日本中が湧きたっていたとき、松浦は、もう「覚悟」を決めていた。

現役だけで戦争がまかなえるわけがなく、予備兵役も、補充兵役の人間も、戦場に駆り出されることは「時間の問題」と思ったのである。

そして、松浦は、同時にこんな疑問も持っていた。

アメリカやイギリスに本当に勝てるのか——。

勝利、勝利の報に浮かされていた一般の国民はともかく、松浦は、満洲や北支を含む広大な地に、職業を斡旋《あっせん》する公の仕事をしていた県の職員である。

北支、中支、南支の戦線で泥沼のような戦いを展開しているのに、新たに米・英との戦争に勝利することなど、本当にできるのか。

そんな不安を持つのは、むしろ当然だろう。松浦は、その困難さを想像できる数少ない人間でもあったのだ。

揚子江を一週間もかけて上がってきた松浦たちが、湖北省の漢口《かんこう》に上陸したのは、すでに七月末だった。

松浦たちには、訓練と、厳しいシゴキが待っていた。

「おまえたちのカボチャの花はひとつ！　俺がみっちり鍛《きた》えてやる！」

そんな上等兵の声が松浦たちに飛んだ。

カボチャの花というのは、階級章の星のことだ。「カボチャの花」にせよ、「星」にせよ、これが「ひとつ」しかないということは、「二等兵」ということである。いくら自分のほうが年上であろうと、軍隊では、階級が上の者の言うことが絶対なのだ。

連日、銃声が聞こえてくる前線で、松浦たちは厳しい訓練をおこなった。

どこの世界にも、無抵抗の人間をいじめ抜く哀しい輩《やから》がいる。

生と死の境にいる緊張感と、殺伐《さつばつ》とした空気のなかで、腹いせのように二等兵をいじめる人間がいたのである。

若く元気な現役兵が、子供が二、三人いるような補充兵を「教育」するのだ。強烈なビンタが飛ぶたびに、パチンパチンという音とともに目から火花が散った。

(この野郎……)

心の中でそう思っていても、ただ耐えるしかなかったのである。

「誰がつくった歌なんだ……」

松浦たちは、そんな日々のなか、なんとも言えぬ郷愁を持つ「歌」に出会った。

疲れを癒《いや》せるのは、夜、貪《むさぼ》るように睡眠をとるときだけである。初年兵《しょねんへい》には許されなかったが、古年兵《こねんへい》たちは時折、夜、酒を飲んでいた。

酒が入れば、自然に故郷の話になる。広い高知県から集まっている兵たちが、それぞれ自分の生まれ育ったご当地自慢を始めるのだ。

それが終われば、歌である。

そのとき、これまで聴いたことがない歌が、松浦たちの耳に入るようになった。

南国土佐を後にして

中支に来てから幾歳ぞ……


心に染《し》み入る歌だった。

それは、一発で心の奥に入り込んでくる歌だったのだ。

(なんだ、この曲は……)

「おい、おまえたちも飲め」

そう言われて、初年兵も車座に入れてもらって一緒に酒を飲むこともあった。そのとき、いつも、この歌が出た。

よく聴けば、歌詞も節《ふし》も定まってはいなかった。

「中支」が「支那」だったり、「俺」が「わし」だったり、「月の露営」が「夜のとばり」だったり、歌うたびに歌詞や節まわしが微妙に違っているのだ。

それでも、故郷土佐を後にして戦場にやってきた自分たちの境遇と気持ちを、これほど言い表わしている曲がほかにあるはずがなかった。

(一体、誰がつくった歌なんだ……)

松浦ならずとも、その成り立ちに興味が湧《わ》いた兵は少なくなかった。

あっという間に、初年兵にまでこの曲は浸透していった。最初は、名前もなかったこの歌は、やがて『南国節』と呼ばれるようになる。部隊によっては、出だしの部分を取って、ただ『南国土佐』と呼ぶものもいた。

クチコミで広まっていったこの曲は、歌詞も一番だけが共通で、二番以下は、それぞれの隊ごとに違っているという謎の多い歌でもあった。

松浦がやってくる前に、鯨部隊は、多くの戦死者を出した「第二次長沙作戦」を経験している。真珠湾攻撃と同時に、「香港要塞《ようさい》」攻略のため、中国軍を陽動《ようどう》する目的として第二次長沙作戦が発動された。

弾薬・食糧の補給のあてもないまま第十一軍の阿南惟幾《あなみこれちか》司令官によって発動された無謀とも言えるこの作戦は、戦死者が続出し、作戦遂行部隊は、「反転・退却」を余儀なくされた。

昭和十六年末から十七年初頭のこの悲劇で、鯨部隊の多くの若者も幽明境《ゆうめいさかい》を異《こと》にすることになった。

古年兵によれば、どうやら、この曲は、その頃から歌われるようになったらしい。

しかし、作者はわからない。

「あればあ（あれほど）、悲惨な作戦はなかった。寒うて、がたがた震えるような中、食うもんは、芋をかじるだけで、糧秣《りょうまつ》も、弾薬も、のうなった（なくなった）。あんな無茶な作戦で死んだもんが可哀想でならん」

松浦たちは、そのことを古年兵たちから耳にたこができるほど聞かされた。

『香港・長沙作戦』（戦史叢書《そうしょ》・防衛庁防衛研修所戦史室）には、第二次長沙作戦での戦死者が、千五百九十一名、負傷者が四千四百十二名、死んだ馬の数が、千百二十頭にのぼったことが記されている。

バタバタと死んでいった兵や軍馬がいかに多かったかがわかる。損耗《そんもう》の大きさは、はかり知れないものだったのだ。

（この曲をつくった人間は、とっくに戦死しているかもしれない）

松浦は、そう思った。

現地の状況を知るにつれ、軍隊ほど〝運〟に左右されるものはないことも松浦にはわかってきた。

前述のように、「作戦」と「警備」に分かれる彼らの任務は、大作戦になればなるほど戦死者が増え、一方、占領地に駐屯し、「警備」を任務とするときは、死者が少なくなる。

警備も、ひとつの地域に一年以上、長ければ二年ほどいる場合もあり、それぞれに「幸運」と「不運」がついてまわったのである。

慰安会の「人気歌」

その瞬間、「うぉー」という歓声とともに拍手が巻き起こったのは、それほどこの歌が、皆の心を捉えていたということだろう。

歩兵第二百三十六連隊の第一大隊（大隊長・温品博水《ぬくしなひろみず》大佐）の慰安会でのことだ。

昭和十五、六年から歌われ始めたこの歌は、十七年には、かなり鯨部隊の中で広まっていた。しかし、なんといっても松浦初男が所属する第一大隊が最も盛んだった。

一九四二（昭和十七）年十月、中国湖北省江陵《こうりょう》県賀家湾《がかわん》――。

武漢から西におよそ百九十キロ、長江の恵みを受ける湖北省の中でも、江陵県の賀家湾は長江の北岸に位置し、有史以来、特に、豊かな水とともに時を刻んできた地である。

歩兵第二百三十六連隊の第一大隊は、賀家湾周辺に駐屯していた。

兵たちは、通常二年で、満期除隊になる。しかし、広大な中国大陸での戦争の早期終結に失敗した日本は、いくら兵員を投入しても、「終わり」が見えない戦況に喘いでいた。除隊も叶《かな》わず、戦いつづける兵たちには、故郷や家族に対する思いが限りなく募っていた。そんな戦地にあって、数少ない兵たちの楽しみのひとつが、「慰安会」である。

明日の命も知れぬ戦いの日々。そんな中で、ほっと息を抜ける時間というだけではない。芸達者な仲間たちの軽妙な芸や歌声は、極限の緊張を強いられる戦場で「生きていること」を実感させ、気持ちを新たにさせてくれる貴重なものだったのである。

南国土佐を後にして
中支に来てから幾歳ぞ
思い出します　故郷の友が
門出に歌つた　よさこい節を

〽土佐の高知の　はりまや橋で
坊さんかんざし　買うを見た

板を張っただけの粗末な仮設ステージに上がった兵の歌声に和して、たちまち集まった兵隊すべての大合唱となった。
なぜ、この歌は、それほど人気があったのだろうか。それは、二番の歌詞にも秘密があっただろう。そして、三番の歌詞にも。

月の露営で　焚火を囲み
しばし娯楽の　ひとときを
俺も自慢の　声張り上げて
歌うよ土佐の　よさこい節を
〽みませ　見せましょ　浦戸をあけて
月の名所は　桂浜

国の親父は　室戸の沖で
鯨釣つたと　いう便り
俺も負けずに　手柄をたてて

歌うよ土佐の　よさこい節を
〽いうたちいかんちや　おらんくの池にや
潮吹く魚が　泳ぎよる
よさこい　よさこい

自分たちの気持ちを見事に歌い上げ、しかも、女々しくない。それでいて、故郷を思う自分たちの心情が、溢れんばかりに表現されていた。

宜昌作戦、長沙作戦、浙贛作戦……など、激戦を経験してきた鯨部隊の面々にとって、賀家湾は、数少ない安心できる警備地である。

待ちに待った賀家湾での慰安会は、この日、夜の帳《とばり》が下りてから始まっている。演芸会となれば、俄然、張り切る兵たちがいた。芸達者は、どの部隊にもいる。

プロの声楽家のような美声を披露する者もいれば、ものまねの名人から、漫才師、果ては、即席のミニ演劇をやってのける兵もいる。

軍務についている普段の姿からは、想像もつかない〝技〟である。

腹を抱えて笑いころげるような寸劇は、自分たちが置かれている境遇を一瞬でも忘れさせてくれる。一体、これをどこで稽古していたんだ？　と、誰もがあきれるほどの名演技である。

そして、フィナーレは、『南国節』だった。

笑いのあとの感動、そして、鼻の奥がツンとくるような望郷の思い、なつかしい家族への思い……すべてを乗せて、『南国節』は歌われた。

最後にこの歌が出ると、不覚にも、涙ぐんでしまう。しかし、勇猛な土佐人部隊に涙はふさわしくない。

誰もがお互いの顔を覗《のぞ》き込まないようにした。それが礼儀というものだ。

自分だって、涙を見られたくはない。大変な盛り上がりと感動のうちに、演芸会は終わるのである。

終わりのない戦争への「絶望」と、それでも、どんなことがあっても、生きて故郷へ帰るぞ、という「希望」――生と死の狭間で葛藤する兵たちは、気力が萎《な》えそうになったとき、必ず、誰かが「南国土佐を後にして　中支に来てから幾歳ぞ……」と、歌い出した。

よし、俺はどうしても土佐に帰る。

この『南国節』を歌いつづければ、その力によって、故郷土佐へ帰ることができるということを信じて疑わない兵もいた。戦場では、ひとつの歌に託す思いが、平時ではとても考えられない重い意味を持っていたのである。

「連隊長も好きだった」

鯨部隊の輜重《しちょう》隊に所属していた濱田《はまだ》幸吉が平成六年三月に出した『昭和の防人《さきもり》の歌』（ヘンゼの森　集伝舎）には、第三大隊第十中隊に所属していた佐々木克己のこんな談話が紹介されている。

兵たちがこの歌にどんな思いを持っていたかが窺える記述である。

それは、やはり、昭和十七年の出来事である。

〈僕がこの歌を聞いたのは、昭和十七年の大晦日《おおみそか》の夜でした。中支湖北省の蒲圻《ほき》。竹で編んだ野戦倉庫の天井から、寒々とした月明かりがこぼれていました。

主力は作戦に出払い、四、五人で僅かの酒を酌《く》んでいたのです。その時、戦友の一人が「聯隊本部じゃこんな歌が流行《はや》っちょっての」と歌ったのを聞いたのが初めてでした。

この歌を聞いた瞬間、胸がジーンとして締《し》めつけられるようで、思わず目頭に熱いものが込み上げてきました。元々僕は音痴《おんち》なんですが、この歌は歌詞も曲も一度で覚えました〉

家族と離れて初めての大晦日の夜、しんしんと冷えてくる野戦倉庫の中でのことである。

戦友が歌った『南国節』を初めて聴いた佐々木は、たちまち心を奪われたのである。

第一大隊だけでなく、第三大隊にも、この歌が浸透しつつあったことがわかる。

去りゆく昭和十七年と、やってくる昭和十八年。来年もこうして新しい年を迎えられる保証など、どこにもない。いつ、どこで屍《しかばね》を晒《さら》すかもしれないのだ。

佐々木たちは、何を語らい、わずかの酒を酌み交わしていたのだろうか。

戦友の口ずさむ歌に、胸を締めつけられた佐々木。目頭に込み上げてくる涙をこらえながら、自分の気持ちを代弁するようなその歌を、自らもまた口ずさんだのである。それは、望郷の思いを募らせる戦場の男たちの心を一発で捉える力を持つ歌だった。

同じ昭和十七年の鯨部隊と『南国節』について語るのは、高知県吾川《あがわ》郡仁淀川《によどがわ》村から出征してきた吉永強《つよし》である。

九十五歳を迎えた吉永は、二〇一六年四月、仁淀川町高瀬《たかせ》にある自宅で静かに話を始めた。

「わしが昭和十七年一月に（鯨部隊に）入って中支に行ったときには、もう『南国節』はあったねえ。誰がつくったかは、知らざったけんど、もう、演芸会では歌いよったね」

男六人、女三人の九人きょうだいの長男として大正十年四月に生まれた吉永の実家は、トウモロコシや麦、三つ葉を栽培したり、蚕《かいこ》を飼って糧《かて》を得ていた。

地元の高等小学校を卒業した吉永は、その後、家業の農林業に従事した。

徴兵検査は、昭和十六年だ。甲種合格した吉永は、中国戦闘要員として、高知市朝倉にあった西部三十四部隊に入隊した。

吉永たち昭和十七年一月入隊組は、真珠湾攻撃による太平洋戦争勃発直後の入隊者である。兵隊を一挙に集めたこの時期、朝倉連隊の宿舎は、まったく足らなくなった。

近くにある製糸工場を仮兵舎として、そこで寝泊まりした。二十日間の猛特訓による基礎訓練を終えた吉永たちは、一路、中国戦線へと向かったのである。

吉永は、この頃からすでに『南国節』は歌われていた、と証言する。

「長期の討伐作戦から戻ってくるとね、それを慰安するために、部隊では、慰労の演芸会を必ず開くのよ。演芸会はね、どこっちゅうことはないわね。だいたい、駐屯するところは、住民はとっくに逃げておらん。大きな学校が空いちゅうわけよ。それらを利用して演芸会をやることが多かったきね」

分隊長が自ら司会をやることもあった。次々、のど自慢の兵が現われては、観客の仲間たちを唸らせた。

「まあ、芸人は、なんぼでもおる。うまいがが、うんとおるからね。兵隊が出てきて歌うのよ。わしが入ったときは、もう、あの歌は歌われとった。どういても（どうしても）、合唱にならあね、あの歌は。みんなが乗ってくるから。歌い始めると、一緒にみんなが歌うたね」

吉永は、昭和十八年から二年間、連隊長の小柴俊男《こしばとしお》大佐の当番兵も務めている。几帳《きちょう》面《めん》で、気が利《き》いているところを上官が見てとったのだろう。

「連隊長には五人の当番兵がおってね。その一人にわしがなったわけよ。当番兵になったことで、命が助かったということは確かじゃねえ。連隊長の側近じゃきね。同期は、だいぶ死んだき。小柴連隊長は、〝連隊長〟と呼ぶよりは、〝司令官〟と呼んだほうが機《き》嫌《げん》がよかったきね。わしらは、司令官と呼びよったね」

　その小柴連隊長もまた、『南国節』が好きだった。

「当番兵は連隊長の身のまわりの世話をするき、まあ、女房代わりみたいなもんよね。アンマをするやつから、洗濯とか、散歩をするときに一緒についていくやつとか、五人おった。わしは一番、身内の当番。仲間内では、ミンベン（身辺）と呼びよったね。一番近くにおるから、人一倍苦労したね。わしは足を揉《も》んだり、肩を揉んだりしよったね。大佐がね、〝土佐の歌を歌いよ〟言うて、わしは『南国節』を歌いもって、やりよった。小柴さんも『南国節』は好きじゃったねえ」

　歩兵第二百三十六連隊には、編成されてから終戦まで、三人の連隊長がいた。

　亀川良夫、今井亀治郎、そして、小柴俊男である。

「小柴さんは、〝鬼小柴〟と呼ばれちょった。わしは叩かれたことはないけんど、下士官らが叩かれたことがあるね。まあ、そんなこともあって、出世が遅れちょったね。普通なら少将になるところを、まだ大佐じゃったきね。将官は、〝閣下〟と呼ばないかんけんど、そこにはいかんかったね。でも、あの歌のことは、好きじゃったよ」

　かたわらで、妻の吉永ユリ子もこう語る。

「主人には（小柴連隊長は）よかったそうですよ。連隊長が奥さんに書いた手紙の下書きをチリ籠《かご》に放ってあったそうですが、それをちょっと見たと。そしたら、主人のことを〝いい当番兵だ〟ということが書いてあったのを読んだ、ということを私は聞いたことがあります。

主人も、(連隊長が) 認めてくれているから、よう務めないかん、と思っていたんでしょうね。私らは、戦後に結婚したんですけんどね。帰ってきてからも、主人は、なにかにつけてこの歌を歌いよりましたね。ジンジ (宴会) のときとかもね」

戦地での思い出は、哀しみに満ちている。しかし、その戦場の記憶のなかで、この歌だけは、なぜか心を温かくさせてくれる不思議な力を持っていた。それは、多くの鯨部隊の元兵士たちが感じていることだった。

第二章　壮烈な戦闘

死んでいく戦友

松浦たちは、いつ果てるともわからない戦いをつづけていた。

時が経つのは早い。大陸で過酷な戦いに身を投じて二年一か月後、「桂林作戦」が始まった。

このとき、湖南省の衡陽《こうよう》を攻略するための作戦を決行中、新たな補充兵およそ六百名が合流した。補充兵のつらさは、筆舌に尽くしがたいものだった。

行軍の苦しみは、誰しも同じだ。だが、そもそも二十代前半の現役兵とは、体力が違う。

六百名の補充兵たちは、炎天の下、部隊に追いつくために夜を日に継いで衡陽付近までやって来た。

その時点で、彼らの体力は「尽き果てていた」と言っていいだろう。

しかし、疲労が回復しないまま、部隊は、すぐに桂林に向かって敵の追撃戦を始めたのだ。それから実に十五日間、夜昼、ぶっとおしの戦闘、追撃戦となった。

それは、強靱《きょうじん》な現役兵ですら耐えがたい強行軍だった。昼夜わかたず衡陽まで追及行軍（注＝軍隊用語で「本隊を追っての行軍」を意味する）をおこなってきた三十過ぎの補充兵たちには、とても耐えられるものではなかった。

落伍《らくご》する者が相次いだ。

落伍は、そのまま無惨な死を意味する。敵の手に落ちて、拷問《ごうもん》の末に死を迎えるか、あるいは、凶暴な土民に惨殺されるか、いずれかだった。

落伍し、体力も、気力も、使い果たした補充兵たちが選んだ手段は、「自決」だった。

敵の拷問や土民による惨殺に比べれば、手榴弾で、あるいは、歩兵銃をノドにあて、足の指で引き金を引いて、自ら「死」を選ぶほうがどれだけ楽だったか知れなかった。

松浦は、自身も補充兵だけに、「衡陽攻略戦」から「桂林作戦」へと連続していったこの時期に、ちょうど補充兵としてやって来た人たちの悲劇を、のちのちまで語り継いでいる。

昭和三十五年二月に発行された『南国土佐を後にして～鯨第六八八四部隊の記録～』（土佐鯨会編　編集責任者　久米《くめ》滋三《しげぞう》）には、こう記述されている。

〈衡陽を出てからの追撃戦闘は、約十五日の間殆《ほと》んど、昼夜ぶっ通しの強行軍であり、将兵の苦労は並たいていのものではなかったが、とくに衡陽附近において内地から到着した約六百名の補充兵（いづれも年齢三十五歳前後）は、長途の追及行軍に疲労困憊《こんぱい》し、しかも聯隊に配属されてから僅か一週間、ろくに休養も出来ぬうちに、行動開始となり、打ち続く戦闘と強行軍に体力全く尽き、自決する者や倒れる者が続出、ついに殆んど一兵も残らぬ状態で、まことに悲惨のきわみであった。

なお広西省の土民は苗族《びょうぞく》といい、獰猛《どうもう》にして敵意強く、単独または少数で行動する我が兵を見ると、襲いかかって殺害する有様で、その犠牲となった者も少なくなかった〉

六百名におよぶこの補充兵の悲劇は、鯨部隊を振り返るときに避けて通ることはできないものとなった。

「武士道とは、死なないことと見つけたり」

過酷な「桂林作戦」は、松浦たちにも悲劇をもたらしている。

補充兵として苦労を重ねた松浦にとって、心が許せるのは、もちろん、同期の仲間たちである。そして、もうひとりいた。

上官の有田三郎少尉である。

有田少尉は、高知県幡多《はた》郡橋上《はしかみ》村野地《のじ》（のちの宿毛市）の出身で、召集される前、地元で小学校の先生をしていた。

郵便局長を務める父・芳吉は、三人の男子に恵まれた。長男も小学校の先生となり、次男は医者を目指し、三男の三郎も小学校の先生となった。地元でも有名な秀才兄弟だった。

子供たちに責任感を植えつけ、日本人として恥ずかしくない人間に成長してもらおうとする〝有田先生〟は、その優しさも相俟《ま》って、子供たちに絶大な人気を誇っていた。

しかし、時局は、その頼りがいのある有田先生を戦場に引っ張っていった。包容力のある有田は、戦場でも、「有田先生」そのものだった。

有田は、松浦が所属する第一大隊第二中隊の第二小隊長だ。

小隊というのは、六十名ほどで構成し、三個小隊で中隊となる。松浦はその一員であり、小隊長である有田との思い出を記した手記をいくつも残している。

そこには、「鬼神」も慄《おのの》くような有田少尉の剛毅《ごうき》さと、「命を大切にしろ」と説く優しさがたびたび、描かれている。

「みんな、いいか。命を大切にするんだ。武士道とは、〝死なないことと見つけたり〟だ」

有田の口ぐせは、これだった。

勇猛果敢で、突撃、突撃を厭《いと》わない指揮官が多かった中で、有田は異色だった。

無謀な突撃は絶対にしない。必ず自分自身が作戦遂行の最前線に立つ。部下の命を最重要と考え、咄嗟《とっさ》の判断をおこなう。

それが、小隊長・有田三郎だったのだ。

松浦は、自分より年下の有田に信頼を寄せた。

部下の言うことに耳を傾けようとする有田の姿勢が、好きだった。召集されるまで、職業が小学校の先生であったというのも、信頼する要因のひとつだったことは間違いないだろう。

松浦も、自身が高知県の職員である。職業斡旋の仕事で東奔西走していただけに、各学校の先生方とは、日頃から接触の機会が多かった。

地方では、なんといっても、学校の先生が知識階層の代表と言えたし、ウマが合う先生が多かったのである。

補充兵として入隊して以後、古年兵のシゴキを受けるたびに、「この男は一体、実社会ではなにをしていたやつなんだ？」と、思っていた。

しかし、そんな輩と、有田少尉は、まったく異なっていた。

知性と教養が、日頃の話に滲《にじ》み出ていたのだ。

江戸時代中期、肥前国鍋島藩の山本常朝《じょうちょう》が武士としての心得を後世に伝えた『葉隠《はがくれ》』は、

武士道と云ふは死ぬ事と見つけたり

という山本の言葉が最も知られている。この言葉は、『葉隠』の中で有名な一節であると同時に、昭和の大戦争の過程で、玉砕や自決のときに都合よく使われた。

だが、実際の『葉隠』は、武士の日頃の心構えや覚悟を説いてはいるものの、「死」こそが、武士道の根本であるとは、記していない。

むしろ、いたずらに命を捨てることを戒《いまし》め、死に直面したときのために、一日一日を覚悟をもって生きることを説いていた。有田は、そのことを知っていた。

「武士道とは、〝死なないことと見つけたり〟だ。みんな無理はするなよ。戦争とは、命のやりとりだ。だが、自ら進んで死を選ぶような作戦や行動を絶対にとってはならん。いいか。そのことを忘れるな」

有田がそれを言うたび、松浦は、故郷・安芸に残してきた妻や子供の顔を思い浮かべた。

（そうだ。有田小隊長殿がおっしゃるとおり、俺は、家族のもとに帰るんだ）

そうあらためて誓ったものである。

有田は召集後、幹部候補生となって、少尉に任官している。勇猛な有田少尉は、松浦たちを指揮して、数々の武勲を立てていた。

有田少尉は、『南国節』が好きだった。

部下たちの先頭に立って、この曲をよく歌った。

なぜか、この曲を歌うと、心のなかを温かい風が吹き、同時に、郷愁がこみ上げ、胸が締めつけられるのだ。それは、家族と故郷を思い起こさせる不思議な力と言えた。

松浦たち有田小隊の面々にとって、この歌は苦しい戦場を生き抜くために欠かすことのできないものだった。

桂林の攻防戦

昭和十九年十月、有田少尉率いる第一大隊の第二中隊第二小隊は、ついに攻略目標の広西省・桂林を目前にしていた。

激戦の衡陽攻防戦を制し、そのまま桂林攻略へと突き進んできた作戦は、前述のように、多くの補充兵や初年兵たちの犠牲のもとに成り立っていた。

松浦は、有田少尉の指揮下、なんとか食らいついていた。有田の的確な指示が部下たちの命を救っていた面も大きかっただろう。

桂林まであと一歩と迫った地に横たわる幅百メートルほどの桂江《けいこう》。有田小隊は、夜、筏《いかだ》に乗ってこれを渡河《とか》しようとした。桂林の市街から四キロほど下流地点だ。

ここを渡れば、四キロなど、ひと歩きだ。しかし、いうまでもなく渡河するときは、最も危ない。敵に砲火を集中されたら、ひとたまりもないからだ。

いつも、このときほど緊張する時間はない。

（頼む。無事、渡らせてくれ）

ノドがごくりと鳴る音を感じた。てっきり自分が唾《つば》を呑《の》み込んでいる音かと思ったら、すぐ隣にいた戦友のものだった。誰もが、同じ思いなのだろう。

緊張の中、やがて有田小隊は、桂江を無事、渡り終えた。

筏が川岸に着き、身を草むらに伏せたとき、全身の汗がどっと噴き出した。秋が深まり、夜は気温が下がっているはずなのに、松浦は、自分が全身汗まみれであることに気づいた。

川岸は、桂林飛行場のすぐ近くだった。

ただちに飛行場を攻略すべく、部隊は展開した。有田小隊も、飛行場の滑走路横に身を伏せた。

(誰もいない……)

闇夜に目が慣れてくるにつれ、そこに敵が「誰もいない」ことがわかった。

広い飛行場には、一機だけ機首を地中に突っ込んで、逆立《さかだ》ちしたままのものがあったが、ほかに異常なようすはない。

日本軍機による徹底した破壊と、近づく自分たち日本陸軍に恐れをなして、飛行場はすでに〝放棄〟されていたのである。

有田小隊は、広大な飛行場内を見てまわった。残存する敵兵がいたら、ただちに掃討しなければならない。やがて夜は明けた。

(これは……)

松浦は、驚いた。

壊れた椅子《いす》にいたるまで、あらゆるものに「USA」のマークが入っているのである。昨日まで、あれほど自分たちを悩ましていた敵機が、ここを「発着場」としていたことがわかった。

(やはり、桂林の飛行場から敵機は出撃していたのか)

その重要な敵の拠点に、自分自身が立っていることに実感が湧《わ》かなかった。

桂林攻略は、目の前に迫っていた。そのとき、有田少尉が大声を発した。

「よし、この分なら桂林は、無血一番乗りだぞ!」

はっとした。そうだ。そのとおりだ。桂林攻略は目前だ。

有田の声は、松浦たちを奮《ふる》い立たせた。有田小隊は、友軍の先頭に立って前進を始めた。

刈り取られた田んぼの中を進み、やがて、軍公路に出た。

周囲が明るさを増してくるにつれ、まわりの景色を見る余裕が、松浦に出てきた。

(なんて、奇妙な風景なんだ……)

そこには、ノコギリの刃を並べたような石灰岩の岩山が林立していた。それぞれが、独立して、平地の真ん中にポコポコ立っているのである。

それが幾条もの列を成して遠くまでつづいている。まるで、岩山の林だ。遠くは、紫金色に霞《かす》んでいた。なんとも幻想的な景色だった。

土佐、いや内地には、絶対にない風景だ。

松浦は、「桂林」という言葉の意味に気づいた。

（そうか。桂林というのは、この岩山の林という意味でつけられたのか……）

妻や子供たちにも見せてやりたいもんだ……松浦はそんなことを考えながら、歩を進めていた。

軍公路は、アスファルトの道だった。普段なら敵の軍用トラックがひっきりなしに走っているだろう。そこを「敵」である自分たちが歩いているのである。

桂林は、大きな町だ。郊外でも、低層のビルがあちこちに建っていた。

鯨部隊には、土佐の山奥で生まれ育った兵が少なくない。

「こりゃ、大きい町じゃきんねえ」

思わずそんな声が出たのも当然だろう。

敵が潜んでいる気配もなかった。松浦たちは、郊外のこのアスファルト道路を両側に分かれて鼻唄を歌いながら進んでいく。歌は、やはり、あの曲である。

　南国土佐を後にして
　中支に来てから幾歳ぞ……

松浦たちは、意気揚々と進んでいった。

やがて、目の前に「将軍橋」という名の橋が現われた。

かの秦の始皇帝が征服して「桂林郡」を設置したときから、桂林は、歴史に登場する。以来、幾多の王朝がこの地の支配者となっては、滅亡をくり返してきた。

桂林の美しい景観と豊かな農作物は、時の支配者たちを満足させてきたに違いない。

どの時代の「将軍」かはわからないが、きっと、この橋を渡って凱旋《がいせん》を果たした将軍が、名づけたのだろう。そのとき、

「敵の歩哨《ほしょう》だ。右に散れ！」

有田少尉の声が飛んだ。

いよいよ敵の歩哨線とぶつかったのである。

ただちに小隊は、今まで歩いていた軍公路の右側に散開した。兵たちにとって素早い行動と対応力こそ、自らの命をつなぐ〝武器〟である。

アスファルトの軍公路から一転、道端に逸《そ》れると、目の前に、でこぼこした山があることに松浦たちは気づいた。

土饅頭である。

（墓だ……）

土饅頭の墓が、無数に広がっていた。これも、内地とはえらい違いだ。

道を一旦、外れると、土饅頭の墓はいくらでもあった。これを乗り越え、乗り越え、有田小隊は、前進をつづけた。

やがて、近づいてきた岩山のひとつから、敵の銃撃が始まった。

壮絶な戦死

いよいよ戦闘開始である。

敵の銃撃は、まさに〝雨あられ〟だった。

かろうじて銃撃から逃れて地に伏していた松浦の耳に、

「〝機関銃〟がやられた！」

そんな悲痛な声が飛び込んできた。

第一機関銃中隊に所属する機関銃分隊長が、大腿《だいたい》部貫通銃創《じゅうそう》を受けたのである。そのうえ、機関銃の重機自体が、敵弾のため破損し、使用不能になっていた。

ドッドッドッドッドッドッドッドッ……

そんな音とともに敵の城壁さえ打ち砕く威力を持つ破壊力抜群の一式重機関銃は、中隊の誇りでもあり、支えでもあった。

だが、その肝心の重機関銃が威力を発揮する前に、〝先に〟やられてしまったのだ。

大きな痛手だった。

それより前は、遮蔽《しゃへい》物がひとつもない平坦地だ。

（いま突撃すれば、小隊は全滅する。明るいうちは無理だ）

もとより部下の命を一番に考えている有田である。

「攻撃は、日没を待ってからとする！」

しゃにむに突撃する策は、有田少尉の決断で止まった。

百メートルほど先の攻撃目標の岩山は、中が洞窟《どうくつ》になっているのか、こっちに向かって山のあちこちから銃弾が火を噴いている。

しかも、敵の侵入を防ぐために、下のほうは、木や竹を組み合わせた頑丈な柵で覆われていた。いわゆる鹿砦《ろくさい》である。よく見れば、ご丁寧に鉄条網まで張りめぐらしている。

（これは、厄介だぞ）

松浦は、このわずか「百メートル」を一挙に突破せず、押しとどまった有田の英断を思った。もし、勢いに任せて突撃していたら、本当に小隊は全滅しただろう。

さすが、「武士道とは死なないことと見つけたり」の有田少尉である。

「待つこと」は軍隊の日常だ。じっと我慢して、松浦たちは時が経つのを待った。

秋の陽は、つるべ落としである。

ふと気づくと、もう上弦の月が天上にあった。

どんな作戦がこれから展開されるのか。兵たちは、固唾《かたず》を呑んで有田の命令を待っていた。

有田小隊の結束は固い。

命を大切にすることは、小隊内で徹底されている。しかし、いざ、戦闘となったときの有田の剝《む》き出しの闘志は、まさに「鬼神」だった。それは、部下たち共通の思いであり、同時に、誇りでもあった。

日頃の優男《やさおとこ》がこれほどの鬼神と化すのか。

それだけに、突撃するときは、いつも小隊が一丸となって行動した。松浦も、全幅の信頼を置いている有田少尉に遅れまいと、必死の突撃をおこなってきた。

今回も、その突撃のときが「近づいてきたこと」を部下たちは、感じていた。

(間違いなく突撃だ。そのときは、有田小隊長とともに、敵陣に突っ込むんだ)

そう考えると、自然と吐く息が熱くなった。

ハッハッハッ……ふと、息が荒くなっていることに松浦は気づいた。

松浦には、信念があった。いや、一種の「信仰」と言ったほうがいいかもしれない。

(俺には、絶対に弾丸《たま》はあたらない!)

松浦はそう思っていた。その思いは、一度も揺らいだことはなかった。

安芸の自宅から五百メートルほど北にいったところに、松浦家の氏神さまである「杉尾神社」がある。松浦は、出征前に杉尾神社を参拝し、「武運長久」を祈ってきた。

その杉尾神社のお守りを、松浦は肌身離さず持っている。

生まれて以来、見守ってきてくれた〝氏神さま〟が、俺を見放すわけがない。絶対に、弾丸は俺にはあたらない。

松浦は、そう信じていた。しかし、あまりに根拠がないだけに、誰にも話したことはなかったのである。

杉尾神社のお陰なのか、松浦には、実際に敵の弾丸はあたらなかった。

ダダダダダ……敵の急襲によって、まわりの状況が一変しても、たしかに、松浦に弾丸はあたらなかった。

(大丈夫だ。大丈夫……)

松浦は、熱い息を吐きながら、そう自分に言い聞かせた。その杉尾神社のお守りをぐっと握ったそのときだった。

ドーン、ズズーン……

敵の方角ではなく、後方で、大爆音が聞こえた。

バラバラと頭上から土の雨が落ちてくる。

「どうした！　いまの音は〝迫《はく》〟か〝大砲〟か。ひょっと敵の地雷《じらい》じゃないか！」

有田が叫んだ。

〝迫〟とは、迫撃砲のことで、〝大砲〟というのは、文字どおり大砲の砲弾が飛んできたのか、という意味である。

しかし、返事がかえって来ない。

敵の迫撃砲なのか、何なのか、まったくわからないのだ。

しかし、たった今、負傷者を肩にかけて、後方へ退《さ》がっていった二名の姿が、消えていた。

呼べど叫べど、声がない。

月明かりに透《す》かしてみると、電線に、服の一切れがひらひらと夜風に揺れていた。

（やられた……）

地雷だ。地雷にやられたんだ。

松浦たちは、悟った。哀れにも、肉体は吹き飛び、ただ、服の切れ端だけが、風に揺れていたのである。

（いかん。このままでは、やられる）

ついに有田小隊長が決断した。

「小隊長は、第一分隊とともに、岩山に突入する！　第二分隊はこれにつづけ。第三分隊は、掩護《えんご》射撃をせよ。突入と同時に前進！」

有田の声が響きわたった。肌身離さず持っている自慢の三尺の日本刀を鞘《さや》から抜き、

（いざ！）

と、有田が突撃を敢行しようとした刹那《せつな》だった。

「有田小隊！　攻撃待て！」

中隊の伝令が来て、大声でそう叫んだ。

「軍公路の右側は、中隊の攻撃範囲と違うから、交代部隊が来るまで、現在地で待機せよ」

待機？　いよいよ、これが今生《こんじょう》の「最後の突撃となるか」と覚悟し、飛び出そうとし

ていた兵たちは、思わず止めていた息をどっと吐き出した。

土饅頭の芝草《しばくさ》に、それぞれが伏した。緊張した身体を次第に寒気《かんき》が襲ってくる。

（いつなんだ。いつ交代部隊は、来るんだ？）

松浦たちは、交代部隊の到着をひたすら待った。

（まだか……）

しんしんと寒くなってくると、敵兵の話す中国語が、ひんやりした空気に乗って流れてきた。岩に触れ合う金具の音も、手にとるように聞こえてくる。かなりあると思っていた敵との距離が、実は、それよりも「短い」ことを示していた。

我慢の時間だった。闇だけが、お互いの姿を隠していた。

真夜中が来た。交代の戸田小隊がやっと到着した。有田と戸田の両小隊長ががっちり握手した。

二人が、そのまま申し送りの話をしていたとき、「ドーンッ」という轟音が、また、とどろいた。

地雷だ！　今度は、瞬間的にわかった。地雷にやられたのだ。戸田小隊の当番兵が、地雷に触れて吹き飛んだのである。

あっ、と言う間もなかった。

危ない。戸田小隊に、あとを任せる話し合いはできた。

有田小隊は、敵陣に向かって突撃するだけである。

「有田小隊、前進！」

静謐《せいひつ》な空間を切り裂くように有田の声が響いた。

（よし、いくぞ！）

有田小隊は、常に有田小隊長自身が先頭だ。

「俺について来い！」

有田小隊長の行動の基本はそれだったからだ。

だが、次の瞬間、部下たちは信じられないものを目撃した。

ドーンッ
大音響とともに、有田少尉の肉体が〝消えた〟のだ。

（あっ！）

声を出す暇もなかった。またしても地雷だ。

有田の図嚢《ずのう》は裂けて粉々になり、落花のごとく、部下たちの頭上に降りかかった。

「小隊長！」

「小隊長！」

それは、松浦にとって、年下ながら、尊敬に値する上官、有田少尉の壮烈な戦死の瞬間だった。

有田の五体は吹き飛び、まさしく、この世から影もかたちもなくなってしまったのである。

(小隊長……)

有田のもとに一致団結していた「有田小隊」は、こうして突然の終焉を迎えた。

桂林攻略が成ったのは、それから十日後、昭和十九年十一月十日のことである。

旧有田小隊は、亡き隊長に恥をかかせてはならないと、桂林攻略戦で、さらなる闘志で突撃を敢行し、軍功を次々と挙げている。

隊長の仇《かたき》——その意識が、部下たちを一層、奮い立たせたのである。

桂林攻略が成ったあと、有田小隊の部下たちは、地雷の危険をかえりみず、「小隊長戦死」の現場に集まっている。

そして、なにか形見《かたみ》はないかと、地雷の原で遺品捜索を必死におこなった。松浦もそれに加わったひとりである。

(有田少尉殿、有田少尉殿……)

それぞれが執念で捜しまわった結果、ひとつの遺品が見つかった。

「あったぁ!」

松浦は、戦友がそう叫んだ瞬間のことを記憶している。

懐中時計である。

有田は、腕時計ではなく、懐中時計を使っていた。なにか、いわれがあるのか、いつもその時計を大事にしていた。部下たちは、そのことを誰もが知っていた。

(これだけでも、故郷に帰してあげよう)

部下たちは、ひとつでも遺品が見つかったことがうれしかった。そして新たな涙につつまれた。

懐中時計は、ちょうど有田少尉「戦死」の時刻を指し、そのまま止まっていた。その時刻を見た部下たちには、涙を止める術《すべ》などありはしなかった。

武士道とは死なないことと見つけたり

自分たち部下の命を第一に考え、常に部隊の先頭に立った有田少尉。優しく、ときに厳しく、そして、敵と向かい合ったときは、「鬼神」となった男。ともに『南国節』を歌う有田の姿。松浦は、有田少尉のことを忘れられず、戦後、〝あるもの〟をつくることになるのだが、それは後述する。

第三章　不思議な力を持った歌

「死の行軍」を救うもの

『南国節』を過酷な「行軍」を抜きにして語ることはできない。鯨部隊は、既述のように七年間の総移動距離がゆうに二千キロを超えている。

行軍中に最も警戒するのは、敵からの襲撃だ。集団での急な攻撃でなくても、どこからか、狙撃兵に狙われるのも怖い。

中国軍（国民党軍）は、輸入したチェコ製の軽機関銃「ブルーノZB26」を国内でライセンス生産し、日本軍との戦闘の最前線に大量投入していた。

鯨部隊は、これを「チェッコ」と呼び、狙撃への警戒をおこなった。

「チェッコだ！」

誰かがそう叫べば、反射的に地べたに伏せ、瞬時に反撃姿勢をとる。訓練の基本中の基本だ。しかしながら、「今」生きて身体を伏せた者が、次の瞬間には、もう「息をしていない」ということも珍しくはないのである。

進めば進むほど、命を落とす者が増えていく。しかし、彼らの苦しみの中心は、なんといっても行軍、すなわち「歩くこと」そのものにあった。

夏の炎天下、あるいは、極寒の山間部、馬も足をとられるようなぬかるみの湿地帯……どんなところであろうと、歩いて、歩いて、歩きまくるのが彼ら歩兵の仕事である。

山また山の行軍がつづくと、平地に出たときに不思議な感覚に陥るものだ。

歩く苦しみは変わらないはずなのに、足の筋肉か、あるいは、身体を運ぶ筋肉の使い方が異なるに違いない。

（平地を歩くのは、こんなに楽なことなのか……）

そんなうれしい錯覚に包まれることもある。実際には、落伍者が相次ぎ、体力が限界に来ているのに、平地に来れば、また歩く意欲を取り戻す場合もあるのだ。

来る日も来る日も歩きつづける以外になにもできず、歩きやめることも許されない苦しい行軍の列中で、鯨部隊の兵たちは『南国節』を歌う。声に出して口ずさむこともあるが、大抵いつも、「心の中で歌う」のである。

「南国土佐を後にして」「中支に来てから幾歳ぞ」「月の露営で　焚火を囲み」「しばし娯楽の　ひとときを」「俺も負けずに　手柄をたてて」「歌うよ土佐の　よさこい節を」

……

調子がよくて、足が前へ前へと進むときも、あるいは、足がもう一歩も動かないと悲鳴をあげ始めたときも、なぜか、この歌が頭の中に流れ出す。するると歌詞の一語一語が心に染み入って、父母の姿や家族の笑顔がありありと思い浮かぶのである。

それは、「郷愁」というひと言では表わしきれない、生まれ育った「故郷」や「母」への人間誰しもが持つ思いでもあるだろう。

そして、「生きてふたたび家族のもとへ」という気持ちが呼び起こされる。それが「執念」となり、「生き抜く意欲」となるのである。

しかし、肉体的、精神的限界によって、それが突き破られたとき、人間は落伍していく。

行軍している場所によって、そのまま落伍が「死」を意味することは、これまで述べてきたとおりだ。

部隊や戦友が、落伍者を「助けられる状態」にあったかどうか。そのことが生と死を左右したのである。

それは、その人が持って生まれてきた「運命《さだめ》」というほかないものかもしれない。その意味で、『南国節』ほど、鯨部隊の兵たちの「命」を救ったものはないだろう。

第二大隊の第八中隊にいた竹村利行（取材時、九十四歳）は、行軍がいかに過酷なものなのかを知る生き証人だ。竹村は、「足が浮《う》く」という言葉を使って、こう語る。

「もう限界を過ぎたら、〝足が浮く〟がよ。わしも、完全に足が浮いてしもうたことがあってのう。足の裏には、厚い皮がついちゅうろう？　その皮が、浮いてくるきねえ」

足の裏の皮が浮いてくる——とは、どういう現象なのか。

「もう、歩いて、歩いて、歩いて……行軍しちょるじゃろ。厚い皮が〝浮いて〟きてねえ。その浮いたところに水が溜《た》まってしまうがよ。限界はとっくに越えちょらよ（越えているよ）。その厚い皮の内側に溜まってきた水が、熱うなってくる。要するに、熱を持ってくるがよ。そうなると、痛うて、痛うて、もう、よう歩かんなる。毎日、毎日、行軍して、無理をつづけたら、足の裏のあの厚い皮が、もたんなる（耐えられなくなる）がよね。こうなったら、歩けんき……」

〝足が浮く〟とは、そういうことなのだ。そして、そのときに置かれていた「状況」次第で、生き残れるかどうかが決まる。竹村の場合は、どうだったのか。

「このときは、さすがに〝これは最後かなあ〟と思うたよ。でも、ほっそい（細い、小さい）支那馬がおるきね。これは、ほんと、ほっそい、またがったら、自分の足が地につくばあ、ほっそい馬ながよ。わしの足が浮いたときは、この支那馬がおってのう。それが助けてくれた。それに乗らしてもろうて、てくてく、てくてく、連れていってくれた。わしの命は、それで助かったがよ」

生き残る運命を持っていた竹村は、こうして、馬のおかげで、命の危機を脱したのである。

しかし、戦場では、そんな〝運のいい人間〟ばかりではない。そのまま死んでいった兵は少なくなかった。先の桂林作戦の折の補充兵たちだけでなく、ほかにも多くの兵が命を落とした。

「体力のないものは自決したよ。歩兵銃を首にあてて、足で引き金を引くがよ。知ったもんも、それで逝《い》った。軍隊は、運次第じゃきね。むごいもんよ」

まだ若い男たちが、こうして自らの命を断っていった。

そんな果てしなくつづく行軍の中で、ときには小さく声を出して、ときには、心の中だけで歌ったのが、『南国節』だった。

この曲に対する彼らの思いは、なぜ深いのか。そこには、苦しい行軍とともにあった「歌」という理由が大きかった。

先の「松浦手記」によれば、眠りながら歩くことができるようになれば、行軍も少しは楽になったという。

多くの犠牲を払いながら、昼夜兼行の強行軍が、次第にそのコツを兵たちに教えていった。

眠りによって意識がなくなっても、足は「動いている」のである。正確にいえば、それは、〝半覚醒《はんかくせい》状態〟だったに違いない。

しかし、「行軍しながら眠る」という異常な状態を身体が覚え込まなければ「生き抜くこと」はむつかしかった。

松浦は、「昼は休み、夜だけの行軍なら、どれだけ楽か知れない」と、よく語った。『南国節』を歌いながら眠る——そんなことまで鯨部隊ではあったのである。

野戦病院での再会

行軍についていけなくなった兵たちは、無惨だ。先の補充兵たちの死は、その典型だが、若くても、体力が劣る者には、過酷な戦場で生き残る術はなかった。

そのことを語る貴重な証言者が、今も高知県高岡郡四万十《しまんと》町に健在だ。鯨部隊の機関銃中隊に所属していた中平《なかひら》義弘（取材時、八十九歳）も、行軍に次ぐ行軍の地獄の苦しみを味わったひとりだ。

軍隊では、階級が違えば〝虫けら〟同然だ。少しでも、先に入ったほうが、上からの制裁を免れる。当時、若者の間でも、どうせ徴兵されるなら、少しでも早く軍隊に行った方がいいという風潮が強かった。

中平義弘は、こう語る。

「私は昭和十九年に十九歳で志願をして、検査は、第一乙で通ったわけやね。昭和十九年九月に朝倉の連隊に入隊したわけや。そこで十日間、身体検査やら、予防注射やらを受けて、夜中に、秘かに支那に向けて出発したわけよ。もうこの頃は、スパイとかがおるき、うかうかできざったね。それで、夜中の午前二時に朝倉から汽車に乗って、高松に行って、九州の博多まで汽車で行ったがよ。船に乗り換えたがは、博多。その船で朝鮮の釜山に上陸して本隊を目指したがよ」

北支で一か月ほど初年兵教育を受けた中平は、汽車で南京に向かい、歩兵第二百三十六連隊第二大隊の機関銃中隊の一員となった。中隊には、およそ二百人の兵隊がいた。

中平は、先輩たちに、

「いつ死ぬるやわからんから、煙草も酒も飲め」

と言われて、この頃、煙草を覚えた。酒も飲んだ。そのとき、あの歌と出会っている。

「酒を飲むと、歌が出よったね。そのときに聴いたのが、あの〝南国土佐〟やね。それも、歳のいった人らあが歌いよった。長い人は、もう支那に来て五年も経つ人もおった。古い人は向こうの言葉まで知っちょったからね。わしら若いもんから見たら、古い人は歳がいってるから、山のおじいみたいに見えたね。

そういう人たちが故郷のことを思うとることはようわかったね。それで、自分も一緒に歌うたからね。こういう歌を歌いながら、土佐のことを思いよるのか、と思うたもんよ。わしらは、別に演芸会らあはせんかった。そんなもんじゃのうても、〝南国土佐〟は歌いよったね。ちょいちょい歌うちょった」

中平は、戦場で、血のつながった人間の「生」と「死」をとことん考え抜いた人物である。

野戦病院は、どこの戦地でも悲惨だ。

師団や連隊の本部が置かれる都市には、立派な陸軍病院がある場合が多い。だが、転戦している時に戦地で生じるおびただしい数の負傷者や病気の兵たちは、一体、どうなるのか。

彼らが収容されるのは、野戦病院だ。マラリア、赤痢、コレラ、原因不明の熱病……それらに加えて、戦闘中の負傷によって、手足が千切れた者や、はらわたが飛び出した者、あるいは、内臓に致命傷の銃弾を受けた者等、あらゆる兵が運びこまれてくる。

まだ建物の中ならいいが、南方では、野戦病院といっても名ばかりで、ジャングルの中で、ただ身体を横たえる場所を確保しただけのところが〝病院〟となることもある。

しかし、それでも野戦病院で死ぬことができただけでも幸せだという声もあった。

編成から終戦まで、総計で二千人を超える死者を出した鯨部隊には、野戦病院での「死」の悲惨さを伝えるさまざまな話がある。中平は、その野戦病院で、血のつながった従兄《いとこ》と最後の別れをした経験がある。中平は、そのときのことが何十年経とうと忘れられない。

「おい、おんし（おまえ）を呼んでくれ、と野戦病院から連絡がきちゅうぞ」

中平がそんな声をかけられたのは、まだ初年兵の頃である。

「野戦病院？　なぜ」

野戦病院から呼ばれるなど、心当たりがまったくない中平は、一瞬、戸惑った。しかし、

「なにしゆう？（何をしている？）はよう行け！」

古年兵から急《せ》かされた中平は、野戦病院へと急いだ。行軍の途中の野戦病院は、誰もいなくなった中国人の民家を何戸か集めて、臨時の施設にしている場合が多い。

「あそこが野戦病院じゃ」

目的地の場所を何人にも問いながら辿りついたのも、そうした病院のひとつだった。

「中平二等兵であります。野戦病院に来るよう連絡を受け、ただいま参りました！」

病院の前で〝申告〟をおこなうと、

「おう！　おんしか」

中から、そんな声とともに、兵隊がひとり、出てきた。

「おんしを呼んでくれ、という患者がおってのう。もう、いかんがじゃ。あればあ、痩《や》せちょったら、ダメじゃ」

兵はそう言った。

（まさか……）

嫌な予感が中平の胸を貫いた。

あちこちから患者たちの苦しそうなうめき声が聞こえていた。

「こっちに来てくれ」

その兵が、ある部屋に中平を案内した。

（あっ）

中平は、思わず声を上げそうになった。

そこには、二つ年上の従兄の〝シゲちゃん（重利）〟がいた。

粗末な寝台に、やせ細った骸骨《がいこつ》のような身体を横たえている。何人かの患者が同じように寝ていた。

上着はなく、丸首の下着のシャツだけで横になった手の細さが、中平には衝撃だった。それは、「骨に皮がまいているだけ」と表現したらいいだろうか。過酷な戦場で、とても、これ以上生き抜けるとは思えない手だった。

頰《ほほ》はこけ、やせ細った首筋に、喉仏《のどぼとけ》だけが異様に目立って見えた。

その丸首のシャツの端に、太いシラミがびっしりとはりついていた。

のちに中平は、それが「死にジラミ」と呼ばれ、死ぬ直前に、どっとたかってくるシラミであることを知る。

野戦病院で少しでも働いたことのある兵は、

「死にジラミがどっさり（たくさん）たかるようになったら、もう終わりぞ」

そう囁《ささや》き合ったものだ。

まさに、そのシラミが首のまわりでうごめいていたのである。

「シゲちゃん……」

目の前の光景に動揺しながらも、中平はそう声をかけてみた。

寝台に横たわっているのは、父方の従兄だ。父の妹の子供である。幼少からずっと遊んできた従兄なのだ。

　シゲちゃんは、二つ年上だが、自分が志願で年齢より早く軍隊に入ったため、二人は「同年兵」となっていた。

　そのとき、中平は自分がここに呼ばれたわけを知った。

（シゲちゃんが俺を呼んだんだ……）

ああ、シゲちゃんが自分の手で、シラミをよう取らんなっちゅう……。

なんとも言えぬ哀しさが中平の胸にこみ上げた。

　身体こそ弱かったものの、シゲちゃんは優しく頭のいい〝お兄ちゃん〟だった。二つ年下の自分をよくかわいがってくれた。

　心臓が弱く、お世辞にも健康的とは言えなかったシゲちゃんは、なぜか徴兵検査に合格し、自分と同じく初年兵教育を受けた。

　しかし、厳しい訓練についていけず、何度も気合いを入れるビンタを受けていた。教育が終わって、実戦に突入し、行軍をしても、やはり、遅れがちだった。

「シゲちゃんは、中国に行ってから行軍する時も、それは弱っちょった……。亀が首を長うするばあして、歩きよったき。身体が弱かったき、そりゃ、むごかった」

　配属は、中平が機関銃中隊だ。シゲちゃんは一般の歩兵だった。ばらばらになったため、中平は、シゲちゃんのことが気になりながらも、連絡がとれていなかった。

　自分も初年兵である。先輩たちに「ついていく」のが精一杯だったのだ。

敵との銃撃戦、そして、行軍。中平は、落伍しないように先輩たちに必死で食らいついていった。

（マラリアか、アメーバ赤痢にでも罹《かか》ったら、もう、しまいじゃ）

中平は、そう思いながら日々を過ごしていた。

体力が落ちてきたら、いろんな病魔が身体の中に入り込んでくる。土佐では経験したことがない正体不明の病気で、仲間がバタバタと倒れていた。

そんなとき、野戦病院から連絡が来たのである。

「シゲちゃん」

中平は、もう一度、呼んでみた。しかし、反応はない。

「野戦病院じゃき、ちゃんとベッドも構えちゅうよ。お医者もおるき。しかし、シゲちゃんはあんまり意識がのうなっちょった。わしが来たことは目を開けたのでわかったと思うけんど、もう物も言えんようなっちょったねえ……」

子供の頃から、シゲちゃんは、中平のことを、

「ヒロ、ヒロ」

と呼んでいた。しかし、シゲちゃんの口は、閉じられたままで、「ヒロ」という呼びかけは、最後まで出てこなかった。

「わしが呼びかけたら目が開いたがよ。だから、わしが来たことはわかっちょったと思う。しかし、言葉を出すような力もなくなっちょったがよ。目を見たら、わしのことは、

わかっちょったね。わしは、それを見て、もうダメじゃ、と思うた……」

中平も、長くとどまることは許されない。すぐに中隊に戻らなければならなかった。

シゲちゃんの手を握った中平は、

「気合いがかかっちょらな、いかんぞっ（弱ったらいかんぞ）」

そう言った。

そのとき、シゲちゃんは頷《うなず》いた。微《かす》かだが、たしかに頷いた。

哀しみがこみ上げてきたが、泣くわけにはいかない。

「えいか。頑張らにゃあ……」

中平は、そう言うのが、やっとだった。

声も出せなくなっていた従兄のシゲちゃん。間もなく命の灯は、消えてしまうだろう。

「もう痩せてしもうちゅう。骨と皮みたいになっちゅう。生きるのは、無理じゃったねえ」

後ろ髪を引かれる思いで、〝病室〟を出た中平には、これが生きているシゲちゃんを見る「最後」になることがわかっていた。

激戦をくり広げた鯨部隊にあって、中平は、なんとか昭和二十一年に無事、復員を果たした。

中平が〝シゲちゃん〟の死を知るのは、復員してからである。

シゲちゃんは、とっくに亡くなっていた。やはり、あの別れから間もなく、息を引き取っていたことを中平は知った。

しかし、中平が衝撃を受けたのは、シゲちゃんだけでなく、その兄も中国戦線で「戦死」していたことだった。

「叔母ちゃんには、子供は男の子二人だけじゃったきね。その二人とも戦死よ。もう、むごうて（可哀想で）、叔母ちゃんに、声もようかけざった……。叔母ちゃんも、ちょっと精神病みたいになっちょった。二人の息子が両方、死んじゅうき、無理もないわよ。うちの家（叔母から見たら兄の家）に、よう、泣きに来よったよ。かわいそうじゃった」

戦死したシゲちゃんの兄は、幸いなことに出征前に女の子を一人もうけていた。

「その子が大きくなって、婿《むこ》をもろうたき、家だけは残っちゅうがよ。けんど、わしは、叔母ちゃんに、シゲちゃんの死に際《ぎわ》におうた（会った）ことは、最後までよう言わざった……。あのようすを教えることはできざった。

そら、言えなあね（言えないよ）。死にジラミを自分で取ることもできんようになっちょったがを、どうして言える？　叔母ちゃんは昭和三十七年ごろに、のうなった（亡くなった）かねえ。叔母ちゃんの晩年を思うたら、本当に、二度と戦争はして欲しくないと思うわよ。子供二人に両方、戦死されたら、そら、たまらんき……」

シゲちゃんに最後に会ったことも、そのときのようすも、中平は、ついに叔母に伝えることはできなかったのである。

子供がすべて戦死し、断絶せざるを得なかった家は、日本中で数知れない。まだ、出征前に子供をもうけていた兵は、かろうじて「家の存続」だけは果たせた。その意味では、〝シゲちゃん〟の家は、まだよかったかもしれない。

故郷への帰還を果たせず、中国の土となっていった身内や戦友たち。もはや歌うことさえかなわない彼らの無念を調《しら》べにのせて、兵たちは、望郷の歌を口ずさんだのである。

戦場の「死」と病院の「死」

先の「松浦手記」には、多くの「死」が描写されているが、戦場の死だけでなく、病院での死も数多く記されている。

病いを得て病院に収容されることは、屍を野に晒すことになる戦場よりは、たしかに、ましかもしれない。

だが、〝シゲちゃん〟と同じように、体力が劣ったものの死は、無惨なものだ。マラリア、アメーバ赤痢、コレラ……特に、体力に劣る補充兵たちには、容赦なく重い病いが襲いかかった。

〈我が中隊では十人位の赤痢患者が発生し、私もまたその一人となってしまった。一日に何十回も便所に通うが、下腹をしぼり下るものは粘液便か血便が少し、力尽きて便所の側につくなんでいる（倒れこんでいる）者もある。全員長安の病院に入院、隔離病棟に入れられたが、その仲間は五十人位《くらい》になった。

真っ黒い炭のような薬を与えられ、重湯《おもゆ》が一週間位続いたが、やがて米粒が十粒位から次第に増加していった。大分良くなったので隔離を解かれ、別棟に収容されたが、回復期に向かうと空腹に耐えかねる〉

松浦自身も、マラリアや赤痢に罹患《りかん》し、生と死の間を彷徨《さまよ》ったのも一度や二度ではなかったのだ。野戦病院で、あるいは、町にある陸軍病院でも、多くの仲間が死んでいった。

松浦が胸を痛めたのは、戦友たちが息を引き取る場面である。「松浦手記」には、こんな病院での記述もある。

〈個室からは、時々夜更《ふ》けて、

「お母さん！　お母さん！」

と母親を呼ぶ声が、強く弱く大部屋まで流れてきた。

病院で死ぬ兵は、殆ど無意識に母の名を呼ぶのだそうで、遠く異郷でただ一人死んでいく病人の心細さの現われといえよう。

（中略）

重傷患者の一人が、死の直前、

「日本の方に向けてくれ」

というので、体をささえて東の方へ向けてやると、

「窓を開けてくれ」

と頼む。外は吹雪で、全部の硝子戸《がらすど》を堅く締めてあるのだが、その一枚を少し開けてやると、ぐったり死んで行った。

そんな姿を見ていると、自然に霊魂の不滅を信じたくもなってくるのであった〉

わずかに開けた硝子戸の隙間《すきま》から、肉体にとじこめられていた魂を故郷に向けて飛び立たせたのか。吹雪の舞う寒空を越えて、はるか土佐まで魂は辿りつくのか。重傷の身体だけがぬけがらとなってそこに残っている。

死んで行く仲間のその姿は、「明日のわが身」である。

同じ立場にある人間が、こんな異郷で、しかも、家族を内地に残して死んでいく無念がどれほど深いものなのか、松浦には痛いほどわかった。

騎兵から見た中国戦線

『南国節』は、鯨部隊のすべてで歌われていたわけではない。歩兵第二百三十六連隊は、

二千数百の兵を擁する大部隊だ。全期間を通じた延べ数では、前述のように一万名をはるかに超えている。

三つの大隊に加え、機関銃中隊、歩兵砲中隊、騎兵隊、通信中隊……等々、さまざまな隊がある。

当初、第四十師団騎兵隊として、十八歳で中支に渡った渡辺盛男（九五）は、騎兵隊のときは、『南国節』は一切、聴いたことがなかった。しかし、昭和十八年に初めて耳にし、歌うようになった。

「この歌は、歩兵を中心に歌っていたもので、私らが歌うようになったのは、騎兵隊が解散になってからのことじゃったね。入隊してから最初に歌うたのは、〝わが大君に召《め》されたる～命はえある……〟という軍歌（注＝「出征兵士を送る歌」昭和十四年陸軍省制定）じゃった。ちょうど、この歌が、できたばっかりのときやったきね。わしらあは、これを一番初めに歌うた記憶がありますよ。

もう馬の時代じゃないということで、昭和十八年の六月には、私が所属する騎兵隊が解散になったがよ。解散になって、各歩兵連隊に乗馬小隊を、というので騎兵が一個小隊ずつ配置になった。それで、二百三十六連隊の乗馬小隊付きというのになったわけよ。

わしが、『南国土佐』を歌うようになるのは、それからのことよ。昭和十九年の湘桂作戦の時分からは、よう歌うたね。部隊によって、歌うてないところもあるきね。いろいろよ。決して勇ましい歌ではなくて、しみじみする感じじゃね。それぞれの兵隊の受け止め方じゃろうけど、郷愁を誘う歌じゃね。

最初は、この歌はてっきり内地から初年兵が持ってきた歌じゃと思うとった。実際は、鯨部隊の中で、自然発生的にできた歌じゃったが、最初に聞いたときから、〃ええ歌じゃなあ〃と思うとったねえ」

渡辺は、『南国節』を〃歩兵の歌〃と思っている。騎兵だったときには聴いたことがなく、歩兵と行動をともにしてから、耳にするようになったからだ。

人間誰しも、家族に会いたい。親、きょうだい、妻、子供……兵たちには、それぞれの家族がいた。果てしない行軍で、中国の山河、大地を歩きつづけた歩兵は、知らず知らず、故郷と家族を思い浮かべた。

(帰りたい)

人であるかぎり、その思いは共通だ。しかし、それを口にすることはできない。その思いをまぎらわす方法は、あの歌を口ずさむことだけだった。

南国土佐を後にして
　中支に来てから幾歳ぞ……

「そりゃ、行軍しながら歌うがよね。土佐のことを思いながら、みんな、行軍しよったきね。歌なら小声で歌うがは、誰にもわからんき、勝手よね。怒られもせん。気分がやっぱり違うわね」

歌は、兵たちの心の支えとなっていた。渡辺によれば、昭和十八年からは、望郷の念が、ますます高まっていったという。

「昭和十八年までは、満期除隊ができたけんどねえ。それも、この年が最後になってねえ。これ以降、満期除隊はなくなったき、もう誰も満期除隊できるとは、考えんようになった。それで、この歌をよけ（多く）歌うようになったがよ」

渡辺は、そう振り返る。

膠着《こうちゃく》状態に陥っている中国戦線と、劣勢に陥った米軍との太平洋戦線——そのしわ寄せは、当然、兵たちに来る。兵力不足は、召集の人数を多くすることか、除隊者を少なくすることで凌ぐしかない。その影響が昭和十八年から出てきたのである。

自分が生き残ったのは、渡辺にとっては、「騎兵」であることが大きかったという。

「騎兵は、歩兵のように戦争をすることは考えてないわね。偵察とか伝令要員とか、馬の足を利用した使い方を考えたんじゃろう。僕らは馬のおかげで大助かりよ。歩兵は、歩くのがしんどかった、と、みんなが異口同音に言うわね。日によったら十里（およそ四十キロ）も歩かなならんときもあるしね。靴も破れてしまうきね。歩兵は大変じゃったわね」

それに比べれば、馬が倒れないかぎり、騎兵は楽だった。

「騎兵には、やっぱり、歩兵より〝三尺高い空気を吸うとる〟という誇りがあったきねえ。新兵のときから、なんというか、気位《きぐらい》が高かった。歩兵の側から見ても、そういう気分が見えたんでしょうね。騎兵は、二等兵でも馬に乗って走れるけんね。ところが歩兵は、中隊長でも馬には乗れんからね」

しかし、そんな騎兵でも、やはり、病気を免れることはできなかった。アメーバ赤痢は、「三尺高い空気を吸う」騎兵にも逃れられなかったという。

「そりゃあ、しるいもんじゃない（簡単なものではない）ですよ、あの赤痢は……。わしも、なにかで当たったんじゃね。それからトイレに行き始めて……。行って、出たら行きたい、出たら行きたい。しまいには血ばっかり出始めてね。それで、何日目かに出発命令が出たわね」

渡辺にも苦しみ抜いた経験があるのだ。歩兵なら「命」にかかわることである。しかし、騎兵は違う。馬があるからだ。

このとき、渡辺は、曹長まで進級しており、部下が二十四名もいた。

「兵隊に押し上げてもろうて馬に乗った。それで、なんとか、ついていけたわけよ。小休止になったところで、恥も外聞もなく、ズボンをまくりよった。それが何日かつづいた。〝これは、わしは死ぬぞ〟と思うたねえ」

そんななかで、渡辺はふと、あることを思い出した。子供の頃から本を読むのが大好きだった渡辺は、「ニラ（韮）が腹にいい」ということを思い出したのだ。

「ふっとひらめいたというか、子供の頃に読んだ本が頭に浮かんだがよ。ああ、ニラが腹にいい、と本に書いてあったな、と。それを、世話をしてくれていた森山という兵隊に言うたら、ニラを採《と》ってきてくれた。中国はどこにでもニラがあったきね。ニラと米を粥《かゆ》に炊いてもろうてね」

最初の一日、二日は米粒を食べずに汁ばっかり飲んだ。いわゆる重湯だ。ニラの匂いが鼻をつくその重湯は、たちまち〝威力〟を発揮した。

「あれほど痛かった腹の痛みが、ぴしゃっと治った。これは嬉しかったねえ。それで、これはひょっとして治るかもしれんと思うてね。少しずつ米粒も食べるようになって、四、五日で治ったんです。馬に乗っている間、あれだけ血ばっかり出よったのに、本当に助かった。アメーバ赤痢になったものは、ほとんどが落伍していくきね。歩兵の初年兵、若い兵隊も罹《かか》るがは多かった。昭和二十年頃に死んだのは、ほとんどがそれよ。細菌性赤痢、アメーバ赤痢というもんよ」

渡辺は、人の運命について、しみじみこう語る。

「人間の運命って、わからんもんよ。昭和十八年までに満期除隊して内地へ帰った戦友は、ほとんど戦死した。というのも、その後、内地で再召集されて、今度はビルマに行ったり、南方のあちこちに行かされたがよ。再召集された仲間は、ほぼ南方で死んだわけよ。

結果的には、支那に残っておったわしらのほうが生き残った。満期除隊が十八年で終わったもんじゃき、結局、一番長いものは、鯨部隊ができてから復員するまで、丸七年、おった人もおるよ。まあ、若い士のときに（若者のときに）、昭和十四年から二十一年まで、あたら一番いいときに、ずっと軍隊生活をしたわけよね」

渡辺の思い出には、折々に『南国節』が登場する。

「『南国節』は、それぞれが自分のことに置き換えて歌うたと思うわね。家のことを思うて、〝故郷の友〟を〝故郷の親父やお袋〟に、それぞれが置き換えて、歌を受け止めるわけじゃからね。ええ歌じゃったと思うよ」

この歌は、故郷そのものを思い出させ、その故郷に残した家族に思いを馳せさせてくれる歌だった。

「生きて故郷に帰りたい」、「生きて、家族に会うのだ」という思いは、「生きる気力」をふるい起こさせる。その歌によって兵たちは、あの幸せな日々にもう一度戻りたいという望みを手放さずに生き抜くことができたのである。

第四章　鯨と豹

豹を飼いならした猛者《もさ》たち

鯨は、豹《ひょう》を飼いならすことができるのか。

そんな素《す》っ頓狂《とんきょう》な「問い」を発したら、誰もが「おい、頭は大丈夫か」と切り返すに違いない。鯨と豹——海の王者と陸の猛獣という奇妙な組み合わせに、ただ首を傾げるだけだろう。

しかし、土佐鯨部隊には、『南国土佐を後にして』を生み出すエピソードとともに、耳を疑うような「実話」がもうひとつある。

それは、支那派遣軍だけでなく、中国人の間にも知れ渡った「豹を飼いならした部隊」という異名である。その物語は、昭和十六年二月二十八日、湖北省陽新《ようしん》県白砂舗《はくさほ》からスタートする。

「警備」のために駐屯していた鯨部隊「第二大隊」の第八中隊第三小隊の成岡《なるおか》正久小隊長に、地元の中国人から奇妙な要請がもたらされた。

「私たちは、牛頭山《ぎゅうとうざん》にいる豹に苦しめられています。三メートルもある大豹が、毎夜、毎夜、山麓の部落を襲っています。家畜だけでなく、ときには、人間さえ襲っています。どうか豹を退治して、私たちを助けてください」

両手を胸の前で合わせて、頭を何度も下げながら、中国人がそう訴えてきたのである。

牛頭山とは、背後に石灰石に覆われた山々が連なる標高百メートルほどの岩山である。牛頭山の手前には、水田の中に曲がりくねった小道があり、それらが小さな部落を結んでいた。

日本の田園風景と違うところといえば、あぜ道がまっすぐではなく、ところどころ蛇行していることぐらいだろう。

日本の農村風景とほとんど変わらないそんな地に大豹が住んでいることなど、成岡には、にわかに信じることができなかった。しかし、別の中国人にあらためて問うと、

「この山には豹が四頭いる」

と言う。どうやら、最近も家畜をさらわれたらしい。男はこうも言った。

「今まで大豹を退治して欲しいと日本軍にお願いしましたが、誰も聞き入れてくれませんでした。どうか大豹を退治して、私たちの家族や家畜を守ってください」

頭をペコペコ下げて、そう哀願するのである。

成岡は、腕を組んでしばらく考え込んでいたが、

「よっし、まかせちょけ」

と、豪快に笑った。成岡の階級は「曹長」である。

身長は六尺をゆうに超え、今でいうなら百八十センチを超える偉丈夫である。珍しい大学出の兵隊で、関西学院大学時代には、ハンマー投げの選手として、全日本選手権にも出場したことがあった。

中隊対抗の手榴弾投げの競争などは、いつも、成岡の独壇場だった。二位以下に「倍以上」の大差をつけて優勝する有名人でもあったのだ。

戦地に来て、成岡が困っている中国人の頼みをむげに聞き流すはずはなかった。もとより、頼まれたら嫌とは言えない気質で知られる土佐人によって部隊は構成されている。

(本当に困っているなら……)

成岡は、なんとしても大豹を退治してあげたいと思った。小隊に戻った成岡は、部下に向かって、さっそくこう言った。

「あの山に、大豹が四頭もおるらしい。俺と一緒に〝豹狩り〟に行くやつはおらんか」

軍の命令による作戦とは、これはまるで違う。成岡が地元民と勝手に約束して来たものである。それだけに、強制的に部下を「駆り出す」わけにはいかなかった。

あくまで各々の判断で「来るなら来て欲しい」と、成岡は思ったのだ。

驚くべきことに、第三小隊の隊員は、全員が手を挙げた。

「へえっ」

思わず成岡は、驚きの声を上げた。朝鮮での加藤清正の〝虎退治〟を思い出したのか、いかにも、冒険好きの土佐人らしかった。

人助けのためなら、やってやろうじゃないか——というわけである。あっという間に行くメンバーが決まった。

選ばれたのは伍長一人、上等兵二人である。いずれも歴戦の猛者であり、同時に土佐では、イノシシ撃ちの名人と言われていた男たちだ。

成岡を含む四名は、さっそく牛頭山に向かった。二月の寒風の中にもかかわらず、四人は顔から汗を噴き出させながら、黙々と登っていった。

「曹長。ここは、やつの通り道ですよ」

さすが、イノシシ撃ちの名人は、豹の足跡を見逃さなかった。

「こりゃあ、相当、でかいですよ」

大きな足跡を指さしながら、彼はそうつけ加えた。

いくら猛者といえども急襲を食らったら、ひとたまりもない。細心の注意を払いながら四人は歩を進めた。

野鹿《のじか》の骨が散乱している場所に差しかかったときは、さすがに背中が震えた。さらに、キジの羽毛が広範囲に散らばっている窪《くぼ》みもあった。いずれも大豹が食い荒らした跡であることは明らかだ。

成岡ほか三人の狩猟のベテランは、言葉はおろか、呼吸もおさえて歩みを進める。上に登るにつれ、鳥や獣の食い荒らされた残骸が多くなってきた。なかには人骨と、人間の衣類と思われる布切れまでが散乱していた。

（人が襲われているというのは本当だ……）

成岡たちの緊張感は、ますます高まった。

時刻は正午近くを迎えていた。

山の斜面は、まばゆい陽光に照らし出されていた。もうここまで来ると、どっちが先に相手を発見するかという戦いである。

ひょっとしたら、すでに大豹のほうが、先にこっちに気がついているかもしれない。

密生したカヤが行く手を封じている場所に出た。その向こうには畳八畳分はあろうかという平らな大岩がある。そのときである。

ガオーッ
突然、地の底から湧き起こってくる雷のような唸り声が轟いた。

「いたっ！」

そう思った瞬間、四人はもう銃の引き金に指を掛けていた。

しかし、雷鳴のようなひと声だけで、付近はまた静寂に戻った。

（……）

四人は、緊張を解かないまま、平らな大岩の上に移動した。

「さあ、来い！」

戦争も狩猟も、士気が阻喪《そそう》したら、勝負は終わりだ。猛獣を倒すなら、猛獣を上まわる気迫を持たなければ、食い殺されてしまう。

そのとき、また獣《けもの》の声がした。

グウーッ……

今度は、さっきより低い唸り声だ。近くにいることは間違いない。

(どこだ？　どこにいるんだ)

周囲を見まわした成岡はカヤの茂みの根元に、空洞があることに気づいた。

幅一メートルほどの岩の割れ目が、奥の空洞につながっていた。四人は大岩の下が〝豹の巣〟であることを悟った。

すでに〝敵〟は洞窟の暗闇の中から、こちらの動きを捉えているかもしれない。豹の姿を、早くこの目で捉えなければ勝ち目はない。

しかしそうは言っても、空洞の中に入っていくわけにもいかない。

さあ、どうするか。

「これはもう〝焼き討ち〟しかないでしょう」

狩猟のベテランたちは、考えることが同じだった。

さっそく付近にあった枯れ草や木をかき集めて点火してみた。火勢が強まったところを見計らって、成岡は、燃える木を洞窟の入口に投げ入れた。

しかし、穴の周囲には湿気が充満しており、火は、すぐに消えてしまった。低い唸り声が耳を澄ませば聞こえるものの、敵も出てくるようすがまるでない。

膠着状態に陥ったのである。

成岡はガソリンで焼くしかないと考え、ふもとからガソリンを持って来させることにした。

小一時間後、ガソリンは到着した。

穴の入口にこれを撒《ま》いた後、成岡は枯れ草に火をつけて投げ入れた。

たちまち〝ゴーッ〟という、ものすごい音がしたかと思うと、紅蓮《ぐれん》の炎が立ち上がった。

「来るっ」

四人は穴の入口に照準を定めた。だが大豹は出てこない。

(どうなったんだ)

次第に火勢が弱まっていく。

そのときである。二匹の豹の赤ちゃんが、ほとんど火が消えた入口のところに、ヨチヨチと歩いてきたのである。

「えっ」

「おい、豹の赤ちゃんだ！」

成岡が叫んだ。

出てきたのは、大豹ではない。生まれて間もない〝赤ちゃん豹〟だった。

「おい、どうなったんだ！」

四人は、意外な展開に驚きを隠せない。空洞は意外に大きく、ほかにどこか抜け穴があって、大豹は、すでに逃げ去ったのかもしれなかった。豹の赤ちゃんは、また奥に戻っていった。

四人は、意を決して中に入ってみることにした。さっきの二匹の豹の赤ちゃんを見殺しにするわけにはいかない。

成岡は、率先して穴に入っていった。

まもなく、成岡は、豹の赤ちゃんを二匹抱えて、外に出てきた。

「大豹は、どうした」

「おおっ」

部下たちは、思わず声を上げた。

まだ、目が開いているかどうかもわからないほどの小っちゃな赤ちゃん豹である。

一匹は、首のあたりを火傷《やけど》している。さっきの〝火攻め〟で、やられたに違いない。

「曹長、その〝子猫〟どうするがですか」

「おう、ここに置いとくわけにはいかんろ？」

三人の部下たちは、にやりと顔を見合わせた。それは、動物好きで、見た目こそ怖いが、根は優しい成岡小隊長らしかったからだ。

やってきた〝子猫〟

成岡曹長に抱きかかえられて二匹の〝子猫〟がやってきたことに、第八中隊の面々は驚いた。

「こりゃ、かわいらしい猫じゃが、どこで拾うたで？」

「しょう（非常に）かわいいがよ」

兵たちの声が聞こえてくる。

このときすでに、成岡の頭には、ひとりの部下の顔が浮かんでいた。

橋田寛一・一等兵。

大正七年生まれの橋田は、小銃士である。成岡小隊のなかで、射撃では群を抜く腕前の持ち主だった。〝スズメ撃ちの名人〟とも言われ、実際にその腕前を、乞《こ》われて披露したこともある。

「スズメを小銃で撃ったのは、連隊始まって以来、おまえが初めてじゃ」

橋田は上官からそう言われたこともある銃の名手だった。

「射撃には、自信があったのう。スズメを撃つがは、コツが要《い》るきのう」

それから七十六年、満九十九歳となった橋田は二〇一六年夏、そのコツについて、こう語ってくれた。

「スズメを撃つのに、身体に当てたら、バラバラになってしまうわのう。じゃから、身体には、当てんがよ。その代わり、頭のすれすれのところに弾丸《たま》を通すがよ。そいたら、スズメは脳震盪《のうしんとう》を起こして、コテンと転《ころ》がるきねえ」

つまり、身体をマトにするのではなく、頭のぎりぎりのところに狙いを定めて、脳震盪を起こさせるというのである。コツというより、練達者でなければできない高度な技だ。かなり離れたところからでも、橋田には、それができた。相当な腕前と言える。

「成岡曹長は、それを知っちゅうき、わしを指名したがよ。最初は、肉を食わんかもしれんが、やがては、豹は、肉を食うようになるきねえ。鳥でも、ノロジカでも、なんぼでも、餌《えさ》をとることができる人間を、世話役に指名したかったがよね」

橋田は、はるか彼方の出来事を昨日のことのように語った。

第二大隊の警備地はこの頃、主に湖北省陽新県だった。

前述のように、大作戦を敢行するときは、連隊自体が移動しながら、過酷な戦闘がつづく。戦闘と疲労で多くの兵の命が失われるが、そうでないときは、一定の地域に駐屯して警備をおこなうのである。

成岡や橋田が所属する第二大隊の第八中隊は、ちょうどその時期にあたっていた。

「おんしゃあ、これを飼え」

「鳥を取って来て食わせ」

成岡は、橋田を呼び出すと、そう言った。

おまえの腕で、鳥でも撃ってきて「育てろ」という意味である。

上官である小隊長の命令である。小隊長自身には、日常の警備活動や討伐《とうばつ》など、さまざまな任務があり、そのたびに部下を引き連れて、「出動」しなければならない。それは何日も、ときには、何週間にもわたるときがある。

しかし、そのメンバーから橋田を外す権限を成岡は持っている。

橋田には、この豹の赤ちゃんの世話役を命じ、そういった日常の活動から橋田は外されることになったのである。その意味では、幸運だったとも言えるだろう。

豹の赤ちゃんは、二匹いる。一匹は、成岡たちの〝火攻め〟によって、首筋に火傷を負っていた。これをまず治療しなければいけなかった。

さすがに、成岡も二匹とも飼うわけにはいかない。一匹だけ飼うとするなら、自分のせいで火傷を負っているほうを飼おうと成岡は思った。

誰か、もう一匹を飼ってくれるところはないか。

成岡は、陽新県の銅山で働いている日本人技師にこれを預けることにした。そして、ほうぼう問い合わせて、ついに、北京の動物園が引き取ってくれるところまで、談判した。面倒見のいい成岡らしい行動である。

こうして、第八中隊第三小隊には、首筋に火傷のあとがある一匹の赤ちゃん豹が残されたのである。

橋田は、豹の赤ちゃんを渡されたとき、どう思ったのだろうか。

（なんじゃ、これは……子猫じゃないか）

橋田には、それは「子猫」にしか見えなかった。

「それで、名前が要るき、この子猫に名前をつけたがよ。わしらは、第八中隊じゃき、〝ハチ子〟と名づけたわよ。八中隊の子供じゃきね。ハチ子、ハチ子、いうて、わしが呼び始めた」

名前は、ハチ子。しかし、軍隊には、生まれて間もない動物に飲ませるミルクなど、あるはずもない。橋田は、当初、苦労した。ハチ子にとっても、最大の生命の危機だっただろう。

「最初は、なんにも受けつけんがよ。ミルクもないし、しょう（非常に）困った。いろいろ工夫して、口に入れよったら、そのうち身体が受けつけるようになってきた。よしよし言うて、自分の飯を分けて食わせるようになったがよ」

橋田は、軍服の一番上のボタンを外して、ハチ子を顔だけ出すようにして、服の中に入れたという。

「一番上のボタンを外したら、ちょっと空きができるろう？　そこにハチ子を入れるがよ。みゃあみゃあ言いながら、ハチ子は、おとなしゅう入っちょったよ。それで、わしの飯があるろう？　それを噛《か》んで噛んで、やわらこうしてのう。それを口移しで、ハチ子に食べさせるがよ。たくわんであろうと、なんであろうと、噛んで噛んでしよったら、やわらこうなるきね。それを食べさせるがよ。最初のうちは、おかゆもつくって食べさせたがよ」

まるで鳥の親子である。橋田は、〝親鳥〟の役割を根気よくつづけた。

ハチ子の身体が固形物を受けつけるようになると、草原にいるノロジカや鳥を撃って、それを噛んでやわらかくして食べさせた。

第三小隊の仲間たちは、その世話の細やかさに感心した。

成岡曹長も満足だったに違いない。

成岡は、ハチ子をかわいがり、任務を終えて帰ってくると、橋田からハチ子をもらい受けた。自分の宿舎で、ハチ子と一緒に寝るのである。

ハチ子にとっては、成岡と橋田の二人が、まさしく「親」であった。

成岡は、中隊長はもちろん、大隊長も一目を置くほどの頼りになる〝曹長殿〟である。剛の者である成岡は、第八中隊の中で確固たる地位を築いていた。そうでなければ、軍隊内で「豹を飼う」ことなど、許されるはずはなかった。

やってきた舞踊家「宮操子《みやみさこ》」

ハチ子が第八中隊に来て間もない昭和十六年三月、鯨部隊に慰問の舞踊団がやってきた。

舞踊家の宮操子が率いる舞踊団だ。

明治四十二年に岩手県の盛岡で生まれた宮は、昭和初年、夫の江口隆哉《たかや》とともに、ドイツのマリー・ウィグマン舞踊学校に留学した日本を代表する舞踊家のひとりだった。

戦争中は、中国戦線や東南アジアの各地で軍の慰問をおこない、移動中に米軍の魚雷攻撃を受け、海を漂流したこともあるモダンダンスの第一人者である。

鯨部隊の第二大隊にやってきた舞踊団は、故郷を離れて戦いに明け暮れる兵たちを魅了した。いっときでも、自分の置かれている境遇を忘れられるなら、それだけでも、慰問団の役割は大きい。

だが、異変はその夜、起こった。

団長の宮操子が、突如、高熱を発したのだ。それまで病気で寝込むことなど一度もなかった宮が昏倒《こんとう》したのである。

マラリアだった。

連日の強行軍で、疲れが溜まっていたに違いない。公演を終えた途端、団長が意識を失ってしまったことに団員は動揺した。

四十度もの高熱を出して、まる二日間、宮は、意識を失ったままだった。女性中心の舞踊団だけに、不安は募った。

二日後、意識は回復したものの、宮は床から起き上がれなかった。そんなとき、〝子猫〟を抱いたひとりの曹長が、見舞いにやって来た。

成岡小隊長である。

それまでに宮と成岡は、面識があるわけではない。

しかし、宮がマラリアで倒れたと聞き、成岡は、「少しでも気分が紛《まぎ》れるなら……」と、意識の回復を待って、ハチ子を連れてやって来たのである。

背が高く、がっしりした身体つきの成岡の腕に抱かれている豹の赤ちゃんが部屋に入ってきた。まるでヌイグルミだ。

「まあっ」

あまりのかわいさに宮は思わず声を上げた。

なんてかわいい〝子猫ちゃん〟だろう。

美しい毛並みに、七色に変わる目の色はまるで宝石のようだ。そのキラキラ輝く目を見た宮は、起き上がれなかったはずの寝床から身を乗り出した。

豹だ、これは本当の豹だ。猫じゃない！

興奮して、ハチ子を抱きしめた宮のようすを見て、成岡の顔に笑みが浮かんだ。

「先生は、動物好きのようですね。それならよかった。こいつと一緒に寝れば退屈しないんじゃないかと思って連れて来たんですよ」

成岡は、そう言った。

「わあ、うれしい！」

ぶっきら棒で、とっつきにくそうな目の前の偉丈夫が、実に心の優しい男性であることがわかって、宮は心のままに叫んでいた。

この豹の赤ちゃんを、マラリアが完治するまで、私に「貸してくれる」のだ。これほどうれしいことがあろうか。

「コイツは誰とでも、すぐに友だちになりますから」

最初、成岡の腕のなかで、周囲をきょろきょろ見ていたハチ子は、あっという間に宮にも慣れてしまった。成岡の言うとおり、誰とでも友だちになれるらしい。成岡は、ハチ子を宮に渡して去っていった。

みゃあみゃあ、鳴きながら、ハチ子は、宮の胸にすっぽりと入り込んだ。背中を撫《な》でたり、抱いたりしているうちに、宮はすっかりハチ子と仲良しになってしまった。

それからというもの宮は、ハチ子と食事も一緒、遊ぶときも一緒、寝るときも一緒という療養生活をおくる。

ハチ子と過ごすようになってから、宮は、どんどん元気になっていった。スヤスヤと眠るハチ子の姿を見ていると、それだけで癒された。熱があることも忘れてしまう気分になった。

紙をまるめて投げると、ハチ子は尻尾《しっぽ》を振って喜んで取りに行った。反応が素早く、機敏さは、さすが豹である。

床の上で、じゃれ合ってハチ子と遊ぶ宮は、とても、「絶対安静」の患者とは思えなかった。

ハチ子のお陰で、宮の病気は、たった一週間で完治してしまった。宮には、それが「ハチ子効果」であることがわかっていた。

ところが病気が治ると、ハチ子との「別れ」が待っている。宮には、ハチ子との別れは、とても耐えがたいものだった。

宮操子は、満八十六歳を迎えた平成七年八月、戦争当時の思い出を綴《つづ》った『陸軍省派遣極秘従軍舞踊団』（創栄出版）を刊行している。そのなかで、このときのことをこう書いている。


〈病気が治ったのはうれしいが、「これでハチともお別れだ……」と思うと私は複雑な気持ちだった。本音を言えば「仮病」をつかってでもハチのそばにいたかった。しかし私には、私たちの到着を楽しみに待っていてくれる兵隊さんたちがいた。私はハチと別れる前の晩、遅くまでハチと遊び続けた。そして遊び疲れて寝てしまったハチの寝顔を一睡もせずにながめていた。出発の朝が来た。私たちは代わる代わるハチを抱きしめ別れを惜しんだ〉


ハチ子は、トラックに乗って去って行く宮たちを、迎えに来た成岡曹長の肩にチョコンと座って見送った。

大勢の兵たちが舞踊団を見送ってくれたが、宮の視線は、ハチ子だけに集中した。一緒に過ごした一週間は、夢のようだった。心配そうに、頰や手を舐《な》めてくれたハチ子の優しさを宮は、しっかり感じとっていた。

宮は、なかなかハチ子のことが忘れられなかった。わずか一週間だけのつきあいなのに、宮は、すっかりハチ子の「虜《とりこ》」になってしまったのだ。

宮は、その後も慰問をつづけるうちに、慰問先の各部隊で、ハチ子のことを何度か耳にした。第八中隊は、〝豹を飼いならした部隊〟として、次第にその存在の噂が広まっていったのである。

そして、のちに宮は、ハチ子を助けるために、大きな働きをするのだが、そのことは後述する。

亀川連隊長とハチ

ハチ子は、すくすくと育っていった。

「そのうちハチ子は、目に見えて大きゅうなってね。軍服のボタンを外して中に入れちょったのは、ちょっとの期間だけよ。すぐに大きゅうなったき」

橋田はそう語る。

ノロジカの肉を美味しそうに食べだす頃には、ハチ子は、「猫」ではなく、明らかに「豹」らしくなっていた。

そのとき橋田たちには、あることがわかった。ハチ子は、実は、「メス」ではなく、「オス」だったのである。

「大きゅうなってきたら、ハチ子がオスであることがわかってきた。それで、名前をハチ子じゃのうて、〝ハチ公〟に変えたがよ。〝公〟も言わんと、〝ハチ〟〝ハチ〟と、みんなが呼ぶようになったわのう」

ハチ子からハチ公へ。日に日に、ハチは逞《たくま》しさを増していった。

ハチは、自分のことを豹とは思っていない。

生まれたての、みゃあみゃあ言う時期から、橋田の懐の中で育ったのだから、自覚がないのもあたりまえだ。おそらく、自分を第八中隊の「一員」と思っていたのだろう。

やがて、歩哨に立つ兵の横に座って、暗闇に向かって一緒に監視をしたり、パトロールについてきて〝睨《にら》み〟を利かせたり、ハチの役割は次第に大きくなっていった。

噂が噂を呼び、ハチの存在が世間に広く知られていくのは当然だった。

豹をも飼いならす日本軍――。

実際はなんとも可愛いハチである。しかし、ある種の畏怖《いふ》をもってそう囁かれるようになり、第八中隊の名声は揺るぎないものになっていく。

もっとも、いくら長期にわたって湖北省陽新県での警備がつづいているとは言っても、いつまでハチを飼うことができるのか。その懸念が、成岡にも、そして、橋田の頭の隅にも、常にあった。

連隊長の亀川良夫は、温厚で部下思いの人物として知られる。当然、ハチのことは、彼の耳にも入っていた。

（うーん、いつかは別れなければならないのに……）

亀川には、大作戦が下令されたときに、豹を連れていくことができないことがわかっている。そして、それは、「いつ」下令されるのか、わからないのである。そのことを亀川は、憂慮していた。

ハチの処分をどうするのか。

亀川連隊長は、そのまま飼いつづけることができない旨を、成岡にも伝えていた。

戦後、成岡は、鯨部隊での思い出を綴った手記『還らざる青春譜』を、昭和五十六年二月に自費出版している。そこには、こんな記述がある。

〈生後僅かに六ヵ月ながら、体長一米《メートル》七十糎《センチ》に成長し、美しく鮮明な毛並みの中に何者にも劣らない鋭さと、強靱《きょうじん》さを秘めており、しかも日本軍人に対してはどこまでも従順であった。

そして、「野生の豹と共に暮す曹長」としてハチと私のことは、当時中支戦線の各部隊にいい伝えられ、広く知れ渡っていたようである。

元来豹は猛獣の中で最も人間に慣れにくいものとされ、このことは世界の有名なサーカスの中にライオンや虎はおっても、豹を調教し、芸をさせるという例が殆ど無いということがよくそれを物語っているといえよう。

が、その豹がこれほどまでに飼主《かいぬし》の愛情に応え、慣れ親しんでくれようとは正直に言って全く想像外のことであった。私自身、ハチが赤ん坊の時はともかく、大きくなるにつれてどういうことになるのか、全く自信がなかった。もし他人に危害を加えることがあっては、もとより連れて来た私の責任であり、内心少なからず心配であった。

隊員達が不安の念を抱いたとしても当然のことであったといえるだろう。それが今日までのところ全く杞憂《きゆう》にすぎなかったばかりか、将来も案ずることもなさそうなのだから、奇跡とさえ思え嬉しい限りであった〉

しかし、前述のように亀川連隊長は、「大作戦」敢行のときに、ハチの存在が部隊の足枷《あしかせ》になることを憂慮していた。

連隊長と中隊の一小隊長とは、本来は、口もきけないほどの差がある。ひと口に「階級差」といっても、それは、あまりに大きいものなのだ。

だが、どの上官も頼りにする成岡の勇猛果敢さは、連隊中に轟きわたっている。成岡の名は、歴代の連隊長すべてが、しっかりと認識していた。

作戦の全般を取り仕切る連隊長からの命令は、さすがに重かった。

「豹の飼育は危険であるから、隊内での飼育を禁ずる」

成岡のもとに、中隊長を通して亀川からそんな注意が届いた。

しかし、では、どうやってこの可愛いハチを処分するというのか。そんな無慈悲なことが果たしてできるのか。

成岡は、自問自答をくり返した。

中隊長には、もちろん成岡の苦しみがわかっている。日頃、士気旺盛な成岡小隊にどれだけ中隊全体が助けられているかしれない。その成岡曹長に、

「連隊長の命令である。速やかにハチを処分せよ」

などと、言えるはずがなかったのである。

成岡の苦悩は、深まるばかりだった。隊員たちも同じだ。家族同様に暮らしてきたハチを死なせることなど、絶対にあってはならない、と思っていた。

「連隊長殿も、このかわいい、そして、利口なハチの姿をご覧になったら、許してくださるに違いない」

成岡は、そんなことを考えながら、ハチを飼い続けた。

第二大隊の将兵は、精悍《せいかん》なハチを誰もが慕っていた。しかし、心配なのは、初めてハチを見る者が、咄嗟に銃口を向けることだった。不測の事態が生じれば、その瞬間から誰もハチを庇《かば》いきれなくなる。

成岡はそんなことを懸念していた。

やがて、常に中隊の誰かがハチの周辺を警戒するようになり、ハチもまた、部隊がま

わりに張り巡らせている鉄条網の中が、「自分の安全区域であること」を感じとっているようだった。

しかし、ある日、亀川連隊長自らの「内務巡視《ないむじゅんし》」のときがめぐって来た。連隊長は、自分の連隊の状況を見るために、定期的に内務巡視をおこなうことになっている。その日がやってきたのである。

成岡は悩んだ。

自分は命令に従わず、ハチを処分していない。果たして亀川連隊長が、大きくなっているハチの姿を見て、どう思うだろうか。すでに処分済みと思っていたハチを目にすれば、自分は、きついお叱りを受けるだろう。しかし、この際、そんなことはどうでもいい。処罰は、甘んじて受けるつもりだ。だが、問題は、ハチの命だ。

「余《よ》の面前で、ただちに射殺せよ」

そう命令されたら、自分はどうしたらいいのか。わが子同然に育てている自分が、本当にハチを撃てるのか。

考えれば考えるほど、不安と苛立《いらだ》ちは増していく。

方策のたたない成岡の頭の中は、ひたすらハチの無事を祈る思いでいっぱいになっていた。しかし、当のハチは、成岡の心配をよそに、相変わらず古年次兵たちの作業場で、茶目《ちゃめ》っけぶりを発揮して人気をひとり占めし、楽しそうな平和な日々を過ごしていた。

そして、とうとう内務巡視の日が来た。

ハチをどこかに隠そうとすれば、それは、文字どおり「隠蔽《いんぺい》」となる。命令違反の上、隠蔽行為をおこなったら、その瞬間にハチも成岡も、危うい。

成岡は、ありのままを連隊長殿に見てもらおうと覚悟を決めた。

その日、第八中隊は、渡部中隊長以下、幹部一同が衛兵所前に整列して、連隊長を出迎えた。

当のハチは、いつものように成岡の足元に座ったままだ。だが、平常とは異なったピリピリした雰囲気に、あたりの気配を訝《いぶか》るように眺めていた。

やがて坂口大隊長に先導された亀川連隊長が、多数の随行官を従えて姿を現わした。ザッザッザッザッザッ……温和な表情のなかに威厳を漂わせた亀川連隊長が、目の前十メートルほどに近づいたとき、中隊長の号令で一斉に挙手の敬礼をおこなった。

あたりが厳粛な雰囲気に変わった「そのとき」だった。

座っていたハチがサッと立ち上がったかと思うと、見慣れぬ〝侵入者たち〟を、ぐっと睨みつけたのである。

(しまった)

成岡は、咄嗟にそう思った。

ハチは、第八中隊を「わが家族」だと思っている。そこへ、見知らぬ人間が入ってきて、いつもとはまるで違うピーンと張りつめた空気に変えてしまったのだ。

　それは、縄張りへの敵の侵入を意味するものである。ハチの反応は、野生の本能だろう。

　ハチが〝敵〟の存在を感じて反応している。成岡は、瞬間的に、そう見てとったのである。

　その殺気は、睨みつけられる側も、感じるに違いない。

　やはり、亀川連隊長は、すぐに異常な空気を感じとった。成岡の横にいるハチの存在に気がつくと、そのままの姿勢で、じっとハチのようすを見たのである。

　それは、何分、いや何秒のことだっただろうか。

　大勢の随行官のほとんどは、ハチを初めて見ている。ハチの存在だけは全員が知っていたが、猛獣の豹に真近で睨みつけられて、彼らも、立ちすくんでいた。

（これが噂の豹か……）

　そう思った幹部もいるだろう。彼らもまた、固唾を呑んで、じっと見守っていた。

　成岡の背中は、汗でびっしょりになっていた。

　こちらの「敬礼」に対して、連隊長の「答礼」がないので、中隊長以下、成岡たちは、挙手の姿勢を崩すこともできなかった。

　連隊長が、緊張した面持《おもも》ちでハチの姿勢に注意を向けながら、一歩足を踏み出した。

　そのとき、ハチが連隊長に向かって、パッと跳躍《ちょうやく》した。

（あっ！）

敬礼したままの成岡は、声を発することもできなかった。

連隊長の意外な言葉

その一瞬の跳躍は、誰にも、どうしようもなかった。

（えっ？）

ところがそれは、敵に襲いかかる猛獣の攻撃などではまったくないことに、成岡はすぐに気づいた。普段から、兵たちと戯《たわむ》れるとき、ハチが鬼ごっこの相手に飛びつくときの跳躍だったのである。

いつもの〝じゃれつき〟の飛びつきだ。

連隊長をはじめ、随行している幹部たちは、もちろん、そんなことなどつゆ知らない。一瞬、最悪の事態の発生と認識して恐怖を感じたものの、ハチが亀川連隊長の右腰に吊《つ》り下げられた大きな「図嚢」にぶら下がって、じゃれ始めたのを見て、言葉を失った。

不意のハチの襲撃に身のかわしようがなかった連隊長は、両手を高く上げ、棒立ちの姿勢のまま、じゃれて遊ぶハチの姿を見下ろしながら、

「成岡。おまえはまだ処分をしていなかったのか？」

そう言葉を発したのである。静かな口調だった。

「はっ！」

恐縮した成岡は、そう応えるだけだった。次に出されるであろうお叱りの言葉を、成岡は待った。そのお言葉で、ハチの「生」か「死」が、決まる。

全身の血が頭にのぼるのを成岡は感じていた。

連隊長は、足もとで愉快《ゆかい》に遊ぶハチの姿を見つづけている。それは、いささかも「危険」というものを感じていない風情《ふぜい》だった。

「成岡」

亀川連隊長は、もう一度、成岡を呼んだ。

「はっ！」

敬礼したままの成岡が応える。

「大丈夫だろうな？」

一瞬、間をおいた亀川は、そう問うたのである。

ハチが誰かにケガを負わせたり、人に迷惑をかけたり、そういうことはないだろうな？という意味である。

「はい、絶対大丈夫であります！」

成岡は、天にも昇る心地でそう答えた。

成岡の答えに満足した亀川連隊長は、ハチの頭を撫で始めた。意外な展開だった。

（しめた！）

内心、小躍《こおど》りするほどの喜びを感じた成岡だったが、連隊長は、なおもこう問うた。

「隊員たちがどんなことをしても、絶対大丈夫ということが、どうして言えるのか？」

それは、連隊長としての再確認の質問だった。

自分が許可を出したがばかりに、食い殺されるような隊員が出たらとり返しがつかない。また、一般の中国人に犠牲者が出たならば、申し訳ないでは済まない。

そのとき、「はっ」と応えた成岡の行動に、そこにいた全員が息を呑んだ。

成岡は、腰につけていた帯刀を外し、あっという間に上半身裸になった。成岡の頭のなかは、ハチの本当の姿を連隊長に見てほしい、ということだけだった。

(百聞は一見に如《し》かず、だ。ハチのために、この好機を逃してはならない)

成岡は連隊長にじゃれついているハチに近寄っていった。

そして、ハチを連隊長から引き離し、あっという間に肩に担ぎ上げ、中庭の芝生《しばふ》に運んでいったのである。

(なにごとが起こるのか……)

言葉もなく見守る連隊長と幹部たちを無視し、成岡は、担いでいたハチを倒して、じゃれ始めたのだ。

倒したハチを枕にして寝る成岡。それが終わると、今度は、鋭い牙《きば》が並ぶ口を大きく開けさせ、拳《こぶし》をなかに入れた。

次は、ハチを腹の上に乗せ、果ては、ハチに馬乗りになったのである。まるで、人間と豹が相撲やレスリングに興じているかのようだ。

遊んでもらえるハチは、うれしくてたまらない。ノドをごろごろ言わせながら、成岡とくんずほぐれつのじゃれ合いとなった。

息を呑んでいた随行官たちは、われに返って、盛んに写真機のシャッターを切り始めた。まさに、息詰まるシーンから冒険的なシーンへ、そして最後は微笑ましいシーンに移っていくさまに驚嘆し、随行官たちも、満足したのである。

成岡は、前掲の『還らざる青春譜』にこう記述している。

〈聯隊長はこの模様をじっと見ていたが、やおら顔をほころばせ、

「もうよい、分った、分った」

と言われ、野生の猛獣が人間の愛育によってかくも見事に慣らされるものだろうかと、すっかり感心されたようであった。

「成岡、どうも処分せよといったのは無理だったようだな。食べ物は何を食わしているのか？」

「ハイッ、完全な肉食で、野鹿、野鳥が最適であります」

「今後は聯隊のマスコットとして、続いて第八中隊で飼育するようにせよ。なお、より一層可愛がってやれよ」

と言われたのには実を言って恐縮したことだった。

そして第二大隊本部附きの丁野主計少尉を呼ばれ、部隊員用の豚肉を毎日ハチにも特

別支給するようにと、命令されていた。
思いがけない出来ごとで、巡視の予定時間を大きく超過し、中隊の舎内巡視を中止され、極めてご機嫌良く第七中隊へ向かい、去って行かれた。
全て上出来の首尾で、今後は公然と飼育することを許されたし、連日の心配も一度に吹き飛び、山から連れて来て以来、今日までの数々の苦労や困難を、今ではむしろ懐かしく回想しながら隊員達と共にハチの前途を祝福して乾杯したことであった〉
こうして亀川連隊長に正式に認めてもらい、ハチの命はつながったのである。

天真爛漫なハチ

「おう、ハチ！　こっちにきいや」

「ハチ、うまいもんがこっちにあるで！」

ハチは、兵たちに、ますますかわいがられた。

鎖《くさり》もなく、放し飼いだけに、ハチの姿を見かけると兵たちは、必ず声をかけ、近づいてきた。ハチの頭を撫でたり、食べものを与えたりしたのである。まさに、第八中隊のマスコットだった。

動物は、尻尾を触られると嫌がるとよく言われるが、ハチには、それもなかった。尻尾をいじられても、優しい目を開けたり、閉じたりして、好きにさせるのである。

その頃のエピソードを橋田は、こう語る。

「あれは、もう上等兵になってからじゃったかのう。用事があって、わしが近くの町へ行ったときのことじゃった。なんぼハチに〝帰れ〟と言っても、ついてくるがよ。外の世界を見たかったがかもしれんがね。もちろん、ハチは、鎖もないき、ただ、わしについてくるだけじゃ。そいたら、町の入口にある公園に入っていったときに、向こうから日本の娘さんが着物の裾《すそ》をチラチラさせて歩いてきよったがよ」

ハチは、そのチラチラした白いものに気がついた。着物のなかの長襦袢《ながじゅばん》である。

「歩いたら、その白いもんが、チラチラ見えるじゃいか。ハチは、そんなもんを見たことがないきねえ。それで、ハッとしたわけよ。姿は猛獣でも、まだ子供じゃきねえ。遊びたい盛りよ。それで、その白い裾にじゃれつこうと思うて、その娘さんのほうへ走っていったわけよ」

豹が自分のほうにタッタッタッタッタッ……と、向かってくるのである。ハチに気づいたその若い女性が、「ギャーッ」と悲鳴を発したのは当然だった。

「裾がぴらぴらするのが面白いもんじゃから、追わえたわけじゃけどね。でも、女の人は、ビックリするわね。大きな声で叫んだがよ。わしが、〝ハチ、待て!〟というたら、すぐ止まったき、何事もなかったわ。じゃれつくところまではいかんかったけど、肝《きも》を冷やしたわねえ」

ハチの特徴は、なんにでもじゃれ合うところだ。人なつっこく、すぐに誰とでも仲良くなれる。それが、ハチである。

軍服のなかで育ったハチは、軍服以外の人間には警戒するし、興味も示す。裾がひらひらするような着物が目の前に現われたら、遊びたくて仕方がないのである。

「そのまま町のなかに入って、用事を終わらせたがよ。市場みたいなところにも行ったよ。みんなびっくりしちょったね。首輪もなしに、豹がついてくるがやきね。みんな怖がっちょったけど……。ハチは、猛獣性がまったくなかった。人に危害を加えるようなことはなかったきね。ハチは猫みたいなもんじゃき、ひとつも悪いことはせんけど、まあ、見たら猛獣じゃき、しやない（仕方ない）ね」

第五章　大陸から帝都へ

やってきた「別れ」のとき

昭和十七年四月――。

湖北省陽新県は、野も山も青々とした新緑に覆われていた。

故郷土佐とは似ても似つかぬ凍《い》てつくような大地で長い冬を過ごした第八中隊の隊員たちも、ようやく訪れた春の陽光を身体いっぱいに受けていた。

ハチの愛くるしさは、身体が大きくなっても変わらず、ますます兵たちに溶《と》け込み、部隊の一員であるかのように飛びまわっていた。誰もが、猛獣の豹であるという意識を忘れていた。

そこに犬が放し飼いされているかのように、ハチの存在は、兵たちの日常の風景になくてはならないものになっていた。

ひと雨ごとに暖かさが増していく四月下旬、その知らせは、鯨部隊に届いた。

アメリカ空軍が日本を爆撃――。

五か月前の真珠湾攻撃で米・英との全面戦争に突入し、南方では、「連戦連勝」の湧《わ》き立つような朗報がつづいている。そんな中、いきなり、内地が米空軍の「爆撃を受けた」という予期せざる報が伝わってきたのである。

（えっ、なぜ？）

誰もがそう首を傾げただろう。

真珠湾への奇襲に成功した日本軍が、アメリカ西海岸への攻撃に成功したという話もまだ聞かないのに、なぜ、〝劣勢〟のはずのアメリカが、日本本土を空爆できるのか。

それは、常識で考えても「あり得ないこと」だった。

のちに〝ドゥーリットル爆撃〟と呼ばれるアメリカによる初の日本本土への攻撃である。

四月十八日、ウィリアム・ハルゼー提督率いるアメリカ海軍機動部隊が秘《ひそ》かに太平洋を横断して日本列島の東方海域に達し、空母「ホーネット」からB－25十六機が発進し、初の日本本土空爆を敢行したのである。

ジミー・ドゥーリットル中佐を指揮官とする十六機は、東京、横須賀、横浜、名古屋、神戸、大阪等々に空襲をおこなった。

この攻撃が、ハチの運命を大きく変えることになる。

太平洋側の重工業地帯に対する初の爆撃に、日本政府は衝撃を受けた。燃料と航続距離の関係で、母艦への帰還が叶わなかったこの米軍捨て身の爆撃が、当の爆撃機の「着陸地点」に中国の江西省白山《はくさん》、建鳳《けんおう》といった地の飛行場を指定していたことが判明したからである。

大本営は、ただちに、それらの航空基地を叩き、二度と本土空襲をおこなわせない作戦を下令した。「浙贛《せっかん》作戦」の発動である。

これによって、湖北省漢口市にあった第十一軍（鯨部隊が所属する第四十師団を指揮する）と、南京市に本拠を置いていた第十三軍を動員し、敵飛行場の「撲滅《ぼくめつ》」を期すことになったのだ。

歩兵第二百三十六連隊には、新兵とその教育要員を除く全兵力に対し、作戦への出動命令が下された。

それは、ちょうど、ハチの飼育を許可してくれた連隊長の亀川大佐が内地に栄転し、後任に今井亀次郎大佐が赴任《ふにん》した直後のことだった。

しかも、作戦終了後は、第八中隊は、陽新県には復帰せず、武昌南方の「粤漢《えっかん》線」上にある蒲圻《ほき》県城附近へ移動することになっていた。

いよいよ部隊全体が移動する大作戦だ。これまで二年近くにわたって湖北省陽新県付近に駐屯し、そのなかで中小の作戦が下令され、遂行していた日々が突然、終わるのである。

これからは、敵をなぎ倒しながら突き進む大作戦に身を投じるのだ。

多大な犠牲を要する大作戦を鯨部隊は何度も経験している。成岡たち第八中隊は、たまたま、中小の作戦への参加だけで、長期にわたってハチとの愉快な日々を過ごすことができたにすぎない。

つまり、いよいよ「本来の任務」が下令されただけのことなのである。しかし、第八中隊の面々にとっては、それは、〝ハチとの別れ〟を意味していた。

ハチと別れなければならない。ハチをどうするんだ？

成岡の頭には、なかなか名案が浮かばなかった。成岡には、とにかく「ハチの命を助けなくては」という思いだけしかなかった。

牛頭山の岩穴から連れて来て、すでに一年二か月。人間でいえば、もう立派な青年期を迎えている。しかしハチは、いまだに小隊長の自分の居室か、橋田上等兵の寝床で、ともに暮らす日々を送っている。実に堂々とした体軀《たいく》ではあるものの、内面は、赤ちゃんのときとそう変わってはいない。

兵たちはもちろん、誰にも、傷ひとつ加えたことはなく、第八中隊の家族同様に過ごしてきたのである。そのかわいいハチをどうすればいいのか。

成岡は、実は、ハチの身体が大きくなるにつれ、あることをすでに始めていた。いつ大作戦の下令があるかわからない。そのときは、ハチを連れていくことは、無論、できない。

戦場に連れていくことはできないし、しかも、ハチは心根《こころね》の優しいおとなしい生き物である。血で血を洗う戦場で、むごい死を迎えさせたくはない。第一、〝猛獣〟を連れて行くことなど、新しい連隊長が認めるはずがなかった。

そこで成岡は、故郷高知の動物園に、ある「打診《だしん》」をおこなっていた。「ハチを引き取って欲しい」という要望である。

「郷里の高知県民の方々に、郷土出身の隊員たちとともに生き抜いたハチの雄々《おお》しい姿を一目見ていただきたい」

成岡は、そんな願いを記した手紙を高知市にある柳原《やなぎはら》動物園に出していた。なぜハチを育てることになったか、ハチはどんな性格の豹なのか、そして、日本軍と心をひとつにして生きてきたようすを、詳細に手紙で説明していた。

しかし、成岡の願いは聞き入れられなかった。理由は、「食糧難」である。

無理もなかった。

肉食のハチを食べさせていく余裕など、地方の動物園には、すでになくなっていたのである。橋田をはじめ、小銃の名手がいて、ノロジカや鳥がいくらでもいる中国ならともかく、内地では、とても無理なことだった。

それでも、成岡はあきらめなかった。高知市の柳原動物園から断わりの手紙が届くと、今度は、大阪の天王寺動物園にもお願いの手紙を出してみた。

だが、すでに天王寺動物園は、オスとメスの豹を二頭も飼育していた。そのことを理由に、受け入れを辞退する手紙が届いたのである。

もうダメか。

あきらめかかった成岡の頭に、ふと、ある人物の顔が思い浮かんだ。

前年三月、まだハチが赤ちゃんの頃、慰問団としてやって来た舞踊家の宮操子だ。病気のために一週間の療養生活をおくった宮操子を慰めたのは、ハチである。ハチの〝看病〟ぶりを、あのとき宮さんは、本当に喜んでくれた。宮さんは、ハチとの別れをどれだけ惜《お》しんでくれたか知れない。

そうだ。宮さんにも手紙を出してみよう。そして、上野恩賜《おんし》公園動物園（以下、「上野動物園」）への依頼をお願いしてみよう。

思い立った成岡は、さっそく長文の手紙をしたため、宮のもとに送ったのである。

中支から届いた手紙

忙しく慰問や公演に動いている舞踊家の宮操子が、たまたま東京へ戻ってきたときに成岡からの航空便は届いた。

（まあっ）

差出人の名前には、すぐにピンと来なかった宮だが、封を開けて、中支の鯨部隊の成岡曹長からの手紙であることを知った。

そこには、部隊の大移動が近づいており、そうなればハチを飼えなくなること、さらには、上野動物園に引き取ってもらえるよう交渉をお願いできないか、ということがおかりやすく書かれていた。

（あの子が……）

別れてから一年以上経過しているが、宮にとっては、中国での一番の思い出は、なんといっても、〝子猫〟と過ごしたあの「一週間」のことだ。

添い寝して、ずっと自分の頬や首筋、手を、小っちゃな舌で舐めつづけてくれたハチのことを忘れられようはずがなかった。

成岡曹長は、わが子同然のハチの行く末をどれほど案じているだろうか。きっと成岡曹長のこと、ハチの引き取り先を探して、自分だけでなく、あちこちに声をかけているに違いない。

たしかに、上野動物園なら中国国内の動物園よりきちんと扱ってくれるし、安心だろう。しかも、日本の動物園なら、成岡曹長にとっても、別れは「一時的なもの」になる。上野にやってくれれば、ハチとの再会も可能だからだ。

だが、上野動物園への要請というのは、一介の舞踊家である自分には、容易ではない。自分が直接、動物園にお願いしても、いかほどの力にもならないのではないか。宮は、そう思った。

とすれば、誰か上野動物園に「影響力」のある有力な政治家や財界人を探すしか方法はない。

なんとか力になりたい宮は、そのとき、あることを思いついた。

新聞社である。

宮には、朝日新聞に知り合いの記者がいた。その人に頼めば、話が早いかもしれない。

(そうだ。新聞社に頼めば、このこと自体がニュースになるし、上野動物園も前向きに考えてくれるに違いない)

宮は、政財界のツテを探す前に、朝日新聞の知人に、連絡をとったのだ。

さすがに新聞記者は、動きが早かった。

即座に、上野動物園の福田三郎・園長代理にこの話を持ち込んでくれたのである。それは、宮が当初、予想したよりも、ずっと大きな効果を発揮した。

東京農業大学を出た大正十一年以来、上野動物園に勤める福田は、動物の生態の専門家であると同時に、それぞれの動物の飼育に愛情をもって取り組んだ人物として知られる。この時期、召集された園長に代わって、園長代理の地位にあった。

こうして、成岡の執念は、遥か離れた帝都東京の上野動物園まで動かすことになるのである。

しかし、ハチの受け入れに関する正式決定までに時間がかかり、「朗報」は、ぎりぎりになるまで成岡のもとに届かなかった。

「ハチ公」から「八紘」へ

出動の日は目前に迫っていた。しかし、内地からの連絡は来ず、成岡は、ハチの受け入れが決まったことをまだ知らない。

ハチの行く末を心配するあまり、成岡は日中の職務も手につかず、夜もろくに眠れない焦燥《しょうそう》の日々をおくっていた。

いよいよ部隊の出発が二日後に迫った五月三日の正午頃である。

待ちに待った上野動物園からの便りが、至急の「航空便」で、やっと届いた。

封を切るのももどかしく、成岡は中身を貪り読んだ。

「是非、送っていただきたい。大いに歓迎する」

そこには、そう書かれていた。そのときの喜びを成岡は忘れない。

(やった！　ハチ、ああ、助かった……)

かわいいハチが、命をつなぐことができるのである。自分たちがたとえ中国の土となったとしても、ハチだけは、東京できっと幸福に暮らすことができるに違いない。

ほんのさっきまで悩み抜いていたことが嘘のように、成岡の心は、一気に晴れわたった。まさに、飛び上がらんばかりの喜びだった。

部隊が出発するまでの残りの日もまた、成岡にとって思い出深いものとなった。

成岡は、ハチとともに二日間を過ごした。橋田上等兵は、小銃士としての抜群の腕を発揮して、ノロジカを仕留め、とっておきの鹿肉を持ってきた。

成岡も、橋田も、時が経つのを惜しんで、ハチを愛撫しつづけた。

第八中隊のほかの兵たちも同じ思いだ。自分たちは、明日の命も知れない。しかし、ハチだけは、命を永らえたのだ。

(俺たちに代わって、内地の土を踏んでくれ。そして、生涯をまっとうしてくれ)

自分たちの境遇を思いながら、彼らは喜び合った。

「よかったなあ、ハチ。本当によかったなあ」

兵たちは、ハチの頭を撫でた。ハチにじゃれついて、取っ組み合いのように転げまわる兵もいた。

成岡曹長も、橋田上等兵も、目を細めてその光景を見つめていた。

「ハチ公」という軽い名前では、ハチが可哀想だという話が出たのは、このときである。これは、第八中隊のひとりが、「せっかく帝都東京へ行くのなら、それにふさわしい名前が必要だ」と言い始めたのがきっかけだ。

たしかに「ハチ公」では、軽すぎるかもしれない。高知ならまだしも、東京は、天皇陛下がいる「帝都」である。もっと、いい名前にしたい、と皆がそれに同意した。

いずれにしろ発音が「ハチコウ」なら、全世界を一つに統一することを掲げた「八紘《はっこう》一宇《いちう》」の「八紘」という字を充てるのはどうか、という意見が出た。

「八紘《はちこう》か。漢字を充てるだけじゃったら、違和感もないきんねぇ」

賛成の声が相次いだ。みんなで知恵を出し合った結果である。成岡にも反対する理由はなかった。

「ハチ子」から「ハチ公」へ、そして今度は「八紘」へ。三度目の命名だった。

出発前夜の飲み会は、土佐人部隊にとって感傷的なものになった。「八紘」となったハチを囲んでの最後の飲み会である。

段取りでは、先に部隊が出発し、あとでハチが東京に向かうことになっていた。そして、全員がこの地に戻ってくることは、もう「ない」のである。

第八中隊の飲み会は、駐屯していた陽新県との別れの会であり、同時にハチとの別れを惜しむ会となった。

「ハチ！　俺たちの分も生きてくれ。頼むぜよ！」

誰もがみな、おのれの命をハチに託した。明日から進軍する戦場の行く手に待っているのは、わが身の「死」であるかもしれない。これまでの厳しい作戦の経験から、兵たちには、その過酷さがわかっている。

だからこそ、ハチだけでも命を永らえたことが嬉しくてならないのだ。

酒好きの土佐人たちの飲み会は、夜が更《ふ》けてもつづいた。上官も、末端の二等兵たちも、心ゆくまで、酒に酔いしれた。

歌が、自然と口をついて出た。あの『南国節』が、ちょうど部隊で流行《はや》り始めた頃だった。

南国土佐を後にして

中支に来てから幾歳ぞ
思い出します　故郷の友が
門出に歌つた　よさこい節を
〽土佐の高知の　はりまや橋で
坊さんかんざし　買うを見た

そのときの歌声は、兵たちの記憶に固く、強く刻み込まれた。それを聴くハチの脳裡にも、しっかりと刻み込まれたに違いない。

昭和十七年五月五日、鯨部隊「出発」の朝――。

集合時刻より一時間も早く軍装に身を固めた成岡と橋田は、中庭の芝生で休んでいたハチを思い切り抱きしめ、寝ころび、そして、最後の口づけをした。

「ハチ。俺たちより一足先に日本へ行っておれよ。もし、俺が生きて日本に帰ることができたら、おまえのところに真っ先に会いにいくからな。いたずらをせず、園長さんや飼育員さんの言うことをよく聞いて、みんなにかわいがってもらうんだぞ……」

成岡は、自分の子供に言い聞かせるように、そう言った。

ただならぬ成岡のようすに、ハチも少なからず〝何か〟を感じたようだった。ハチにいつもの快活さがなく、悄然《しょうぜん》とした表情で成岡の口元をじっと見つめている。成岡はたまらなくなり、もう何も言えなかった。

いつの間にか、出動準備を完了した隊員たちが集まっていた。兵たちは、ハチと成岡、そして橋田を取り囲んでいた。

涙にくれながら、第八中隊の面々は、ハチとの別れを惜しんだのである。この時代、日本人にとって、別れとは「永遠の別れ」を意味していた。それが、戦争というものだった。

ハチを東京へ送る手順など、成岡は、すべてを初年兵係の教官だった三宮少尉に託した。

第八中隊全員が、まず江西省九江《きゅうこう》を目指して出発した。

長蛇の列が動き始めると、乾燥した軍の公路には、あっという間に黄塵《こうじん》が舞い上がった。不安そうに見送るかわいいハチの姿は、その黄塵の向こうに消えていった。

長かったハチと第八中隊との思い出の日々は、こうして終わったのである。

大海原を睥睨《へいげい》する豹

がらんとしてしまった陽新県の駐屯地を、ハチがあとにしたのは、その数日後のことだった。自分だけ取り残されたことがわかったのだろうか。ハチは、しょんぼりしていた。

ハチの輸送方法は、やはり、軍用トラック以外にはなく、三宮少尉以下、残留員が総がかりで竹製の大きな籠をつくり、無理矢理、そこにハチを押し入れた。

ハチは放し飼いで育っているだけに、狭い籠のなかは嫌がったが、致し方なかった。初年兵の教育係助手だった岡田勝、森沢光男、藤戸儀美といった各上等兵がハチを警護しておよそ十五キロ離れた石灰窰《せっかいよう》まで送り、そこで同地の憲兵隊長、赤松大尉の好意で軍用犬の檻《おり》を拝借し、待機中の輸送船に積み込んだのである。

積み込みの作業のときは、ハチの噂を伝え聞いた同地の警備隊員や在留邦人たちが、ハチの姿をひと目だけでも見たいと、埠頭《ふとう》に殺到した。

大勢の見送りを受けて、ハチは生を享《う》けた中国の大地から去っていったのである。

揚子江を下り、やがて、上海で船を乗り換え、ハチは帝都東京を目指した。

誰ひとり知る人のいない船中だったが、船員たちの服装が国防色の衣服と戦闘帽姿だったため、ハチは、落ち着いていた。人なつっこいハチに、船員たちもいつのまにか心を許していた。

航海中、上甲板に置かれたハチの檻の戸は開け放たれた。ハチは、開け放たれた檻を自由に出入りした。

四面を海に囲まれた船中で、ハチは、高いマストのてっぺんによじ登ったり、上と下の甲板、そして船員室まで、思う存分駆けまわって、皆の退屈を癒《いや》す大活躍を演じた。

航海を通じて、ハチは、船員たちとも、すっかり仲良しになったのである。

ハチは、マストの上から大海原をその目で見た稀有《けう》なる豹となった。ハチはそのとき、何を思っただろうか。見わたすかぎりの大海原を睥睨したハチ。どこにも島影ひとつ見えない東シナ海を何を思い、見つめたのだろうか。

この船中でも、ハチは人間の優しさと愛情を一身に浴びてすごした。

「成岡さん、今度のような愉快な航海は今まで一度も味わったことがありません。本当に有難く御礼を申し上げます」

後日、成岡のもとに、成岡の居場所を偶然知ったそのときの船長から丁重な便りが届いている。そこには、ハチが船旅の間、どんな生活をおくったか、詳細が記されていた。成岡は、ハチが元気に、そして楽しく航海ができたことを知り、心から安堵《あんど》した。

船は無事、東シナ海を渡り、北九州・八幡の日本製鉄の埠頭に到着する。ハチは、ここで列車に移され、帝都東京へと運ばれていった。

北九州から実におよそ八百キロの列車の旅を経て、五月三十日、ついにハチは東京の汐留駅に到着した。すでに、ハチのことは新聞などで、報じられており、大いに注目を浴びていた。ハチの到着は、社会的なニュースのひとつとなっていたのだ。

しかし、ようやくたどり着いた上野動物園で、ハチは、用意されていた檻を嫌がって、なかに入ろうとしなかった。

ハチは、〝物心〟がついて以来、ずっと人間のなかで暮らしてきている。猛獣など見たことがない。もちろん、声を聴いたこともなければ、匂《にお》いも知らない。

ハチにとって、猛獣が放つ異様な匂いは、恐怖以外のなにものでもなかっただろう。

動物園の檻には、その匂いが充満していたのだ。尻込みするハチは、どうしてもそこに入っていけなかったのである。

そのとき、ハチがなかなか檻に姿を見せないことを不思議に思ったひとりの兵隊が、

「何かあったのですか」

と、動物園の職員に聞きに来た。すると、豹が檻に入るのを嫌がっているという。それを聞いた兵隊は、即座に、

「私に任せてください」

と、言った。

「えっ？」

飼育員たちは、わが耳を疑った。兵隊は構わず、

「自分は、東部一〇五部隊の吉村重隆兵長であります」

と名乗り、こんな話をした。

吉村は、ハチの送り主である成岡曹長の元部下で、ハチが〝子猫〟の頃から一緒に土まみれになって遊んだ第八中隊の「一員だった」というのである。

吉村は数か月前に陸軍航空隊の東部第一〇五部隊へと転属となり、この日、千葉県東葛飾郡田中村（現・柏市柏の葉）にある同部隊から電車を乗り継ぎ、駆けつけていた。

新聞でハチのことを知った吉村は、なつかしさのあまり、わざわざ動物園に連絡して、いつハチが到着するのかを聞き出していたのである。

吉村には、檻に入るのを嫌がるハチの気持ちがすぐに理解できた。ハチは、獣《けもの》の匂いが充満する檻が怖くてたまらないのだ。

（檻に入っても大丈夫であることをハチにわからせてあげなければ……）

吉村は、ハチを思いやり、自分がやらなければ、と考えたのである。

第八中隊の人間の愛情を一杯に受けて育ってきたハチである。日本に移送されてくる船中でさえ〝放し飼い〟で、乗組員にかわいがられながら旅をしてきた。

そして今、帝都東京でもハチをなんとかしてあげたいと、土佐人部隊の愛情の手が差し伸べられようとしていた。

理由を聞いた動物園の職員は、納得した。しかし、一般の人を〝猛獣〟に近づけて大ケガでもされたら、大変なことになる。

逡巡《しゅんじゅん》する職員を前に、吉村は、輸送用の檻から出てこないハチに向かって、構わず声をかけた。

「ハチ！」

それは、大きな声だった。

その瞬間、ハチは、ハッとした。耳がぱっと立ち、反応したのだ。

「ハチ！」

吉村はもう一度、叫んだ。ハチは吉村のほうを見た。

そのときの表情を吉村は見逃さなかった。

第八中隊の面々との突然の別れから、長旅を経て、寂しい思いをしてきたハチが、〝故郷〟であり、〝家〟そのものだった仲間の顔を見つけた瞬間だった。

人間なら、なつかしくて感情が爆発したかもしれない。

長い長い旅は、どんなに心細かっただろう。吉村にも、感情がこみ上げてきた。

制止する係員を振り切って、吉村は、ハチに近づいていった。

ハチは、吉村にむしゃぶりついた。

時間は止まった。そして、時間は戻った。

あの中支の陽新県の故郷に、吉村とハチは戻っていた。あの楽しかった日々に、吉村とハチは帰っていたのである。

啞然《あぜん》とする飼育員たちの横を通りぬけて、吉村は、ハチを檻のなかに連れていった。

ハチは、今度は抵抗を示さなかった。観客が待つ檻の方に出て行っても、ハチは平気だった。

観客は、人間とともに豹が出てきたことに感嘆の声をあげた。新聞記者やカメラマンが一斉にシャッターを切った。

「うわぁ」

吉村とハチの耳にも、そんな観客の声が響いていた。

観客の前に出てきたときのハチを、朝日新聞は昭和十七年六月二日付夕刊で、〈人間に抱かれる豹　戦線の兵隊さんからの贈り物〉と題して、こう大々的に報じている。

〈〇…ワッ凄い！　豹が人間に抱かれてゐるぞ――
一日上野動物園で初お目見得した雄《おす》豹の子「ハチ公」が俄然《がぜん》坊ちゃん嬢ちゃんの人氣《にんき》を掻《か》っさらってしまった、この人懐《なつ》こい豹の子はそれもそのはず中支戦線で活躍中の皇《こう》軍《ぐん》の兵隊さんの手に捕へられたのが生後二、三箇月のほんの赤ん坊時代、以来満二歳のけふまで部隊のマスコットとして可愛がられたのを、最近兵隊さんの好意で本社の斡旋により去る三十日汐留駅に到着したもの
〇…育ての親中支派遣鯨部隊成岡正久上等兵からは一緒に抱いて寝てゐましたが大きくなりすぎて部隊で育てるのもいろいろ差支《さしつか》えるやうになりました、帰還の暁は是非上野の檻で再會《さいかい》したいが、それまでどうか可愛がってやって下さいと溢れる愛情の添書《てんしょ》がついてゐた。名前のハチ公は「八紘一宇」の八にちなんで命名されたものださうで生後二年で脊丈《せたけ》は五尺もあるが性質はいたっておとなしく到着早々同動物園福田技師や係のひとたちに抱かれてぢゃれつくといふ無邪氣《むじゃき》さ
〇…初お目見得の一日は様子の違ふ檻のなかからまぶしさうに眺め観覧者の中にカーキ色の軍服を見つけると懐かしさうにじっと眼を注ぐいぢらしさがいっそう人氣を呼んでゐる〉

記事を読んだ人たちは、同時に掲載された写真を見て、本当に仰天しただろう。

〝猛獣〟であるはずの豹が、目を閉じて、いかにも安心したようすで人間と一緒に写っているのである。しかも、そのうちの一人は軍服を着た兵隊である。

こうして「吉村兵長」の存在は、新聞記者にも知れることになった。記者たちは、次にハチに会いにくるのは「いつか」ということを吉村に尋ねている。

だが、吉村は陸軍の航空隊に所属している現役バリバリの軍人である。そうそうハチに会いに来られるはずがない。しかも、秘かに会いに来て、それが新聞記事にでもなって上官に知れたら大変なことになる。

吉村は、休暇がとれる日を記者に告げた。

ふたたび吉村がハチに会いに上野動物園を訪れたのは、九月十日のことである。このときは、吉村は、あらかじめ上官にも事前に報告し、仮に記事になったとしても大丈夫という許可を得たうえで、ハチに面会している。

朝日新聞は、そのようすも報じている。その記事は、珍しい方式を採用したものだった。吉村が、かつての上官に「手紙」で報告する形式をとった記事にして、〈この寫眞《しゃしん》〝豹と兵隊〟上野動物園で再會《さいかい》の場面〉と題して、こう報じたのだ。

〈拝啓　お懐かしい中支の班長殿や戰友諸君、自分は今年三月懐かしい戰場から内地帰還を命ぜられ今東部一〇五部隊で元氣に御奉公してゐる吉村重隆伍長であります。

一別以来御無沙汰しましたが、去年四月僕らが中支の山奥で捕へた豹の子〝八紘〟にやっとこの前の日曜日上野の動物園で対面してゆくりなくも前線を思ひ出し、懐かしさに対面の報告かたがた一筆啓上する次第です。（中略）
めざす豹の檻を前にしたときは心が躍りました、見れば逞しく成長した八紘が長々と寝そべってゐるではありませんか、思はず〝ハチ〟と破れ鐘《がね》のやうに呼んでしまひました。
八紘は僕の聲《こえ》を覚えてゐました。柵を越えて金網の間から手を入れてやるとあいつは嬉しさうにペロペロとなめ廻し、太いあいつの前肢《ぜんし》を金網の間から出して僕の肩にじゃれかかるのです。みつめてゐる僕の眼はいぢらしさに涙でいっぱいになりました。隊へ帰る時間が來て、最後に頭を撫でてやりましたら、八紘も別れが辛かったのか、悲しさうな聲で泣きソハソハと檻のなかをかけ廻ってはまた僕のそばまで駈け寄ってくるのです。この寫眞はそのときの記念に園内の寫眞屋さんに撮って貰《もら》ったものです。懐かしいあのころの戰場の思ひ出にと遠く故國を離れて第一線に戰ってをられる班長殿や戰友諸君にお眼にかける次第です。では御機嫌よろしく〉（昭和十七年九月十一日付）

記事は、最初から最後まで、吉村兵長の手紙形式である。ほかには、なんの説明もついていない。写真のキャプションには、〈上野動物園で再會を喜ぶ吉村伍長と豹〉とある。

ハチにとっては、〝親〟が成岡と橋田とするなら、第八中隊の面々は、兄弟であり、友だちである。見知らぬ土地でのお披露目《ひろめ》に、〝昔〟の仲間が駆けつけてくれたことは、なによりのやすらぎをもたらしたに違いない。

成岡に届いた朗報

しかし、ハチを送り出した成岡には、そんな出来事は、いっさいわからない。大作戦を遂行し、戦争をつづけているのだから、無理もない。

成岡の頭から、ハチのことが離れることはなかった。

ハチはかわいがってもらっているだろうか。きちんと食事をしているだろうか。外の世界をいっさい知らないハチが、困ってはいないだろうか。

成岡は、そんなことを考えてばかりいた。

およそ三か月後、浙贛作戦は、ほぼ終了した。成岡たち第八中隊の兵たちは、江西省の九江市まで戻ってきた。あのなつかしい陽新県までおよそ八十キロの距離である。

成岡は、まだハチの安否を知らない。先に紹介した船長からの手紙も、これ以降に届いたものだからだ。

九江市は、長江に面した水上交通の要衝《ようしょう》である。上海に住む外国人たち上流階層の避暑地として開かれた「廬山《ろざん》」の登り口としても知られており、そのため、日本人街もあった。

（そうだ。新聞社に行けば、あるいはハチのことがわかるかもしれない）

成岡は、ふと、そう思い立ち、九江市に支局を置いていた大阪毎日新聞の事務所を訪れた。小さな支局だったが、日本人街のど真ん中にあった。

（なにか手がかりでも見つかるかもしれない……）

そんな淡い期待を抱いて支局に入っていった成岡は、意外な反応にびっくりした。

「あなたが、あの豹を上野動物園に送ったご本人なのですか！」

事情を説明しようと話を始めると、すぐに記者がそんな驚きの声を上げたのだ。

「えっ？」

今度は、成岡が驚く番だった。

「新聞に大きく出ていましたよ」

「大変な話題でした」

「あれは、いつだ？　六月の初め頃じゃなかったか」

そんなことを言いながら、たちまち六月二日付の新聞を探し出してくれたのだ。

〈中支那の兵隊さんから贈られた豹〝八紘〟

東京上野動物園に無事到着〉

そこには、大きな見出しで、ハチの到着を報じる記事がでかでかと掲載されていた。

「ハチ……」

無事に着いていたのか。よかった。よかったなあ、ハチ。

敵との戦闘中でさえ、ハチのことが頭から離れなかった成岡である。気がつくと、涙がとめどなく頬を伝っていた。

声をかけることもできず、大阪毎日新聞九江支局の記者たちは、ただ立ち尽くしていた。六尺豊かな偉丈夫が、ボロボロと涙を流しているのである。記者たちは、そのようすを茫然としながら見ていた。成岡自身は著書『還らざる青春譜』にこう書いている。

〈戦斗中にも夢にまで見た愛豹ハチのことが、でかでかと出ているではないか。私はこの記事を見た途端、拭《ふ》いてもつきない感激の涙が頬を伝い、ハチの幸福が永遠であることを祈った。

「ああ！　よかった。無事に着いている！」

無上の喜びにひたりながら、支局の方々に深甚《しんじん》の謝意を表し、新聞を貰《もら》い宿舎に帰り、朗報を待っていた隊員達に知らせた。

隊員達はこのニュースを聞き、連日の疲労もすっかり忘れ、ハチの幸せを祝福し、久しぶりに楽しかった陽新での懐かしい思い出を回顧しながら和やかな時を過ごしたのである〉

酒好きで、情の深い土佐人部隊は、その日も、ハチの無事を祝って、少ない酒を酌み交わした。

戦闘を経るごとに、戦友の数は減っていた。そしていま隣で語らう友が、いつ命を失うことになるか知れないのだ。無論、わが身も。

それだけに、ハチの「無事」が、彼らにはなによりもうれしかったのだ。

第六章　戦争の犠牲者

動物園の人気者

鯨部隊の過酷な戦いがつづく一方、ハチは、上野動物園でも有数の人気ものになっていた。

時折、寂しげな表情で、遠くを見つめるこの豹は、見るからに温厚で、人に向かって牙をむいたりもしない、本当におとなしい動物だった。

飼育員が近づくと、優しい目でなにか話しかけたそうな表情をするので、動物園の関係者も、ハチに誰もが好意を抱いていた。

ハチのその本領が大いに発揮されたのは、昭和十七年十二月六日のことだ。

支那事変が勃発して五年、真珠湾攻撃により米・英との全面戦争が始まってから一年が経過していた。日本国内の軍事色はますます強まり、それまでの日本軍の快進撃の報が、次第に少なくなっていた時期である。

寒風のなか、帝都東京もオーバーの襟を立てた人が足早に家路を急ぐ季節となり、上野動物園も、入場者が少なくなっていた。

やはり、冬場が近づくと動物にも元気がなくなり、冷え冷えとした園内には、寂しさが漂うようになるものである。

だが、この日だけは、そんな寂しさは消え、朝から活気のようなものが漲《みなぎ》っていた。

それは、八歳の明仁皇太子殿下が、上野動物園に行啓《ぎょうけい》される日だったのである。

やはり、未来の天皇陛下にわざわざお越しいただけることは、「恩賜公園」である上野動物園にとっては、特別の意味があった。

「できるだけ多くの動物を観ていただき、同時に生き物に対する、かぎりない愛情を育《はぐく》んでいただきたい」

それが、多くの職員の願いだった。

朝八時半、明仁皇太子は、やって来られた。福田三郎・園長代理らが一行を出迎え、案内を始めた。殿下のかたわらには、東京市の岸本綾夫市長、そして、宮内省の石川、山田という両傅育官《ふいくかん》がいた。

福田の説明を聞きながら、殿下は、丹念に、そして、楽しそうに動物を観てまわられた。ヤギが放し飼いにされている空間では、殿下が直接、エサをヤギに食べさせた。その折、角《つの》にもめずらし気にさわった際には、近くにいた報道陣から思わず、

「おぅー」

という声が上がった。

やがて、殿下はハチの檻の前に来た。

(えっ?)

その瞬間、報道陣は、さらに大きな声を洩《も》らしてしまった。

急に、ハチが檻の柵のほうに走り寄り、ノドを鳴らし、身体を柵にすりつけ始めたのである。

(こいつ、皇太子殿下であることがわかるのか?)

なにも知らない新聞記者たちは、びっくりした。豹に、天皇家の高貴《こうき》さがわかるのか、と。

だが、ハチは、皇太子に反応したのではなかった。

かたわらにいる岸本東京市長が、陸軍の軍服を着ていたからである。殿下への説明役をしていた福田園長代理は、すぐにそう思いあたった。

それは、成岡から、陸軍の軍服を着ていればハチは安心する、という手紙をもらっていたからである。陸軍の軍服こそ、ハチにとっては〝親兄弟〟そのものなのだ。

初対面の皇室関係者、報道陣など大勢の視線が集まるなか、ノドを鳴らしながら、柵に身体をすりつけて甘えるハチを見て、福田は、そのことをあらためて確認したのである。

それから、およそ四か月後、福田は、戦地の成岡にこんな手紙を書き送っている。

〈成岡さん
相變《あいかわ》らず御壮健で御奮闘のことと思ひます。私達銃後の者は何と御禮《おれい》を申上げてよいやら感謝の言葉もありません。
成岡さん、お贈り下さいました豹、八紘は元氣で毎日大勢の少國民《しょうこくみん》達に可愛いがられてゐます。先日は畏《おそ》れ多くも、皇太子殿下が動物園にお成りになられ、八紘は忝《かたじけな》くも台覧《たいらん》の光榮に浴しました。そしてその時私は、謹んで八紘のことを御説明申し上げたのです。
あなたがお手紙に書かれてゐた、軍服の方を見ると、この豹は大變喜ぶといふことも私はこの日はつきり知ることが出來ました。ちやうど御案内役の岸本市長閣下が陸軍大将の軍装でしたので、八紘は喉を鳴らし、身體《からだ》を柵にすりつけて、それは〳〵非常な喜び方でした。
成岡さん、どうぞ喜んで下さい。八紘はなんと幸福なことでせう。
昭和十八年四月十六日
上野動物園長代理　東京市技師　福田三郎〉
福田の筆致には、少しでも成岡を安心させてあげたいという心遣《づか》いが表われている。厳しい戦争のさなかでも、思いやりある人々の真心は、いささかも変わっていなかったことが窺える。

しかし、戦況の悪化は、そんな優しき日本人の心を踏みにじりつつあった。

中国戦線の最前線で戦う成岡たちは、湖南から広東へ、さらに広西へ、と拡大する戦線の中で激しい戦闘をくり広げていた。

昭和十八年を迎えると、中国戦線はともかく、太平洋戦線のほうには〝異変〟が生じていた。およそ半年にわたって攻防を演じていたソロモン諸島のガダルカナル島から日本の陸海軍が、撤退したのである。

もちろん「撤退」などとは発表されず、「転進」という表現だったが、その際、知識人は、言葉に隠蔽された真の意味を察知して、衝撃を受けている。

豪華客船「竜田丸《たつたまる》」が米軍の魚雷攻撃を受けて沈没したり、連合艦隊司令長官山本五十六の死が公表されて国葬が営まれ、また、アッツ島に米軍が上陸し、守備隊が全滅。初めて「玉砕《ぎょくさい》」という言葉が用いられるなど、敗戦の惧《おそ》れが内地の日本人に、ひたひたと押し寄せていたのである。

中国戦線で戦う自分たちこそ劣勢に陥ってはいないが、次第に戦争全体の形勢が「不利になっている」ことを、最前線にいる成岡たちも認めざるを得なくなっていた。

部隊への書簡として、ハチの幸福を伝える福田の手紙を無事、受け取った成岡にも、先行きの不安は重くのしかかってきていた。

突然の無慈悲な命令

昭和十八年八月十六日、上野動物園を取り仕切っていた福田三郎・園長代理は、東京都の井下《いのした》清・公園緑地課長から、電話で呼び出しを受けた。

つい前月の七月一日、それまでの「東京府」と「東京市」は廃止され、「東京都」がスタートしていた。

同園は、東京都の管轄であり、東京都の公園緑地課長は、管轄下にある都内の全公園に対して、絶対的な権限を有していた。

その課長からの突然の呼び出しである。

戦況が次第に悪化していくなかでのことだ。食糧は配給制となり、全国の動物園は、飼育する動物たちの食糧確保に四苦八苦していた。

胸騒ぎを覚えながら、いや、〝あること〟を思い浮かべながら、福田は有楽町にある東京都庁舎に赴いた。課長室に入っていくと、同じく呼び出されていた陸軍獣医学校の古賀忠道少尉がいた。

その瞬間、福田は自分の予想が的中したことを悟った。古賀まで来ているとなれば、用件は〝ひとつ〟しかない。

古賀は、上野動物園の園長であり、福田の上司だった。この時期、たまたま予備役の陸軍獣医少尉だったため、召集され、陸軍獣医学校にいた。代わりに福田が動物園の園長代理を務めていたのである。

（ああ、やっぱり……）

その時点で、福田の頭のなかは、予想される命令を受け入れる冷静さを完全に失っていた。

「実は、まことに申し上げにくいんですが……」

そう前置きして始まった説明を、福田は、ただ呆然《ぼうぜん》と手帳にメモしていた。

「猛獣処置」「毒殺」「住民の安全」「非常の際」「致し方ない策」……公園緑地課長の井下の口から、平静な気持ちではとても聞けない言葉が次々、飛び出していた。

命令は、「一か月以内に、猛獣を毒殺せよ」というものだった。

しかも、「銃殺」は、音がするため、世間の人々を「不安にさせるから」という理由で、禁じられた。

課長は、こうつけ加えた。

「戦局が悪化したわけではないが、これは、万一に備えてのことですから……」

そんなはずがあるものか。戦局が悪化し、いつ、なにが起こるか知れない事態に陥っている。米軍による空爆が、いつあるかわからないのだ。

昨年春の「ドゥーリットル爆撃」の衝撃は大きかった。破竹の勢いで勝ちつづけているときでさえ、「空爆を受けた」のである。戦況が悪化すれば、どんなことになるか、素人でも想像がつくだろう。

しかも、「食糧難」が日を追って厳しくなり、人間が「配給制」で糊口《ここう》を凌いでいるありさまである。そんななか、どうして猛獣の飼育をつづけていけるだろうか。

それが軍、そして政府の「絶対命令」であることは、明らかだった。

戦争で劣勢に陥るということは、こういうことなのか。福田はそのことを考えた。

戦争とは、一番弱いものにしわ寄せがいくものである。勝ち戦《いくさ》でも負け戦でも、勝利の祝杯をあげる権力者の陰に、踏みにじられた弱者の苦しみが存在したはずなのだ。しかも、いま、明治以降はじめての敗戦に日本は直面しようとしている。

これまで喫したことが一度もない敗戦の予感。現況を分析する能力があるならば誰もが抱くはずの予感でさえ、頭のなかで理解はしていても、とても、そんなことが現実になるとは、想像ができないのだ。その愚《おろ》かさを福田は感じていた。

帝都東京への空襲もあり得る。この呼び出しはその予測を明確に告げている。

そうなれば、天皇家や、わが家族、縁者たちはどうなるのか。

そんなことが走馬灯のように福田の頭のなかを駆けめぐったのである。

それから先、どんなことを公園緑地課長と話したのか、福田には記憶がない。一緒に呼び出されていた元上司でもある陸軍獣医学校の古賀忠道少尉とも、何を話して別れたのか、覚えがないのだ。

福田の身体を表現しがたい虚《むな》しさと衝撃が貫いていた。

よろよろと福田は、動物園に帰っていった。

夏の小雨が降っていた。息苦しいような暑さが帝都全体を覆うなか、雨が降り始めたのである。

福田は無性《むしょう》に動物たちの顔を見たくなった。それぞれに愛情をいっぱい注いで、ともに暮らしてきた「仲間」である。

飼育員時代から長く世話をしてきた動物たちを福田は見たかった。

福田の気配を感じて、すり寄ってくる動物は少なくなかった。しかし、動物たちの運命を思うと、とても彼らと目を合わせることができなかった。

泣きたかった。なんとかならないのか、と。

しかし、軍部の意向に逆《さか》らえるはずはなかった。薄暗くなっていく園内を悄然と歩きつづける福田の背中に、慰めるかのように小雨が降り注いでいた。

福田は、それから四半世紀が経過した昭和四十三年七月に『実録　上野動物園』(毎日新聞社)を上梓《じょうし》した。そのなかで、このときのことをこう記している。

〈古賀さんと別れて動物園へ帰った私は、小雨が降りはじめた園内を一巡した。いま思い返しても、あのときほど胸のふさぐ思いで歩いたことはない。近づいていくと、私の足音、顔を覚えていて、すり寄ってくるトラやゾウの目を正視することはとてもできなかった。

翌朝、出勤後すぐ全員を集め、昨日の命令を伝え、秘密を守るために、このことは家族にも話さぬようにとつけ加えた。この日から連日、閉園後に、幾頭かの猛獣が毒殺された。薬は、硝酸ストリキニーネを使用した〉

戦争の無惨さは、戦う兵士たちだけのものではない。銃後も、そして、動物さえ、そのむごすぎる「代償」を払わなければならない。

毒殺命令が下りてからの「一か月」を、福田は、生涯、忘れることはできなかった。使用された毒薬は、福田の記述にあるとおり、「硝酸ストリキニーネ」だった。ハチが毒殺されたのは、二日後のことである。それは、なんとも言いようがない因縁を感じさせるものだった。

成岡たちが「第八中隊」だったことから「ハチ」と名をつけられたハチの命日は、昭和十八年八月十八日だったのである。ハチの生涯には、「八」がいつもついてまわったのだ。

どこか運命づけられていたかのようなハチの生涯だった。

東京都の公園緑地課長、井下清には、昭和十八年九月二十七日付で、猛獣処分の完了報告が福田によって成されている。

〈上野恩賜公園動物園猛獣非常所置済報告〉

そう題された報告書には、処分された猛獣の数が、〈総数　二七頭〉と記されている。

　そのなかに、毒殺されたほかの二十六頭の動物たちとともに、一行だけ、ハチのことが書かれていた。

〈八月十八日　ヘウ　牡《おす》　500　一　硝酸ストリキニーネ　剝製《はくせい》　昭和17年7月寄贈〉

「ヘウ」とは、「ヒョウ」のことである。全二十七頭のうち「剝製」になったのは、記録によれば、ハチを含めて「七頭」だけである。

　500というのは、剝製にする際の費用と推察される。処置方法という項目には、〈埋没《まいぼつ》〉〈皮晒《かわさらし》〉〈剝製〉〈払下《はらいさげ》〉などの文字が並んでいる。ハチが、なぜ〈剝製〉となったのか、理由は定かでない。

　福田は、自著にも、ハチの死を「豹」と表現して、こう書き残している。

〈豹は食べるとすぐ、顔をしかめ、口を曲げ、口の中の物を取ろうとでもするのか、前《ぜん》肢《し》を口へ持っていくのです。が、急にごろりと横になり、目を時々閉じています。すると、急に起きあがって歩きだしました。が、四肢《しし》の硬直がきて、ついに倒れてしまい、二度と立つことが出来なかったのです〉（『動物園物語』福田三郎　駿河台書房　昭和二十八年）

戦場の土佐人たちに愛情をもって慈《いつく》しまれ、かわいがられたハチは、こうして、予想もしないかたちで、その稀有な生涯を閉じたのである。

おそろしい返電

偶然というものは、おそろしい。

ハチの死からわずか八日後、福田三郎は、思いもよらぬ電報を受け取った。

〈ハチ　ケンザイナリヤ　ナルオカ〉

電報には、そう記されていた。

福田は絶句した。

（まさか……）

猛獣の毒殺が、まだつづいている最中だった。ハチが死んで、間もない。なぜ、こんな電報が来るのか。

ナルオカとは、ハチを送ってくれた鯨部隊の成岡曹長であることは間違いない。わざわざ中支の軍経由で、福田本人が、わずか四か月前に手紙を書き送った相手だけに、その名前を忘れるはずがなかった。

なぜなんだ。秘密裡《り》におこなっているはずのことが、まさか、どこからか洩れているのか。

福田は、動揺した。

しかし、それは、まったくの「偶然」だった。

歩兵第二百三十六連隊第二大隊の第八中隊は、依然、戦っていた。

その頃、湖南省の岳州《がくしゅう》にあって、勇猛な成岡たちは、ハチと別れたあとも、手柄を立てつづけている。

どの上官も、成岡を頼りにしていたことは前述のとおりだ。しかし、もはや、この年から「満期除隊」がなくなりつつあった。

戦争が激しくなり、それどころではなくなったのだ。一部の兵たちに代わりに与えられたのが、「特別休暇」である。一旦、休暇をとって部隊を離れてもいいが、「必ず戻ってこい」というわけである。

成岡に、「二か月間の特別休暇」が与えられたのは、昭和十八年八月のことだった。

満期除隊でなくとも、二か月も休暇があれば、故郷高知へ一時的に帰ることができ、さらに東京まで足を延ばせば、あのハチにも会うことができるのだ。

成岡の気がかりは、母親の体調が芳しくないことだった。このまま自分が戦場で命を散らしたら、母はどうなるのか。

敵と戦うときも、たまにそんなことが頭をよぎったものだ。

この機会に、高知に帰って母を安心させることができるのである。成岡は、心からこの特別の配慮を喜んだ。

昭和十八年八月十五日、連隊長から特別休暇を正式に許可された成岡は、さっそく部下たちの見送りを受けて岳州駅を出発した。

まず、長安に本拠を置いていた歩兵第二百三十六連隊の本部に出頭し、連隊長に申告をすませた後、漢口市の埠頭から南京まで一挙に長江を下った。

そこから浦口《ほこう》、蚌埠《はんふ》、徐州《じょしゅう》、済南《さいなん》、天津《てんしん》、山海関《さんかいかん》、奉天《ほうてん》を経て、釜山《ぷさん》から懐かしい内地へと向かったのである。

岳州を出て十一日後の八月二十六日、成岡は丸四年ぶりに無事、高知へ辿りつくことができた。

この長旅の間中、ハチのことが成岡の頭から離れなかった。

ハチは、きっと私との再会を待っているだろう。できれば、帝都東京の上野動物園に直行したいが、病気の母親を見舞うより先に、遠いほうの東京に行くわけにはいかなかった。

とにかく、成岡は、「まず高知の両親のもとへ」と、帰って来たのである。

成岡の父親は、すでに八十歳の老齢である。特別休暇とはいえ、息子の無事の帰還をことのほか喜んでくれた。

母は、心配していたとおり、病床にあった。内地は、すでに食糧品が「配給制」となり、どこの商店にも目ぼしい食べものはなくなっていた。

栄養のあるものを与えたくても、肝心の食糧そのものがなくなっていたのだ。成岡は、出征する前との落差に愕然《がくぜん》とした。

栄養がとれない母は、痛々しいほどに痩《や》せさらばえていた。

心身ともに疲労の極みに達していた母は、それでも成岡を見ると、涙を流しながら、布団《ふとん》から痩せた腕を差し出した。

手を握りしめた成岡は、はっとした。手先が冷たく、四年前に高知駅頭で握ってくれたときの温《ぬく》もりは、まったくなかったからである。

「母さん……」

豪傑成岡は、言葉を失った。

母との再会を無事、果たすと、成岡は、さっそく上野の動物園宛に電報を打った。ハチに会いたい一心だった。

〈ハチ　ケンザイナリヤ　ナルオカ〉

それが、福田に衝撃を与えた電報である。

福田は、隠し立てはできないと思った。真実を告げるしかない。そもそも、ハチを送ってくれた本人なのだから、当然である。

福田は、瞑目《めいもく》して、ただ事実だけを成岡に告げた。

〈八ガツ　一九ヒ　ドクサツス〉

電報を受け取った成岡は、わが目を疑った。

（えっ！　まさか……）

それは、非情にも、ハチの尊い生命が、「一週間前に終わった」ことを告げるものだった。このとき、毒殺の日にちが「十八日」ではなく、なぜ「十九日」になっていたのかは、謎だ。

（毒殺？　なぜだ）

とても、信じられなかった。

成岡は、自分と会って、ハチが喜ぶ姿を「見たい」という思いで帰ってきている。しかし、そのハチがもう「この世にいない」というのである。

しかも、ほんの一週間前まで、「生きていた」というのに。

なぜだ。

ハチは、どんなに自分のことを待っていたことだろう。なぜ、あのかわいいハチが殺されなければならないのか。

混乱した成岡の頭から、思考能力が消えていた。

ひょっとしたら、理性さえも失ってしまったのかもしれない。立ちなおりがたい悲痛に打ちのめされた成岡は、故郷土佐に帰ってきたにもかかわらず、完全に塞《ふさ》ぎこんでしまった。

舞踊家・宮操子の嘆き

旅から旅の日々を送り、東京にいることがほとんどなかった舞踊家の宮操子は、朝日新聞を通じて動物園を動かし、一旦は、ハチの命を永らえさせた功労者だった。

しかし、結果的には、逆にハチに過酷な運命を背負わせることになってしまった。前掲の『陸軍省派遣極秘従軍舞踊団』に、宮は、ハチの死について、こう書いている。

〈兵隊さんたちの無償の愛に包まれて育ったハチはこれまで一度も人を疑ったことはなかったと思う。毒入りの餌《えさ》を持って係員がやって来たときもおそらく尻尾を振って迎えたのだろう。差し出された餌を食べて死ぬことになろうとは夢にも思わなかったに違いない。ハチは死ぬ直前に何を思っただろう……。「なぜ……。ボクが何をしたの……」。もしハチがしゃべることができたらそんなことを問うたのではないか……。

兵隊さんたちとあんなにも強い絆でむすばれていたハチが最後に「人間に裏切られた……」と思って死んでいったとしたら私は辛い。せめて苦しむことなく眠るように息を引きとってくれたことを私はただただ願うばかりだった。

ハチがこの世を去った一週間後、N曹長が休暇で故郷の四国に戻って来た。もうすぐハチに会える！　彼はこの日をどんなに待っていたことだろう。ハチと抱き合って再会を喜ぶ光景を何度思い描いてきたことだろう……。そのN曹長を絶望のどん底に突き落としたのは動物園から届いた一通の電報だった。愛豹ハチが毒殺されたことを知らせる悲しい電報だった……。

「あと一週間早く帰ってきたら……」

N曹長は悔やんでも悔やみ切れなかっただろう。泣いても泣き切れなかっただろう。私は我が子同然のハチを失ったN曹長の悲しみの深さをとても計り知ることができない〉

宮操子もまた、ハチの死に傷つき、衝撃を受けたひとりだった。

傷心の成岡が、中支の部隊に帰っていったのは、南国土佐にやっと秋の訪れが感じられ始めた十月初めのことである。

第七章　焼け野原からの再出発

いきなりの「敗戦」

昭和二十年八月、炎天下の行軍がつづいていた。

六月初めに広東を出発して、はや三か月近くが経っていた。歩いて、歩いて、歩いて、ようやく敵中を突破した松浦初男たち鯨部隊の第一大隊第二中隊は、中支の南昌《なんしょう》に近づきつつあった。

新任の若い大隊長は、ただ馬上にふんぞりかえり、兵たちの労苦には一向、関心がないようだった。

酷暑の行軍は、いうまでもなく熱射病との闘いでもある。水分の補給を欠かさず、脱水症状を呈してきた戦友には、自分の水筒から惜しげもなく水を分けてあげた。自分が、脱水状態になったら、今度は仲間からの水にお世話になる番だ。

炎熱の中では、助け合わなければ、とても、歩を前に進めることはできなかった。

広東へ南下していくときに渡った谷川が、同じものとはとても思えないほど大きな川になっていた。一年のうちに季節ごと大胆に姿を変えていく大陸のありさまは、日本では考えられないものだった。

広大な平野を穏やかな帯のように流れる川を、一体、いくつ渡ってきただろうか。

「これから鄱陽湖《はようこ》の南岸を通って、南京を目指す」

中隊長からの指示も出た。まだまだ行軍はつづくのだ。へこたれるわけにはいかない。とにかく、根気と体力の勝負である。長江水系の撫河《ぶが》の渡河地点である三江口《さんこうこう》に達した部隊は、堤《つつみ》に歩哨を出して、それぞれが民家に分宿して休むことになった。

行軍中は、とにかく眠れるときに眠ることが肝心だ。体力を回復させるには、それしかない。誰もがそれを知っているから、兵たちは身体を横にすると、たちまち眠り込んだ。

次の日の朝は、松浦にとって、いや、部隊全員にとって、忘れられないものとなった。

ニワトリの鳴き声で起こされた松浦は、外に出て対岸を望んでみた。

（うん？）

なにか雰囲気が違う。対岸のようすが、どうもおかしいのだ。

見ていると、どんどん民衆が集まってきている。黒山のような人だかりが、こっちの川岸からも、はっきり見えた。やがて、彼らのなかから爆竹《ばくちく》を鳴らす音が聞こえ始めた。

（なんだ？　なにが起こっているんだ）

松浦は、やはり、訝《いぶか》しく思いながら立っている戦友に、

「一体、なにが起こっちゅうがかのう？」

そう聞いてみた。しかし、戦友も、

「さあ……」

と言うだけである。なんにしても出発の準備をするに越したことはない。

松浦たちは、そそくさと朝飯を終わらせると、出発の命令を待った。しかし、いつもならとっくに出発する時間なのに、一向に命令が来なかった。

そのとき、にわかに信じがたい話が、松浦の耳に飛び込んできた。

「白旗を持った敵の軍使が、〝日本が降伏した〟という知らせを持ってきたらしい」

なに？　日本が降伏した――。

そんなことが信じられるはずはなかった。

たしかに内地が空襲でひどい状態に陥っていることは知っている。家族の安否を心配している兵隊は多い。しかし、それにしても、「戦争に負ける」とはどういうことなのか。

自分たち鯨部隊を含む支那派遣軍は、百万を超える大兵力で中国大陸に展開し、しかも、戦闘に負けてはいない。むしろ勝ちつづけているではないか。

戦争に負けるのは、「敵」ではないのか。そう思ったのだ。

しかし、では、さっき対岸で望見できた風景はなんだ。

あれこそ、戦争勝利の祝い事ではなかったのか。あの爆竹こそ、戦争終結を祝うものではなかったのか。そうも考えられるのである。

「日本は、戦争に負けたらしい」という噂が、あっという間に部隊に広がっていた。

出発の命令が出ないまま、松浦たちにとって、じりじりとした時間が経過していった。

やっと中隊全員の集合が命じられた。連隊本部に赴いていた中隊長が帰ってきて、部下全員を集めたのだ。

「諸君。わが大日本帝国は、本日、ポツダム宣言を受諾《じゅだく》し、降伏した」

中隊長は、万感を込めて、そう言った。

つづけて終戦の詔勅《しょうちょく》が「朗読」された。そのときの不思議な感覚を、どう表現すればいいだろう。

心の中にぽっかりと穴が空き、あらゆる「感性」が一挙に失われてしまったようだった。まさに青天《せいてん》の霹靂《へきれき》であり、それまで夢想だにしていなかった事態を前に、兵たちのほとんどが、ただ呆然として頭を垂《た》れていた。

（やはり、そうなのか……）

松浦の頭には、さまざまなことが去来していた。

自分の命があるまま、戦争が終結したということが、なんといっても不思議でならなかった。しかし、これで故郷へ生きて帰る可能性が出てきたことは、たしかだった。

そのことは、うれしい。残してきた三人の子供たちも、大きくなっているだろう。父ちゃんは、生きて帰るぞ、と叫びたくなった。

しかし、それが「敗戦」の結果というのはどういうことか。松浦は、壮烈な戦死を遂げた有田少尉をはじめ、多くの戦友の死をその目で見てきている。彼らの死は、無駄だったのか。

いや、そんなはずはなかった。彼らの死が無駄であるはずがない。あれほど突撃をくり返し、地獄のような行軍をつづけてきた自分たちの戦争が、すべて水泡《すいほう》に帰《き》すなんて、そんなことがあっていいはずがなかった。

心の整理がつかない松浦たちの頭上を、日本軍機が通りすぎていった。しばらく姿を見せていなかった友軍機である。何の用務を帯びているのか、赤い吹き流しをつけて、晴れ渡った夏空を西に向けて飛んでいったのだ。

さっそく中隊の〝戦争処理〟が始まった。

庭で中隊の戦歴や兵の功績を書いたものなど、一切の重要書類を焼き捨て始めたのだ。これが敵の手に渡ったら、報復でどんなことをされるかわからない。

誰がどんな軍功を立てたか、ということなどは、決して相手に知られてはならない。松浦は空に消えていく煙を見ながら、有田少尉をはじめ、死んでいった人々に思いを馳せていた。

中国人との交流

捕虜生活に入った松浦たちが南京に入ったのは、もう昭和二十年の十二月のことである。武装解除とは、小銃に刻まれた菊の御紋《ごもん》まで削って武器を「引き渡すこと」だった。せっかくの日本刀も、まさに十把《じっぱ》ひとからげで差し出した。

各地に駐屯しながら、松浦たちは、中国人と交流した。

戦争中も、それなりの交流があったが、戦争が終わってからは、時間に余裕がある。遂行しなければならない作戦がなくなったのだから当然である。

日本軍人と中国人との不思議な交流は、大陸の大地でおおいにおこなわれた。

農家の冬の仕事の一つに、集落共有の池の水の交換作業があった。これは、地方では日本でもおこなわれるものだ。水を抜いて取れた大きな魚は食用にし、小さいのは別にとって養うのである。そして、池の底土《そこつち》が乾《かわ》くと、集落総出で、乾いた土を各家に順番に運んで行く。

この土をさらに乾燥させて、肥料にするのである。

食事の提供は、土を運んでもらった家の担当だ。松浦たちも手伝いに行ってみたが、これが、なかなかの重労働だった。半日でへこたれ、午後は休んでしまった。

しかし、それでも夕方、中国人は自分たちを探しまわって、夕食の案内に来てくれた。

松浦たちは、断わりかねて行ってみた。すると、豚や魚の料理がこれでもか、と並べてあった。心づくしの料理である。

集落の人たちに交じって、ご馳走になった。大豆や粥ばかり食べていた松浦たちにとって、なによりのご馳走だった。中国の人たちの温かさと素朴さが身に染みた一夜だった。

そんな数か月を過ごしたのち、十二月に入って、湖南省の滋口《じこう》という駅から汽車に乗り、南京に移動することになったのだ。

駅に行くと、ふと、中国兵が、天秤棒《てんびん》を担いだ苦力《クーリー》（注＝人夫のこと）を二、三人連れて立っているのに気づいた。どうも雰囲気がおかしい。

通りすぎたあと、松浦は、遠くから彼らのようすを見ていた。すると、中国兵が、ひとつの貨車の方に歩いていく。周囲を見まわしてさっと貨車に乗り込むと、そこに積んであった被服らしいものが入った梱包《こんぽう》を次々と突き落としていった。

すると、苦力がそれを担いで逃げて行く。見事な連携である。なんのことはない。警備に当たっている中国兵そのものが、盗人《ぬすっと》なのである。

日本軍ではとても考えられないありさまだ。松浦はあきれてしまった。

汽車は、南京城の北側の下関《シャーカン》駅に到着した。国民党政府の首都だった南京は、八年前に日中両軍の激しい攻防戦がくり広げられた地だ。

その後、蔣介石たちは重慶に逃れて重慶政府を樹立し、一方、日本の支那派遣軍総司令部は、ここ南京に本拠を置き、中国全土に展開する百万を超える日本軍将兵の指揮を執りつづけたのだ。まさに、日中戦争の中心地である。

それだけに、南京の住民は、さまざまな感情を抱いているはずだった。松浦たちは、南京の城内には入らず、城壁の北側を三キロほど行軍して、小さな集落で荷を解いた。

そこで、民家の土間にワラを敷き、班ごとに宿を借りた。戦争が終わり、敗れた側となった自分たちが一体、どうなるのか、先のことはわからない。

翌日から始まったのは、労働である。

城内のドブさらいや、あるいは、道路の拡張工事など、さまざまな「苦役《くえき》」に使われた。松浦たちは、「捕虜の身では致し方なし」とあきらめ、労働に従事した。

勝者から敗者へ――自分たち日本軍を見る中国人の目が、侮蔑《ぶべつ》の眼であることは間違いない。それでも、黙々と働く自分たちを見て、日が経つにしたがって、中国人の態度が変化してくるのを松浦は感じた。

粗末な日本兵の昼食を覗《のぞ》きにきていた中国人が、やがて、漬物やお茶を持ってきてくれるようになったのである。ここでも、中国人の人の好さを松浦はしみじみ思った。

町のあちこちには、〈暴を以って暴に報《むく》ゆる勿《なか》れ〉という布告が貼られていた。のちに、「以徳報怨《いとくほうえん》（怨みに対して、徳で報いる）」という蔣介石の言葉が有名になるが、その方針は、かなり浸透していたことになる。

もともと「以徳報怨」とは、老子が説いた「いくら恨みを抱くような相手であっても、仕返しではなく、許しの心で接せよ」という考えに基づいている。

八年前の首都攻防の激戦の地で、こうして労働に励んでいる自分たち鯨部隊の存在自体が、松浦には、どこか現実離れしたものに感じられてならなかった。

別れを惜しむ人々

松浦たちは、だんだん集落の人々と親しくなった。

「むかし来た日本兵は心が悪かった。しかし、あなたたちは違う。心が良い。別人のようだ」

そんな割り切った話をする老人もいた。

村人には、いろいろな品物を提供し、食糧や酒に換《か》えてもらった。なかには、魚を釣ってきては、酒と交換してもらう戦友もいた。

おもしろい物資の調達法といえば、近くを通過する復員列車から「もらう」ものだ。

「おーい！　おーい！」

列車に向かって、走りながら帽子やタオルを振りまわすのである。すると、日用品や煙草などが惜《お》し気もなく投げられた。後方の奥地から、どんどん内地へ帰って行く日本兵たちだ。

こっちが、どのくらい空腹か、そして、煙草が吸えなくて、どれほどつらい思いをしているか、同じ境遇だっただけに、もちろん彼らは知っている。

松浦たちに向かって、列車から物を投げてくれるのは、同胞を慮《おもんぱか》る気持ちによるものだ。だが、それをありがたく拾い集めているうちに、いつしか、気持ちが滅入《めい》ってくるのだった。

自分たちには、いつ、復員列車に乗る日が訪れるのか。まったくメドが立たないからである。

奥地にいた日本軍がこんなに復員しているのに、なぜ、自分たちはできないのか。それは、理由のないことではなく、鯨部隊そのものに原因があることを松浦たちは感じていた。

南京の中国守備隊は、湖南・広西両省の戦場で、何度も戦火を交えた相手だった。戦場では、徹底的に痛めつけた敵である。

報復のために、鯨部隊は最後まで帰してもらえないのではないか。そんな疑心暗鬼が松浦たちに生まれていたのである。憂鬱《ゆううつ》な日々の中、唯一、気持ちを慰めてくれたのは、あの歌だった。

南国土佐を後にして
　中支に来てから幾歳ぞ

この曲さえ歌っていたら、いつかは土佐に帰れるような気がした。

だからこそ、夜がくれば、この歌の歌詞とメロディが、自然と口をついて出た。

そして、終戦から九か月。昭和二十一年五月上旬、松浦たちに、やっと宿営地から二キロほど離れた駅前の広い幕舎への移動が命じられた。

まだ、復員が決まったのかどうかは、わからない。

しかし、駅前の広い幕舎へ集合するのであれば、そこからどこかへ「移動」になることは間違いなかった。そこで、松浦たちは、「朗報」を待ちつづけた。

あれは、何日経った頃だっただろうか。

「わが隊も、いよいよ復員することとなった。準備、怠《おこた》りなく」

そんな中隊長の訓示があった。

ついに来た！　待ちに待った復員の順番がまわってきたのである。松浦は、天にも昇る気持ちになった。

いよいよ出発の前日のことだ。

どこで聞いたのか、長い間、宿を貸してもらっていた農家の寡婦《かふ》とその娘が、松浦たちの幕舎を訪ねて来た。

ご馳走が入った風呂敷包みを両手に提《さ》げ、雨上がりの畦道《あぜみち》を通って、二キロ以上も歩いてきたのである。彼女の夫が日本軍の南京攻略の際に死亡したと、松浦は、以前、聞いたことがあった。それなのに、

「いよいよお別れですね。元気でいてください」

そのことを伝えにわざわざ来てくれたことが、お互い片言の言葉のやりとりでわかった。

心づくしの料理を前に、松浦は、胸が熱くなった。

俺たち日本軍が去っていくことを聞いて、こんなふうに別れを惜しんでくれるのか、と。

車座になって、松浦たちはご馳走になった。

長い間、中国を戦場にし、人々を苦しめてきた俺たちなのに、新しい門出を祝いにきてくれたのである。温かな母娘の気持ちを思って、松浦の目から、自然と涙がこぼれた。見ると、戦友たちも同じだった。

感激して、みな、男泣きに泣いている。国は違っても、人情は変わらない。人を思いやる気持ちは、日本人も中国人も同じだ。松浦はそう思った。

故郷を離れて戦い抜いた日々、地獄のような行軍、無念を呑み込んで死んでいった戦友たち……松浦は、走馬灯のように、この四年の日々を思い出していた。

母娘の心づくしの料理を前にして、皆、そのことに思いを馳せたに違いない。

自然と『南国節』が口をついて出た。

涙を隠すために、そして、この母娘に聴いてもらうために、松浦たちは、しみじみと『南国節』を歌い上げたのである。

帰ってきた父

松浦が故郷高知の安芸町土居《どい》の家に帰りついたのは、昭和二十一年五月も終わろうかという頃だった。

見知らぬ〝おじさん〟がいきなり玄関を開けて入ってきたときのことを、次男の正(七十八歳。当時七歳)は、今も鮮明に覚えている。

「あれは、私が小学校二年生のときじゃったねえ。骸骨《がいこつ》みたいに痩せたおじさんが、戦闘服で、帽子をかぶって、リュックサックみたいなのをしょって、玄関に入ってきたんです。本当に、痩せてひょろひょろですよ。一瞬、誰やろと思った。〝おおっ!〟と言って、兄貴と私の頭をうれしそうに撫でてくれてね。それで、〝巌っ! 正っ!〟と、叫んだんですよ。兄は、二つ年上じゃけど、わしらは、ポカンとした。どこのおじさんやろう、と。それだけ痩せとったきねえ」

四年前の父の出征の場面を、正は、うっすらと覚えている。ふたつ年上の兄・巌はなおさらだ。しかし、その兄でさえ、「父であること」がわからないほど、痩せこけていたのである。

「親父は、もともと頰骨《ほほぼね》が高いんですよ。だから、痩せると、余計、骸骨みたいになるの。顔が痩せて痩せて、三角形みたいになっちょったねえ。ケガもしていましたよ。右の上腕のところを鉄砲の弾が貫通しとったね。本当に、よく生きて帰ってこれたもんですよ」

ちょうど、母・鶴（松浦の妻）は、留守だった。高知市で親類の法事があり、妹の直子を連れて家を空けていたのである。

「それで、おばあさんが、喜ぶやら、高知に連絡するやら、大変やったねえ。大慌てでねえ。帰ってくることを知らんき、みんなびっくりしたわけよ」

四年におよんだ松浦の鯨部隊兵士としての過酷な日々はこうして終わった。

兄が中支へ向けて出発したとき、朝倉駅でついに兄の姿を見つけることができなかった妹の三枝は、こう語る。

「本当に、痩せちょりました。中国で大変な日々をおくったことは、姿を見て、すぐわかりました。体力を回復して、仕事に戻らないかんかったがやけど、兄はもう、もとの職場には戻らざったですよ。職業安定所で、軍属なんかへやったりする斡旋《あっせん》というか、仕事もしておりましたので、その人らあが、帰ってきていませんでしたきね。大勢の人が死んだがですよ。兄は、もう元の職場には戻れん、と言いよりました」

過酷な戦場体験は、身体を痩せさらばえさせただけではなかった。人生観や倫理観など内面的なものを含め、あらゆるものを出征前とは変えてしまった。松浦は、県の職員という最も安定した職業を「捨てた」のである。

「それからは、安田というところで、塩焚《た》きをやるようになった。塩をつくるがよ。それで、私も、安田の小学校に転校した。そのあとは、コメ屋をやりました。精米業。飯を食っていかないかんきねえ。親父は、そういう戦後をおくりました」

次男の正は、そう語る。その戦後の生活で、父がずっとやっていたことがある。戦場の出来事を〝書き残すこと〟である。

「いつも、机に向こうちょったよ。それで、鯨部隊であったことを、書きよったね。布団に入っても、やりよった。最初にガリ版刷りで『駄馬の足跡』というのを書いて、次に『鯨部隊補充兵の手記』を書いた。亡くなっていった仲間のことを、どうしても書き残したかったがですねえ」

憑《つ》かれたように、松浦は、書きつづけた。それが、鯨部隊の戦記として、そして悲劇を後世に伝えるものとして、今も残っているのである。

実録ばかりではなく、松浦は、「浪曲」もつくっている。

浪曲「有田少尉の最後」である。あの壮烈な戦死を遂げた有田少尉のことを、松浦はどうしても忘れることができなかった。

無事、復員できていたら、小学校の先生として多くの心豊かな少年少女たちを育てたに違いない。それがかなわなかった無念はいかばかりか。

それとともに、立派な若者を数多く戦場に散らした国家としての損害を、松浦は訴えたかったのである。

戦後の昭和二十二年に生まれた末っ子の明美《あけみ》（七十歳。現姓は「足達」）は、こう語る。

「子供の中で戦後に生まれたのは私だけです。父が、いっつも、日記や何かをずっと書きよる姿を覚えています。父は有田少尉のことが忘れられず、その死について浪曲に書いたがですよ。父が呼ばれて（お酒を）飲みに行くとき、いつも私が一番小さいから連れられていくがです。たぶん、母が、はよう父を帰すために、私をつけちょったがやないろか、と思うがです。父は、酒が入ると、必ず浪曲『有田少尉の最後』をやるがです。台詞《せりふ》の場面があり、また、有田少尉が亡くなる場面もあるがですよ。もう、感情がこもって、涙を流しながら、やっていました」

それは、その場にいたものでなければ描けない有田少尉の最後だった。

〈頃は、昭和十九年霜月《しもつき》迫る（十月三十一日）朝まだき、敵の頼みの桂江を、筏《いかだ》に乗りて渡河するは、鯨部隊で名も高き、小柴部隊の二中隊、早くも敵の飛行場、我が掌中に収めけり。

炎々燃える桂林に、尖兵行くは誰あらん、有田少尉の鬼隊長

「おい！　この分なら桂林は、無血一番乗りだぞ！」

郊外の、美しいビルが建ち並ぶアスハルト道路を、兵は両側に分かれて鼻唄歌いながら

南国土佐を後にして

中支へ来てから幾年ぞ……

意気揚々と進んで行く。

（中略）

土饅頭の芝草《しばくさ》に、伏す兵達は、寒気次第に加わりて、交替部隊の到着を、今か今かと待ち暮す。敵の話や、岩にふれ合う金具の音が、手にとるように流れてくる。

真夜中頃と思う頃、戸田の部隊が到着し、彼我《ひが》の隊長握手して、申し送りの最中に、交替部隊の当番兵、地雷に触れて花と散る。

「有田小隊、前進！」と、二、三歩進んだその時に、またまた起こる大音響、少尉の体は空中高く舞い上がり、図嚢は裂けて粉々に、落花《らっか》の如く部下の頭上に降りかかる。

ああ、壮烈！　鬼神も泣く有田少尉の最後こそ、何に例《たと》える術《すべ》もなし。

後日形見の品なりとと、この地雷の原に隊長を、探せし部下のその気持ち、彼が日頃愛惜の、懐中時計破損なく、丁度戦死の時を指し、止まりいるのも涙なり。

雄渾《ゆうこん》正に極みなし。連峰続く桂林の、清き流れの芝草に、若き身空で散りしかど、魂永久《とわ》に日《ひ》の本《もと》の、平和を念じ守るらん。平和を念じ守るらん〉

末っ子の明美は、父のこの浪曲を聴きつづけた。

「兄や姉はもう大きくなっていたものですから、私が父の酒席に連れていかれて、これを聴かされよったがです。子供やから、詳しいことは、もちろんわかりません。でも、父がものすごくこの浪曲に思い入れを持っちょったことはわかりました」

戦後、松浦が有田少尉の墓参りにいったことを知るのは、妹の三枝である。宿毛と安芸は、高知県の西部と東部の正反対の位置にあり、距離は百七十キロもある。

「宿毛にも、山本さんという有田さんの元の部下の方がいましてね。私は、戦後の結婚なんですが、主人が警察官で、宿毛に赴任した関係で、その山本さんに、私もえらいお世話になったがです。山本さんは、兄の戦友でしたきね。兄が安芸から宿毛まで来て、山本さんと一緒に有田少尉のお墓参りに行ったことを知っちょります。有田少尉が本当に部下に慕《した》われちょった人やったことが、ようわかりました」

先の大戦で、いかに多くの前途有為《ゆうい》な若者の命が失われたのか。三枝は、大正生まれで同世代だけに、そのことが今も悔しくてならないのである。

六年ぶりの帰還

元騎兵の渡辺盛男も、松浦と同じく南京で労役に携わった末に復員を果たしている。

「終戦の日のことは、忘れられんねえ。急に敵が撃ってこんようになってね。〝おかしいなあ。今日は敵が撃ってこんぞ〟そんなことを仲間と話し合っていたとき、〝どうも負けたにかあらんぞ（負けたらしいぞ）〟と、誰言うともなしに言いよった。そしたら、小柴連隊長が司令部に呼ばれてねえ。行って戻ってきたときには、連隊長は髭《ひげ》をきれいさっぱり剃《そ》っていた。ずっと髭だったのに……」

一体、なにがあったのか。噂は本当なのか。ただちに小柴連隊長の訓示があった。

まだ連隊長が髭を剃ったことを知らない部下たちは、目の前に出てきた小柴を見て、仰天した。頬骨が張り、鼻の下に髭をたくわえ、いかにも軍人らしい顔つきの小柴の印象がまるで変わっていたからだ。

初代の亀川、二代目の今井、そして、三代目の小柴、ともに鼻の下に自慢の髭をたくわえていた。部下たちにとっては、鯨部隊の連隊長とは、「髭があること」があたりまえだったのだ。

小柴連隊長は、驚く部下たちを前にして、

「諸君、戦争が終わった」

そう語り始めた。

「終戦である。陛下がご決断をなされ、ポツダム宣言を受諾されたのだ。われわれは、命令のままに、自重して行動するのみ。自重して行動するのみである」

自重して行動するのみ――連隊長は、そう訓示したのである。

渡辺は、こう振り返る。

「連隊長は、〝負けた〟とは言わざった。〝終戦〟と言うたね。終戦になった、と。やはり、これを聞いたときは、部隊に戻ってきて泣いたね。みんなで泣き明かした。何年も何年も、あんなに難儀して働いたのに、結論はこういうことかよ、と……。死んでいった人間がいっぱいおるきねえ。あんまり情けのうて、ほんと、泣いたよ。このとき、沖縄がやられていることはわかっちょったけんね。これは、結局、沖縄に行って、金玉を抜かれて土方《どかた》するのか、とまで考えたね。しまいにはやけくそになってミンチュウ（米の酒）を飲んだ。留守になっちょる民家に行ったら、ミンチュウはあるきねえ。それを勝手にもろうてきて飲んだよ。ほんま、やけ酒やった……」

十二月に南京へ移動、ここで道路の整備に行かされたり、どぶ掃除に行かされたりしたのは、先の松浦の体験と同じだ。

そして昭和二十一年五月、渡辺は、昭和十五年以来六年ぶりに内地の土を踏んだ。船が着いたのは、山口県長門《ながと》の仙崎《せんざき》港である。

「とにかく、中国では、赤茶けた山ばっかり見よったから、内地の青い松の緑を見たときは涙が出たね。仙崎で上陸するとき、〝ご苦労様でございました〟と、港の係の人が言うてくれて、久しぶりに日本語を聞いて感激したのを覚えとる。シュッシュッと白い粉（DDT）をやられて、真っ白になってね。仙崎で一晩泊まって、僕はそこで、実家に電報を打ったように思う。無事に復員することを両親に伝えたがよ」

汽車と連絡船を乗り継いだ渡辺は、夢にまで見た故郷へ、無事、帰ってきたのである。駅に着いたとき、まだ朝が明けない薄暗い待合室で四、五人の男たちが汽車を待っていた。年配のおじさんたちだ。

「東條（英機）が要《い》らんことするきに、戦争に負けたわ」

「まっこと、あほうなことよ」

男たちが、そんなことを話していた。聞いていると、軍部の悪口がかなりきつい。渡辺は、むかついてきた。あれだけ多くの戦友が死んでいるのに、今頃、なにが軍部批判だ。そのとき、渡辺の怒声が待合室に響きわたった。

「おまんら、今になって何を言いよらあ！（今頃、何を言っているんだ！）」

話に夢中で、渡辺のことを気に留めていなかった男たちはびっくりした。見れば、声を発したのは、明らかに「復員軍人」である。さすがに、これはまずい。

（わしらが、これだけ難儀してきたのに、なんだこいつらは……）

渡辺はそう思っている。怒りが尋常でないことを感じとった男たちは、下手《したて》に出てきた。

「兄さんは、どこの人で？」

「川井や」

と、渡辺。

「川井の誰んくの子ぞね？」

「盛親《もりちか》（注＝父親の名）の子じゃ」

「そうかえ。盛親さんの子かね」

田舎では、親の名前を聞けば、誰の家の子かすぐわかる。ひとりがすぐにこう反応した。

「戻ったか。よかったのう。兄さんも死んどるのに、えらいよかったわ」

渡辺は、兄二人が戦死していた。男は、そのことを知っていたのである。渡辺は、それ以上、彼らを責めるのをやめた。

「兄貴が二人、戦死しちょったきね。一番上の兄の戦死は家からの手紙で、二番目の兄の戦死は、新聞で見た。内地からの慰問袋のなかに、新聞が入っちょってね。その新聞に、ニューギニアでようけ死んどった戦死者の名前のなかに兄の名前を見つけたがよ。二人も死んじゅうき、わしまで死ぬわけには、いかんかった……」

渡辺の家は、豊永駅から四キロほどの山の中にある。男たちと別れた渡辺は、川沿いを歩いていった。

「リュックひとつで、歩いて戻った。四キロ足らずやから、約一時間。びっくりしたのは、人間の感覚というもんやねえ。広い中国を歩いとったから、山道が狭《せも》う感じてね。崖《がけ》から、下の川に落ちそうな気がして、ねぎ（注＝へり、山際《やまぎわ》のこと）に寄って、こわごわ歩いて帰ったがよ。目に入る田んぼも、こりゃ狭いなあ、と思うたね。とにかく中国が広かったき」

戸をガラガラと開けた渡辺は、両親の笑顔を見た。

「おふくろが、よう戻ったのう、と言うたですよ。兄貴が二人死んどるけど、わしは絶対に生きて帰る、死ぬとは思うてなかった、と言うたね。あれは、おかあの信念じゃね。あらかじめ電報を打っちょったから、親父は、いま駅に迎えに行こうかと思いよったとこじゃ、と言うたね」

こうして、渡辺も無事に帰還を果たした。

食べることだけに必死だった渡辺は、その後、懸命に唐芋《からいも》やコメ、麦などをつくった。

「昭和二十二年に初めて地方自治法というのができて、地方村長が公選になったわね。そしたら、わしの家の遠縁になる人が、初めての二十二年四月の選挙で東豊永村の村長に当選したがよ。その時分には、(作物を) つくらにゃ食べれん時代だから、誰も役場に行って働こうという人がおらんのよね。それで遠縁でもあるし、わしが行かないかんことになった。まあ、軍隊では事務もやっておったし、そんなら行こうか、ということで行き始めたがよ」

当時の東豊永村役場である。小さな役場で、いきなり副収入役と税務主任、そして消防主任という重責を負わされての勤務となった。

「村長が〝銭がないに、どうしようのう〟と言うき、〝税金を取ったらええわ〟と、わしも、つい言うたがね。それで、独立税というのをつくった。条例をつくって、まず、炭窯《すみかま》税よ。炭窯一基についてなんぼ、牛の子が生まれたらなんぼ、とそういうもんよ」

復員してきた鯨部隊の兵たちは、必死に働いた。もとの職場に戻ったものもいたし、新たな職場や事業に乗り出したものもいた。

やがて戦争で生き残った大正生まれの男たちが「高度経済成長」をつくり上げていく。彼らは、戦争経験を胸に秘め、ひたすら前進をつづけたのである。

ちなみに、渡辺は合併した大豊町役場で、次第に重きを成していく。教育長を二期、そして、昭和五十九年からは、町長を三期、務めた。

土佐鯨部隊、そして『南国節』の生き字引として、渡辺は九十五歳となった今も、さまざまな話を現代に伝える語り部の役を果たしているのである。

ハチとの因縁

ハチを守り育てたあの成岡正久も、昭和二十一年十一月、復員した。

昭和十八年に二か月の長期休暇によって高知に帰り、ハチの死を知った成岡は、復員しても、ハチのことがあきらめきれなかった。

成岡の執念が、上野動物園園長代理の福田三郎との因縁を、戦後、さらにとり結ぶことになる。成岡は、たとえ剝製になっていたとしてもいい。ハチを引き取って大事にし、慈《いっく》しんでやりたいと思いつづけていた。

そんなとき、福田三郎にたまたま高知出張の機会があった。まだまだ日本全体が混乱期を脱しきれていない頃のことだ。上野動物園で長く飼育技師を務め、園長代理の任にあった福田の来高は、地元紙に取り上げられた。

新聞を見て、福田の宿舎に現われたのは、成岡だった。あの人なつっこいハチの飼い主であり、寄贈者である。成岡の名は、福田にとっても忘れられないものだった。

戦争中、はるばる中支から船と列車を乗り継いで東京へとやってきたハチ。そのハチを命令によって、「毒殺」しなければならなかった自分。心の底に深い傷跡として残っているあの出来事の「当事者」同士である。

もちろん会うのは初めてだ。しかし、手紙を通して、あるいは、電報によって、お互いの存在をよく知っている間柄だった。

二人は、ハチのことを語り合った。

いかに、ハチは愛すべき存在だったか。豹なのに、なぜあれほど愛くるしい目をしていたのか。穏やかで、ぐるぐるノドを鳴らす人なつっこさは、一体どこからきたものだったのか。二人とも、ハチが猛獣であると思ったことは一度もなかった。

話すべきことはたくさんあった。

福田は、成岡の目に光るものがあったことを記憶している。これほどの愛情を注がれた動物がいたこと、そして、それが戦争のさなかだったことに、福田は「奇跡」というものを思った。

なおのこと、ハチの死が無念でならなかった。

しかし、そのとき、あらたまって成岡が申し出たことに、福田は、「うーん」と唸ってしまった。成岡は、こう言ったのである。

「福田さん、ついては、お願いがあります」

「なんでしょうか」

「ハチの剝製をいただきたいのです」

「えっ？」

「どうしても、いただきたいのです」

成岡は、そうくり返すと、驚く福田を前にこうつづけた。

「私は、ハチが不憫《ふびん》でならんのです。岩穴で火傷を負ったハチを連れ帰って以来、私は、精いっぱいの愛情を注いでハチを育てました。ハチも、私らになついて、本当に尽くしてくれました。

ハチの存在がどれだけ私たちの希望になったかしれません。そのハチが、私に再会することもないまま、死んでしまった。今も魂は、彷徨《さまよ》っているはずです。だから、剝製でもいい。私のもとに置いてあげたいんです。福田さん、どうか力を貸してください」

福田は、ハチに対する、あまりに強烈な成岡の愛情に圧倒された。しばらく、言葉が出てこなかったほどだ。

「福田さん、なんとかお願いします」

まっすぐ自分の目を見て、成岡はそう言うのである。さすが、中国戦線の歴戦の勇士である。

正面からぶつかってくる土佐人の迫力を福田は感じていた。

しかし、ハチの剝製は、東京都の所有である。公の機関が所有するものを「個人」に引き渡すのは、容易なことではない。

(これは、厄介《やっかい》だぞ……)

そう考えながら、福田は、同時に、なんとか成岡の力になってやりたいと思った。それが人の道というものであり、非業の死を遂げたハチ自身も喜ぶことではないか、と思ったのである。

「福田さん。お願いします」

成岡は、くり返した。

しばらく目を閉じていた福田は、大きく目を見開くと、こう言った。

「わかりました、成岡さん。ハチの剝製は、東京都の所有なので、いろいろ難しい面があります。でも、成岡さんのお気持ちはよくわかりました。ハチのためにも、そのほうがいいと思います。いろいろやってみますので、私にしばらく時間を頂戴できませんか」

それは、決意を秘めた男の顔だった。

この人は信頼できる。成岡も、そう確信したに違いない。

「ありがとうございます。なんとかよろしくお願いします」

成岡は、何度も頭を下げ、福田の手を、両手で握りしめた。初めてあいまみえた成岡の強烈な想いを浴びて、福田はハチに少しでも報いたいと決心を固めたのだ。

帰京した福田は、成岡の要望を実現するために奔走した。そして、成岡の愛情の深さに突き動かされた福田は、〝不可能を可能に〟導いていく。

福田の作戦は、巧妙なものだった。東京都から「買い取り」となれば、手続きも煩雑《はんざつ》だし、第一、費用まで発生してしまう。そうしないために、なにか「方法」がないだろうか。

福田の頭に、ある方法が閃《ひらめ》いた。ハチの剝製が傷《いた》んでしまったことを理由にし、「廃棄物」とする書類を作成するのである。つまり、ゴミにしてしまうのだ。

廃棄物となったものを「誰か」が引き取っていったとしても、その先は、与《あずか》り知らないことになる。福田は、成岡と何度も連絡を取り合い、その方策を検討した。

そして、ようやくハチの剝製を「廃棄物」として処理することが認められた。

ハチの剝製は、こうして所有者が移ったのである。成岡の執念が、ついに、ハチを自分のもとに呼び寄せたのだ。前掲の『動物園物語』には、そのときのことが、こう簡潔に記されている。

〈やがて終戦になり、私が用事で高知へ出張したことがありました。私が高知にいるということを高知の新聞を見て知った彼（注＝成岡のこと）が、さっそく私を訪ねてきたのです。

私は彼とはじめて会ったのでした。ハチ公のことをお互いに話し合っては、慰め合ったのですが、彼が、どうしても、ハチ公の剝製をもらいたいと、いいだしたのです。

「私が内地に帰るのを待たずに殺されたあいつが、かわいそうでたまりません。せめて、おもかげをしのびたいのですが、ハチ公の剝製を私に、頂けないものでしょうか」

という愛情にあふれた言葉に、私も動かされたのです。しかし、一度東京都のものになったものは、容易によそへゆずったりはできないことになっているので、すぐには、どうすることもできませんでした。私が高知から帰京した後も、彼から再三の申し入れがあったので、特別の手続きを経て、とうとうハチ公は、剝製の姿になって、もとの主人のところへ帰ることができたのでした〉

「特別の手続き」というのは、廃棄物として処理する形にしたことを意味している。生き物に対する限りない愛情を感じるこのエピソードは、現代の私たちに多くのことを教えてくれる。

そして、こうして高知にやってきたハチの剝製は、その後も、温かい人たちによって、数々の逸話を生んでいくのである。

第二部　勇気と希望の歌

第八章　数奇な運命を辿った歌手

かろうじて「命を拾った」

一九三三（昭和八）年十一月九日、戦地で誕生した望郷の歌『南国節』に、大きな影響をおよぼすことになる一人の女性が生まれた。

のちのペギー葉山、本名・小鷹狩《こたかがり》繁子《しげこ》である。

東京・四谷簞笥《たんす》町で、彼女は、クリスチャンの両親の間に、三人姉妹の末っ子として誕生した。

祖父が出生届を机の中にしまい込み、届けが一か月遅れたため、戸籍上は十二月九日の生まれとなっている。二つの誕生日を持つ少女は、生涯を通じて、社会に夢を与えつづける宿命を背負った大歌手に成長していく。

父・明《あきら》は、田村商会という貿易商社に勤めるサラリーマンで、材木などの建築資材を商ってカナダに七年も駐在していたことがある。小鷹狩家は、広島の浅野本家の重臣の家柄だ。そのため先祖の墓は広島にあり、同時に多くの親類が広島に暮らしていた。

一方、母・郁子《いくこ》は会津の出身で、祖父は、白虎隊《びゃっこたい》の生き残りの住吉貞之進《ていのしん》であり、こちらも、侍《さむらい》の血筋である。

神戸で出会って、神戸教会で結婚式を挙げた父と母は音楽好きで、家にピアノもあり、父が弾《ひ》くピアノにあわせて、家族で『城ヶ島の雨』などを、いつも大合唱していた。

その意味では、当時では珍しい国際的で、かつ、音楽に囲まれた一家だった。

ペギー葉山は、広島原爆で祖父を亡くしている。後述するように、その前年の夏、小学四年生だった彼女は広島の親類宅に〝縁故疎開《えんこそかい》〟することになっており、それが土壇場で、父のひと言によって中止になったという経緯がある。

突然の父の反対によって回避された死。ペギーはその後もずっと、自分の命が「何か」によって救われたという思いを、抱きつづけることになった。同時に「戦争」とは切っても切れない人生を送った女性でもあったのである。

三人姉妹の末のこの甘えっ子に、最も大きな影響を与えたのは、やはり、母・郁子だろう。郁子は、宝塚の大ファンだった。そして、そのことがペギーの人生を左右することになる。

当時、日産自動車の重役としてロンドンに駐在していた叔父が、宝塚歌劇のチケットをプレゼントしてくれたことから、小鷹狩家の〝宝塚ブーム〟は、燃え上がる。

母は、古くからの宝塚ファンだ。ちょうど子育ての手間《てま》が一段落したことも相俟《ま》って、新しい公演があるたびに、三姉妹を東京・日比谷の東京宝塚劇場に連れていくようになるのである。

東京の宝塚公演は、この劇場が本拠地だ。小鷹狩家の女たち四人が、ここに華やかに乗りつけるのである。宝塚観劇の一日は、ペギー葉山にとって、楽しく、甘美な思い出だ。

のちに夫・根上淳《ねがみじゅん》と共著で出した『代々木上原めおと坂』（立風書房）に彼女はこう書いている。


〈黒のエナメルの靴《くつ》を履《は》き、黒い小さなハンドバッグを持つのは二人の姉で、私だけは留め金に可愛いベティさんのついた赤いハンドバッグ。これが私たち三人姉妹の第一礼装。三人が一番楽しみにしている宝塚の公演を見に行く時のいでたちなのです。

そして、等身大の鏡の前で古代紫《こだいむらさき》のよそゆきの着物を着終《きおわ》った母は、桐の箪笥の二番目の引き出しから丸い緑色のクリスタルの香水びんをとり出すと、袂《たもと》にシューッとひと吹き、レースのハンカチーフにもシューッとひと吹き。部屋中に甘い香りが漂って、母がそのハンカチをバッグに入れてパチンと蓋《ふた》を閉めると、さあお出かけ準備ＯＫです。

この日ばかりは四谷の家から日比谷の東宝劇場まで、かっこよく円タク（タクシー）で約一円五十銭。私たちはもうお姫様気分です。

昭和九年に建てられたこの劇場はまだピカピカで、正面からロビーにかけてかけ足で階段を登って行くと、場内はもうきらびやかにお洒落《しゃれ》をした女性たちでいっぱい。当時

のロビーのじゅうたんは濃いエンジ色だったと記憶しています〉

その頃の宝塚スターは、なんといっても男装の麗人、「葦原邦子《あしはらくにこ》」である。ファンは、思い切りよくショートカットにした彼女の、颯爽とした「男役」の魅力に熱を上げた。

しかし、ペギーは、まだ幼稚園に上がる前のチビッコだ。むしろ、母や姉の熱狂ぶり自体に興奮する少女だった。


〈帰宅すると、さあ！　かしまし娘三人で大変な騒ぎです。

「ねえねえ、葦原さんのこんな目が素敵！」

「ジェインと呼んで抱き合った時の、あの足の運び方、いいわあ！」上の姉が何と葦原さんの役、下の姉が桜さんの役。あげくの果てにはプログラムを開いて主題歌を歌い、それから「すみれの花咲く頃」の大合唱。そしてロケットガールよろしく三人で足をあげてドタンバタン。

「いつまで騒いでいるの。良い加減におやすみなさい」

階下から母の声がすると三人ともしぶしぶ布団の中へ、というのが私たちの宝塚公演を見た夜のパターンでした〉（『代々木上原めおと坂』）

幼い頃のペギーと姉たちの夢の舞台への興奮ぶりが目に浮かぶようだ。歌い、踊ることに憧れる少女は、こうして、かたちづくられていった。

宝塚を観て大きくなり、その感動を身体一杯に受けつづけた少女が、のちのペギー葉山へと成長していったのは、必然だったかもしれない。

一方、彼女の成長は、昭和が戦時色を強めていく時期と一致している。三歳のときに盧溝橋《ろこうきょう》事件によって日中戦争が始まり、八歳の誕生日を迎えたときに、真珠湾攻撃が起こり、太平洋戦争が勃発している。

日本各地の都市への空襲が始まり、いよいよ東京から子供たちの疎開がおこなわれだしたときに、ペギーは、十一歳を迎えようとしていた。

このとき、彼女は最初の運命の岐路《きろ》に立った。

二〇一六年十二月、八十三歳となったペギー葉山は、そのときのことをこう振り返ってくれた。

「小鷹狩家は広島なんです。叔父が広島市の舟入川口町というところにいましてね。東京住まいの祖父も、広島にお墓参りに行くんです。そんなこともあって、昭和十九年に東京を離れて疎開することになったとき、私は、広島に縁故疎開することが、ほとんど決まっていたんです。それが父の反対で、ひっくり返ったんですよ」

広島には、呉《くれ》に軍港もある。敵の標的になるかもしれない。そんなところに疎開するのは、だめだ――父が、土壇場になって、そう言ったのである。

「学童疎開への登録というのは、その時点で、もうほとんど終わっていましたね。それで、今からでも入れるかって問い合わせて、学校が、〝ぎりぎりですけど、大丈夫です〟と言ってくれて、広島に行く話が消えたんです。もし父が反対してくれなかったら、私は、原爆で死んでいたと思います。そうなっていたら、この世にペギー葉山は存在しなかったことになりますね」

ペギーの祖父は、毎朝、家族そろって朝食をとる前に、部屋から出てくるとまず神棚にお参りして、次に仏さまに手を合わせる、という信心深い人だった。自宅ではいつもペギーが、祖父の〝お世話係〟だった。

お世話係が疎開してしまった翌年の夏、祖父は東京から広島に墓参りに赴いた。ちょうどそこへ原爆が投下され、不幸にも、あの〝人類の悲劇〟の犠牲者となってしまったのだ。

それは、ペギー葉山の生涯忘れられない出来事となるのである。

疎開生活のつらさ

中野の桃園《ももぞの》第二国民学校の子供たちが学童疎開に向かったのは、福島県石城《いわき》郡大野村（現在のいわき市四倉《よつくら》町玉山）である。

昭和十九年八月二十九日、炎熱の東京をペギーたちはあとにした。

省線（現在のＪＲ）の中野駅で、白いハンカチをちぎれるように振る母の姿がペギーの瞼《まぶた》に残った。その姿が次第に小さくなって、いよいよ本格的な疎開生活がスタートする。

常磐線の「平《たいら》」から二つ目の「四ツ倉」の駅で降りた彼女たちは、徒歩で四、五十分ほど山奥に入った、ひなびた鉱泉旅館に辿りつく。白岩《しろいわ》温泉である。

ペギーたちは、この温泉地の「金波《きんぱ》旅館」で荷を解いた。見わたすかぎりの田園風景が広がる温泉地だ。

田んぼには、稲穂《いなほ》がそよぎ、四方の山の上にはくっきりと入道雲が広がっていたことをペギーは、記憶している。

〈「暑かったじゃろう。さあ、美味《おい》しいトウモロコシを沢山食べてくんちゃい」

「ンだなあ、ソケーの子はおっとうやおっかあと離れてよオ、さんびしかろうなあ」

大きなザルにゆで上がったばかりの粒揃《ぞろ》いのトウモロコシが山盛りです。食べ盛りの男の子は我先にと手を出します〉

ペギーは、『代々木上原めおと坂』にこう書いている。

判で捺《お》したような規律正しい疎開生活が始まった。朝は六時半に起床し、点呼。庭で朝礼をおこない、体操をする。そのあと、東京の方角に向かって、

「お父さま、お母さま、おはようございます。戦地の兵隊さん、おはようございます。

今日も一日、日本の国のために、がんばってください」

全員で、そう唱和するのである。最後は、「天皇陛下バンザイ」の三唱だった。

父母と離れている寂しさは、下級生も、ペギーのような上級生も同じだ。しかし、誰も弱音など吐《は》くことが許されない時代だった。

最もつらかったのは、やはり、ひもじさだ。国民全員が食糧不足の中にいた。疎開生活をおくる成長期の子供たちも、耐えがたい苦しさを味わった。

食卓のおかずは日ごとに貧しくなり、村のおばさんが川でお芋を洗ったあと、ザルの目から下に落ちた小芋を拾ってかじったり、干し柿を人目を盗んで食べたりした。

食卓には人参《にんじん》や小芋にまじって、ついには、ゲンゴロウまで出されたこともあった。

男子は、朝に使う歯ミガキ粉《こ》までなめて、空腹感をまぎらわせていた。

食べ物のことで男子生徒同士が取っくみあいの喧嘩を始め、先生や寮母が必死になって止める風景が日常のことになっていった。

それが、ペギーたち子供にとっての「戦争」だった。この頃、かわいがっていた家畜が殺されて、食べものになる衝撃を、ペギーは、こう綴っている。

〈私たちが可愛いがり育ててきた豚を殺し、食料にしたこともありました。どんなにひもじい思いをしてもあの豚だけは殺して欲しくなかった……。

でもある日、東京からやって来た父兄の手で豚は裏山に連れて行かれ、あのガラスをすり合わせたような断末魔の叫び声をあげながら殺されていったのです。その夜に出された豚汁には誰も箸《はし》をつけず、全員オイオイ声をあげて泣きました。そして、それは今も私たちの心に戦争の消えない傷跡として残っています〉（同）

なついていた豚のかわいさが思い出されて、涙が止まらない。自分たちのために殺されたことがつらくて、とても箸をつける気になれない。耐えがたいほどのひもじさをも凌ぐ、心の痛みが存在することを知って、幼い胸に傷を負ったのである。誰も箸をつけなかったこのときのようすを、ペギーは、後年、万感を込めて何度も振り返っている。

そんな子供たちの唯一の楽しみは、母親が面会にやって来ることだった。ふだんお兄さんお姉さんぶっている上級生も、このときだけは、誰もが目を輝かせた。

〈半年に一度母が面会に来てくれました。集団生活で一人の子にだけ良い思いはさせられないという規則なので、夜みんなが寝静まってから母は私を裏山にそっと連れ出しました。どのお母さんもそれをやっていましたが、先生も寮母さんも見て見ぬふりをしてくれていたのです。

「思いっきり食べなさい」と母がリュックから出してくれたものは、ザラメがこってりとついたオセンベイ、キャラメル、のり巻き、カステラ、お稲荷さん、氷砂糖……。お腹が空くとみんなで画用紙に書いて壁に張り、それを眺めては食べたような気分になった切ない私たちの遊びの中に出てくるものばかりでした。

むしゃぶりつくように食べる私を母は涙ながらに眺めていました。一晩母と過ごし、翌日峠《とうげ》まで送ってサヨナラするのが規則でした。別れが辛くて、駅まで送ればきっと東京まで一緒に帰ってしまうに決まっています。

燃えるような夕焼けに山々が映《は》える中、何度も何度も振り返ってはハンカチを振る母。そのハンカチで涙をふきながら、小さく小さくなって行く母の姿に私は「お母さまぁー。さようならぁー」と手を振り続けました〉（同）

一億火の玉になって戦争を勝ち抜くということは、子供だって小さな火の玉となって戦わなければならないのだ。

欲しがりません、勝つまでは――。

そのスローガンは、幼い口元でも、くり返し唱えられた。

ところが、耐乏生活をつづけるそんな子供たちの疎開先にも、米軍の空襲は迫ってくる。

中心地「平」の駅前が空襲を受け、空が真っ赤に染まる夜をペギーは、何度も目撃している。

せっかくの学童疎開に「なにか」があってはならない。桃園第二国民学校の子供たちは、より安全な土地を目指して、大野村を離れるのである。

ペギーたちが再疎開したのは、福島県南会津郡田島町だ。

ペギーにとって、会津は母の故郷でもある。戊辰戦争で戦った祖先にゆかりの地だ。田島は南会津にあり、昭和九年に開通した会津線の終着駅だった。阿賀川《あががわ》沿いの小さな町で、山を南に越えていけば、もう栃木県という県境に近い町でもあった。

ペギーは述懐する。

「磐城から、汽車に揺られて、南会津の田島のほうに移ったんです。遠かったですよ。何班かに分かれて、あちらこちらに分宿しました。私たちが分宿させてもらったのは、いわゆるお金持ちの農家でしたね。豪農です。旧館と新館があって、そこに、ちょっとした渡り廊下があるようなところでした。時折、そのお宅には郡山の航空隊の兵隊さんが泊まりにも来たんですよ」

〝兵隊さん〟たちの目的は、「松根油《しょうこんゆ》」だった。劣勢に陥った日本軍は、燃料である石油が枯渇《こかつ》し、戦闘機や艦船の運用に障害が生じていた。

「新館のほうに、ある日、海軍さんがいっぱい来たんですよ。郡山の海軍航空隊の兵隊さんでした。なんでこんなところに海軍さんが来たんだって、子どもたちは大喜びになりました。

そしたら〝俺たちは松根油を取りに来たんだ〟って。松根油ってナニ？　って聞いたら、いろいろ教えてくれるんです。山にたくさん松の木があるだろうって。松から油が出るんだって。それほど、燃料がなかったんですよ」

ペギーは、〝海軍さん〟が松根油を集めに来て滞在していった二週間ほどのことが忘れられない。そのなかの一人が、隊に戻る前にこんなことを言ったからである。

「〝来週、出撃という命令が出た〟っておっしゃったんです。その人が、〝僕には恋人がいないから、お姉さんの写真、アルバムから一枚くれないか〟と言うんです。で、姉の写真を一枚、渡したんです。すると、〝僕の恋人だと思って大事にします〟って、その写真をポケットに入れたんです。あとで聞いたんですけど、その人、沖縄で（特攻として）突っ込んだって……」

ペギーの脳裡には、そんな切ない疎開生活の記憶が残っている。

「終戦」と命の儚《はかな》さ

昭和二十年八月十五日、桃園第二国民学校の子供たちの戦争は、突然の〝終わり〟を告げた。奥会津の田島で迎えたペギーの「終戦の日」は、どんなものだったのか。

子供たちは空腹の中、親に会いたい気持ちも抑えて、窮乏生活に耐えていた。

「私たち少国民は力をこめて銃後を守り、最後には勝利を得なければなりません。疎開している私たちはどんなに苦しいことがあろうとぐっとこらえ、戦に勝つまではと頑張っています。今、日本の飛行機が大空を飛ばないのも、日本の一番大切な時に使用するためなのだと先生が言われました」

ペギーは、当時、そんな手紙を母親に書き送っている。

しかし、八月十五日。ついに「その日」はやってきた。

玉音放送があるということで、先生も、子供たちも、庭に集まっていた。厳しい真夏の陽光が容赦なく照りつける日だった。

ところが、ラジオからは、天皇陛下の声が、微《かす》かにしか聴こえてこない。

ガー、ピー、ガー、ピーピーという雑音の中に、かろうじて「声」らしきものが流れてくるだけだった。

（まるで外国放送のよう……）

ペギーは、そう思った。

だが、どうにか「耐えがたきを耐え」「萬世《ばんせ》のために太平を開かんと欲す」「常になんじ臣民と共にあり」といった言葉の断片が、耳に入ってきた。

その断片をつなぎあわせると「あること」が想像されるものだった。しかし、その「あること」を、口に出すことは憚《はばか》られた。

まさか、「神国日本《しんこく》」が戦争に負けたのでは……。そんな恐ろしいことは、「あるはずがなかった」からである。

聴く側は、そのまま、しーんと静まりかえった。ほとんどの子供たちは意味がわからないまま、寮に戻り、先生の部屋に集まった。

そのとき、六年生の中根という少年が、先生より先に口火を切った。

「先生、日本は負けたんでしょ？」

えっ？　子供たちは、顔を見合わせた。下級生には、ラジオの意味がなにもわかっていない。また、上級生も、半信半疑だった。

しかし、「あること」、すなわち「日本が負けた」という言葉が突然、生徒の側から飛び出したのである。

すべては、先生が説明してくれると思っていた。子供たちは唾《つば》を呑みこんで先生の言葉を待った。

「馬鹿もん！」

先生は、そう叫んだ。

そうだ、そんな馬鹿なことがあるものか、と子供たちは思った。

だが、先生は、こうつづけたのだ。

「戦争に負けたのではない！　戦争を、天皇さまが……終えてくださったのだ！」

そう言うや、先生は、ううう……と泣き始めた。

男の先生が泣く姿など、子供たちは一度たりとも見たことがなかった。先生は男泣きに泣いた。子供たちは茫然と、先生の涙をじっと見ていた。

長かった桃園第二国民学校の生徒たちの「戦争」は、こうして終わった。

ペギーの学童疎開の終わり方も突然だった。

なんと、ペギーの目の前に、いきなり伯父が現われたのだ。終戦から四日後の八月十九日のことだった。

「突然、伯父が私を田島に迎えに来たんですよ。それは驚きました」

ペギーは、こう述懐する。

「思わず〝おじさま、どうしたの！〟と、叫んでしまいました。すると、伯父が〝手紙を書いてきただろう〟って。でも、私には意味がわかりません。なんの手紙？って、聞き返しました」

それは、いたずらだった。生徒の一人が、ペギーが表書きしてあった封筒を盗み出して、ニセの手紙を書いて送っていたのだ。

私は、みんなにいじめられている。食べものもない。もうここにはいられない。線路を歩いて東京に帰る。迎えに来てくれなきゃ自殺する――。

そんな内容が、手紙に綴られていたというのだ。受け取った母は、衝撃を受けた。

線路を歩いて東京に帰る。迎えに来てくれなきゃ自殺する。

こんな手紙を娘から受け取って動揺しない親など、いるはずがない。すぐに伯父が飛んできたのである。

「でも、どの子がやったのか私はわからない。多分、あの男の子だろうって思ってますけどね。恨みも、何もないですよ。みんな、生きることで必死でしたからね。それで、私は、そのまま宮城県に引き取られたんですよ。姉がお産で、母が手伝いに行っていましたから、私は、東京に帰るのではなくて、そっちに連れられていったんです」

そこでペギーは衝撃の事実を知ることになる。

広島原爆によって、大好きだった祖父が「亡くなっていた」という事実だった。

〈産後の肥立《ひだ》ちのおもわしくなかった姉の看護に多忙な日々を送っていた母に逢《あ》えた喜びも束の間、私の耳に恐ろしくも悲しい知らせが入りました。それは、あの広島に原爆が落とされ、十四万人の人々が一瞬にして亡くなり、私を可愛がってくれた祖父も即死したという知らせでした。

あの時、もし広島に疎開をしていたら私はたぶん祖父と同じ運命をたどった事でしょう。知らせを聞いた時、私は何も言わず外にとび出して行きました。そして、小高い丘に登り、泣きながら「おじいちゃーん。おじいちゃーん」と叫びました。

「辛くても耐える」「人の気持になってあげる」「思いやり」「独立自立の心」「物を大切にする」一番多感な幼年期に親元をはなれ、疎開を通して戦争を体験した私が学んだことです〉（『代々木上原めおと坂』）

疎開暮らしのひもじさ、さみしさ、祖父の死の悲しみという体験をとおして、音楽に秀《ひい》で、愛に恵まれた少女に、人に対する思いやりと、どんなにつらくても耐え抜く精神が、しっかり植えつけられたのだ。

そしてこれから先、ペギー葉山の歩む道のりには、いつも「平和」を祈る心が寄り添うようになるのである。

新生活と歌への道

ペギーが東京に戻ってきたのは、九月終わりのことだ。

疎開で離れる以前の東京との違いに、ペギーは愕然となった。

「私が住んでいたのは、中野の上高田《かみたかだ》というところなんです。上高田は、もうほとんど焼けていましてね。それで、うちにも焼夷弾が落っこってきたそうなんです。両親と伯父と、もう一人の姉がそのとき家にいて、四人で必死に火を消し止めたそうです。母が言うには、そこに〝神風が吹いたのよ〟ということでした」

神風とは、猛火の中、まさに風の向きが変わったことを意味している。

「母が、風が、こっちへ、こっちへ、こっちへって、家とは逆に、逆にと吹きはじめて、結局、うちだけがぽつーんと焼け野原に残ったそうです。本当に風のおかげだって。それで、私は、まわりはすべて焼けているのに、自分の家に帰ることができたわけです」

自宅から、新宿方面一帯が見渡せた。

「上高田はちょっと高いですから、うちから新宿の伊勢丹が見えました。そこまで、なんにもなかったんです。すべて焼け跡です。新宿が一面、焼け野原になっているのが見渡せました。伊勢丹は、鉄筋ですから燃えなかったんですね。そのとき、進駐軍の兵隊さんに接収されていました。一階、二階はデパートをやってて、三階から上は、アメリカの兵隊さんたちが占めていました」

当時の光景をペギーは、昨日のことのようにこう語る。

「家にはお風呂もありませんでしょ。でも、隣のうちに五右衛門《ごえもん》風呂があったの。鉄ですから、それだけが焼け残っていたんです。焼け野原の真ん中で、誰も見てないから入ろうかって言って、裸になって五右衛門風呂をわかして入りました。夜、お風呂に入って、遠くを見たら、伊勢丹の灯が見えましてね。灯かりがあるから、ぼわーっと見えていたんです。それが、UFOみたいに見えました。途中から灯かりがありますから、本当にクリスマスケーキみたいに、そこだけふわーっとなっていましたね」

ペギーの「戦後」は、こうして始まった。

「なんとか落ち着いた環境で勉強させたい」

敗戦の翌年、まだ東京が焦土のなかだったにもかかわらず、両親の強い願いのとおり、ペギーは、「青山学院女子中等部」に入学する。

祖父が原爆で亡くなったものの、戦争の惨禍《さんか》をどうにかくぐり抜けた小鷹狩家は、末っ子の教育をまず「優先させた」のである。

ちょうどその頃、母の姪《めい》が上野の東京音楽学校（現在の東京芸術大学）ピアノ科へ入学するために上京して来た。父方の小鷹狩家だけでなく、母方もまた、音楽には造詣《ぞうけい》が深い一族だった。

ペギーは彼女にピアノを習い、同時に東京音楽学校声楽科に在学中の内田るり子から、声楽の基礎も学び始めた。のちにアルトの声楽家として名を馳せる内田は、教育者として、多くの弟子を音楽界に輩出した人物として知られる。

山形大学、日本女子体育短大、沖縄県立芸術大学、国立音楽大学などで教鞭《きょうべん》をとることになる彼女が、まだ音大生の時代に、ペギーに声楽の基礎を叩き込んだことは、のちの歌手生活にどれほどの「財産」となったかしれない。

内田に大きな影響を受けたペギーは、将来の志望はゆるぎなく「東京音楽学校声楽科」と答えるようになっていった。昭和、平成を代表する歌手のひとりとなるペギー葉山は、大きな一歩を踏み出したのである。

第九章　異彩を放つ「音楽家」

疎開して来た音楽家

昭和二十年六月、高知駅頭に降り立った一人の音楽家がいた。彼もまた戦場の望郷歌『南国節』に〝命〟を吹き込む運命を持った人物だった。

武政英策《たけまさえいさく》、三十七歳。東京電気学校（現・東京電機大学）を卒業し、このとき、大阪・都島区《みやこじま》桜ノ宮にあった大阪帝国大学の航空学研究室に勤めていた人物である。

明治四十年九月、愛媛県喜多《きた》郡鹿ノ川《しかかわ》（現・愛媛県大洲《おおず》市）の造り酒屋の家に生まれた武政は、音楽が好きで、幼い頃から謡《うた》いと琵琶を習い、小学校に入ると近所の教会に出かけて牧師さんにオルガンを教えてもらうような少年だった。

小学生のとき、すでに音大出の先生から、「作曲の指導」をしてもらっていたというから、その時点で〝音楽好き〟などというレベルではなかったことが窺える。

実家が裕福な家庭だったことも音楽にのめり込める要因だっただろう。本人の回想では、「母の希望は物理学校に進み、立派な技術者になること」だったという。

しかし、一方でその期待に応えながらも、武政は、音楽家への道を一度もあきらめたことがなかった。大正九年に松山の北予《ほくよ》中学（現・松山北高）に進学した武政は、さっそく音楽部に入った。マンドリンやギターで楽団を結成したり、また、広島県の海軍の町・呉の軍楽隊まで演奏旅行に行くなど、活発な学校生活をおくっている。

母の望みどおり、東京電気学校へ通うことになった武政はここに籍を置いたまま、文京区真砂《まさご》町にあった音楽学校（現在の尚美《しょうび》ミュージックカレッジ専門学校）にも通った。電気学校在学中に母が死去。この頃から、武政の音楽への傾倒はさらに強くなっていく。

音楽の活動を通じて、当時、ドイツから帰ったばかりの気鋭の音楽家・山田耕筰《こうさく》の弟子と知り合い、その縁で山田の知己《ちき》を得るのである。武政は、自作の曲の論評を山田に乞う。

当代随一の音楽家の批評は的確で、武政の音楽の才能は花開いていった。さらに山田の紹介で、東京大学文学部美学科のある狸穴《まみあな》分校に研究生として入れてもらい、ますます音楽に没頭していく。

ところが、大正末期から続く大不況に喘いでいた昭和の初期のことである。町には、失業者があふれていた。

母親も亡くなり、愛媛の実家とも疎遠になった武政は、鍋・釜の修理をおこなう「いかけ屋」の手伝いから、洗い張り屋、書店の丁稚《でっち》、新聞や牛乳の配達、さらには、豆腐屋の行商に至るまで、さまざまな仕事をしながら、音楽家の道を模索する。

それでもやはり、当時の日本では、音楽で「生計を立てていく」ことは難しかった。

「日本では、作曲や指揮のみでは食えない。私でも、まだまだ無理だ。武政君。君も本職を求め、作曲や指揮は、あくまで余技《よぎ》でやりなさい」

狸穴分校を二年半ほどで出たあとも山田に師事していた武政は、師匠本人からそう言われた。

「職業を持ちながら、音楽をやっていこう」

武政は、そう決心せざるを得なかった。まだ二十三歳のことである。もともと東京電気学校で技術系の学問は、みっちりと勉強してきている。特に、機械工学には自信があった。

世話をしてくれる人がいて、昭和五年、京都の菊谷機械製作所という会社に日給月給の契約で入った。醸造《じようぞう》機械をつくる会社である。ここで、武政はエンジニアとして数多くの特許をものにし、やがて、大阪帝国大学の航空学研究室に招かれることとなった。

だが、次第に戦時色が強まると、総力戦遂行のために、国家にある人的、物的資源すべてを政府が統制、運用できる国家総動員法の時代に変わっていった。

日本の敗色が濃厚になっていた昭和二十年三月十三日深夜、大阪上空にB－29およそ二百七十機が飛来し、大阪都市部の住宅密集地を標的にした「大阪大空襲」がおこなわれた。この夜間爆撃に使用された焼夷弾は、およそ千七百トンに達し、約四千名の市民の命が失われた。

武政の住む都島区桜ノ宮の家屋も全焼し、妻・貴美恵《きみえ》とともに焼け出され、同時に、勤め先の大阪帝国大学の航空学研究室も焼失した。

生きる希望さえ、失ってしまうような徹底的な都市破壊だった。武政は、焼け野原の大阪で再起をはかるが、空襲は、その後もつづく。

特に六月一日の爆撃は凄まじく、B－29五百九機による空爆は、大阪の人々の「再起」の意欲を完全に挫《くじ》くものとなった。

妻・貴美恵は、高知の出身で、先に故郷へ疎開させていた。武政自身も、ついに疎開を決意し、妻のいる高知へとやって来たのである。

武政は、長岡郡十市《とおち》村（現・南国市）にあった妻の実家に身を寄せ、高知での生活をスタートさせた。のちに土佐で数々の名曲をつくり、「土佐に武政英策あり」と言われるようになる最初の「一歩」である。

しかし、高知にやってきた武政には、不運がついてまわった。空襲を逃れて疎開して来た武政が、なんとまた「大空襲」に遭遇するのだ。

まだ高知に来て一週間ほどしか経たない昭和二十年七月四日未明、高知市上空にB－29およそ百二十機が飛来し、千トンを超える焼夷弾を投下していったのである。

それは、武政の勤労意欲や希望を破壊した。大阪につづき、高知まで——どこに行っても、戦争が武政を追いかけてきたのである。

やがて終戦。焦土の中から、日本は、再スタートを切った。

だが、武政は、仕事もままならなかった。大学の研究室復帰のメドもつかずに年を越し、ついに三月末には、あきらめなくてはならなくなった。

敗戦国である日本が「航空学をやるなどもってのほか」というGHQ最高司令官、ダグラス・マッカーサーの意向で、研究室が、完全な「閉鎖」となってしまったのだ。

武政のもとには大学から、「ほかの科へ移るならば、引きつづき来てもよい」との連絡が来たが、アテにはならない。まして、そんな話に飛びつくのは、プライドが許さなかった。

失意の武政の目の前で、あれほど破壊された高知の町が、明日に向かって進もうとしていた。焼け跡から復興していく町を眺めながら、

「もともと自分の希望は音楽家ではないか。ならば、大阪に戻る必要もない。ここ高知で音楽をやって生きていこう」

武政に、そんな決意が生まれたのである。

新時代を迎えて、高知には「音楽」を求める人々がたくさんいた。

そして、なにより高知の美しい自然と温かい人情が武政を惹《ひ》きつけた。やはり、生まれ故郷が同じ四国の愛媛県喜多郡だったことも大きかった。

高知には、武政にとって、どこかなつかしい空気が漂っていたのである。それは、四国独特の空気、あるいは雰囲気と言っていいかもしれない。武政は、それを感じとって

いた。

「土佐のこの地で、音楽で生きていく。高知に音楽の輪を広げるんだ」

すでに、数えで四十歳を迎えていた武政は、そう思った。

さっそく武政は活動を始めた。地元の青年による楽団づくりが初仕事である。

疎開でお世話になっていた長岡郡十市村の妻の実家を出て、武政は、高知市仁井田《にいだ》の砂地に小さな家を建てた。そこを拠点に武政の音楽活動はスタートしたのである。

『南国節』との出会い

(うん？　なんだ、これは……)

音楽で生きることを決めた頃、武政は、ある曲と運命的な出会いをした。

戦後まもない高知には、バラック建ての飲み屋がたくさんあった。そんな飲み屋のひとつで、酔客《すいきゃく》が歌う聞き覚えのない曲に武政の耳が反応したのだ。

南国土佐を後にして
中支に来てから幾歳ぞ

あるいは、

月の露営で　焚火を囲み
しばし娯楽の　ひとときを

武政の耳に、そんな歌詞が残った。

（これは、軍歌か？　それとも、どこかの寮歌なのか）

最初に聴いたときから妙に気になる曲だった。

どうも、歌っているのは酒に酔った元兵隊たちのようだ。海のものとも、山のものとも
もつかない〝謎〟の歌である。いったい、これは何なのか。

武政は、それから酒場でこの歌を何度も聴くようになる。いずれも、兵隊帰りの男たちなのだが、同じ歌のようでいて、節《ふし》まわしが、それぞれ違っていた。

酒に酔って歌っているせいもあるだろうが、要するに歌っている人間が〝音痴《おんち》〟なのかもしれない。聴けば聴くほど、本当の節まわしがわからなくなった。

武政には、絶対音感がある。

どんな音でも、音符《おんぷ》で表わせるのである。どのような歌であろうと、一度聴けば、譜《ふ》面《めん》に起こすことができた。しかし、酒場で何度も聴くこの歌は不安定で、譜面に表わすのが厄介だった。

それでも、この歌には、表現しがたい魅力があった。歌そのものに「力」があったの

だ。

この頃、戦時中のうっぷんを晴らすかのように、日本中で新しい音楽が花開いていた。

戦時中、国民はなにもかも抑圧されて、洋楽を聴ける雰囲気もなくなり、勇ましい軍歌や戦意を鼓舞する戦時歌謡以外、ほとんどの音楽が〝死滅〟しかかっていた。

戦後日本は、自由な音楽からスタートした、と言っていいだろう。いろいろな音楽会が企画され、またバンドも結成されていった。

高知でも、にわかにバンドの設立ラッシュが始まっていた。歌謡曲バンドも次々、生まれていた。高知市にかぎらず、郡部でも、安芸に白ばら楽団、本山《もとやま》には、すみれ楽団が誕生し、枝川《えだがわ》や日高、室戸の青年団も、音楽活動を始めていった。

企業よりも、むしろ、労働組合などを中心に楽団やバンドが生まれていたのである。

武政は、これらの指導を依頼され、忙しく音楽活動をおこなっていた。

そんな中で、高知市内でも、あるいは、郡部へ行っても、武政は、不思議な魅力を持つこの曲を耳にした。

戦後の新しい音楽の息吹を土佐じゅうに広める活動にとびまわる一方、武政は、郡部へ行く際には、土佐のわらべ歌の収集に努めた。これは、武政のライフワークともいえるものだ。できるだけ地元で歌い継がれているものに耳を傾け、採譜していったのだ。

そこでも、この曲は、歌われていた。どうやら、曲名は、『南国節』というものらしい。

しかし、歌詞もところどころ違うし、節まわしも相変わらず、歌う人によって微妙に違っていた。この〝謎の歌〟は、いつの間にか武政の最大の注目の歌となっていった。

正しいメロディはいったいどれなのか。武政は幾度も採譜を試みたが、歌う人の音程が一定していなかったら、さすがに難しい。何人かから採譜してみたが、満足できるものは得られなかった。

高知市の南はりまや町に「濱長《はまちょう》」という料亭がある。

主人の濱口《はまぐち》八郎、女将の千代子《ちよこ》という名物夫婦が営む、高知で指折りの料理屋である。多くの高知の政財界人が贔屓《ひいき》にした店としても知られる。

濱長の主人、濱口八郎と気が合った武政は、よくここで飲ませてもらっていた。

あるとき、武政は、あの不思議な歌について、濱口に相談してみた。

「ああ、あの『南国節』かよ。それなら、うちの仲居《なかい》の中に、上手に歌えるがおるよ。今度、歌わせるき、あんたも、じっくり聴いてみたらええが」

濱長の主人は、あっさりそう言ってくれた。

(これはありがたい)

武政は、その歌える人とやらを呼んでもらい、やっと、拝聴する機会を得たのである。

ついに「採譜」は完了した

歌い手の仲居とは、三味線もこなす年増《としま》の人だった。

にこやかに彼女は、節を三味線でとりながら、歌いはじめた。

南国土佐を後にして
中支に来てから幾歳ぞ
思い出します　故郷の友が
門出に歌った　よさこい節を
〽土佐の高知の　はりまや橋で
　坊さんかんざし　買うを見た

月の露営で　焚火を囲み
しばし娯楽の　ひとときを
俺も自慢の　声張り上げて
歌うよ土佐の　よさこい節を
〽みませ　見せましょ　浦戸をあけて
　月の名所は　桂浜

それは、これまで酒場で聴いていた歌とは、レベルが違っていた。こぶしが利《き》き、感情のこもった歌唱だった。

武政は、これが中支の戦線で、兵隊たちによってつくられたものであることも教えられた。軍歌でも、あるいは、寮歌でもなかった。

（これは、故郷を遠く離れた兵たちの気持ちを歌いあげたものだ……）

多くの兵が、この曲を歌いながら死んでいったに違いない。戦友を思い、町の酒場で、郡部の集まりで、歌いつづけられている理由が、ようやくわかった。

これは、すごい曲だ。プロである武政には、そのことが一発でわかった。この曲を〝完成〟させようと、武政は決意した。

武政の著書『歌ありてこそ』（平成十二年発行）には、こう書かれている。

〈さすがに、今まで聴いてきた音痴の歌ではなかった。「これなら節らしい節」と思ったので、今までに採譜した節も一部生かし私の曲に作り直した。

前奏なら、戦地ノスタルジアというものがある。戦地にも尺八《しゃくはち》、ハーモニカぐらいは持っていけただろうから、それを頭に浮かべ、曲の出だしを尺八による追分《おいわけ》調にした。次いで故郷をしのぶ気持ちが込められているから前奏の後半は子守歌《こもりうた》調にした。

歌詞の出だし、「南国土佐を…」の部分も、誰のを聞いても浪曲か詩吟《しぎん》調で、きれいでない。ここはオペラのレシタチブ、つまり語るがごとく歌うがごとくがよかろうと、あえて〝棒〟で入り、語りかけ調にした。これは自然に入れて成功したと思う。

そのあとぼちぼち節に入りますが、曲全体もハーモニカでふけるものにしたいので、半音の出てこないイ短調で整えました。

曲名もあれこれいうよりも「南国土佐を後にして」の出のところをそのまま題名にした。だれに頼まれた仕事でもないので、最終的に仕上げたのは昭和二十七年ごろでした。その後も表立った発表もせず、口づてに広がるまま時が過ぎました〉

武政はついに『南国節』の正式な採譜に成功し、さまざまな工夫を施し、曲を蘇《よみがえ》らせたのである。

この頃、武政の音楽活動は、範囲を広げていた。

当時、ラジオ高知（RK）には、大原知巳《ともみ》放送部長、矢野孝義プロデューサーの二人がいて、音楽番組に力を入れていた。武政は、その二人にさまざまな相談を受けていた。

「土佐人が作詞し、作曲した歌で、ぜひ番組をつくりましょうよ」

武政が、二人からそんな相談を受けたのは、昭和三十年のことだった。

企画は、「ふるさとの唄」という名のラジオ番組となった。その二回目、昭和三十年四月二十四日、史上初めて『南国土佐を後にして』が放送された。

演奏はRKアンサンブル、歌手は、高知市の丘京子《おかきようこ》、指揮は武政本人だった。

丘京子は、「濱長」でも座敷に出ている若い仲居のひとりだ。最初に座敷で三味線を弾きながら『南国節』を歌ってくれたあの仲居とも顔見知りだった。

丘は、ソプラノで声が高い。武政は、それに合わせて音を三度ほど上げ、ハ短調にした。そして、満を持して「ふるさとの唄」の中で、これを初披露したのである。

　こぶしの利いた歌い方だった。

　初めて放送された後、反響は大きかった。あちこちから賞賛の声が寄せられたのだ。当時は、ラジオ番組が主流で、聴取者の数も半端なものではなかった。

　ほとんどが、「素晴らしい」という感想だったが、ごく一部に、批判の声もあった。それは、まさしく、この曲の特異な誕生秘話ゆえのことだっただろう。

「あれは俺たちの歌じゃ。あの軟弱な歌い方はなんぜよ」

「戦地での歌と変わっちゅうじゃいか」

　なかには、

「あれを勝手に歌うがは、わしは反対じゃき」

　そうはっきりと言う人もいた。

　もとは兵隊が歌っていたものなのに、女性的なきれいなメロディに変化を遂げていたことに違和感を抱いた人がいたのである。

　しかし、武政は意に介さなかった。武政は、自著『歌ありてこそ』に、こう記している。

〈それもそうでしょう。ただ私は作曲家として私の曲を作った。自分のスタイルの曲だとの自負がありました〉

「よさこい祭り」の誕生

昭和二十九年、武政は、結果的に、生涯を通じて最も大きな〝事業〟に従事することになる。「よさこい祭り」である。

今では全国で二百を超える「よさこい」の祭りが開かれ、アメリカのニューヨークでさえ、イベントがおこなわれている。だが、もともとは昭和二十九年に「阿波踊りに追いつけ、追い越せ」を目標に、高知で生まれたものである。

空襲の焼け跡から再出発した高知は、復興が一段落してくると「次」のための核となる大きなイベントが必要になっていた。

そのことを提唱したのは、当時の高知商工会議所会頭、入交太蔵《いりまじりたぞう》である。

入交家は、江戸の文政期から土佐で石灰製造業を営み、以来、鉱工業、物流、建設、エネルギー……等々の入交グループを構成していた。その総帥である入交太蔵は、戦後の第一回参議院選挙から参議院議員を「二期」務めた高知政界の大立者でもあった。

当時の高知青年会議所（JC）にいた西山俊彦・宇治電《うじでん》化学工業会長（八五）は、こう語る。

「よさこいの火付けは入交太蔵さんよ。太蔵さんが参議院議員になって東京におったろう？　東京から高知を見よったき、阿波踊りみたいな踊りを高知もやったらどうか、というのが始めよ。高知も戦争から立ち直って、やっと落ち着いてきた。夏になったら、徳島は、阿波踊りをものすごいやるやいか（やるじゃないか）。まあ、あれには勝てんろうけんど、高知もなんとかやろうや、ということで、よさこい踊りをやろうということになったわね。

その頃、私の父親の西山利平《りへい》が商工会議所の副会頭でね（注＝のちに会頭）。それで、当時、いろいろ高知の経済界で世話できる人らが、集まって、まとめていったがよ。同じく副会頭の横山喜太郎さん、ほかにも町田憲一郎さん、永野寅太郎さん、濱口八郎さん、それに、片桐書店のご主人も芝居をやる人やったき、協力してくれたわね。みんな動きの速い人ばっかりよ。それで、まず踊りの歌が要るき、武政英策さんにつくってもらおうということになったがよね」

日頃、親交のある濱口八郎が武政に頼み込むことになった。『南国節』の採譜に協力してもらった料理屋「濱長」の主人、濱口八郎である。

「実は、市民の健康祈願祭で踊りのようなものをやりたいがよ。みんなにヒットするようなものを考えてくれんか」

そんな依頼が武政のもとに来たのは、梅雨も明けかかった六月二十五日のことだった。

「ほう。それで、期限はいつ？」

武政はそう問うたが、濱口の答えに驚いた。

「祭りは、八月十日と十一日に決まったがよ。ほんで、七月一日から練習を始めんと間に合わん。歌詞も曲もいっさい、おまさんに任せるき、阿波踊りに負けんようなものを考えとおせ」

すべてを任せるというのはわかるが、わずか「五日間」で、それをつくれという滅茶苦茶な話だった。

しかし、日頃、世話になっている濱口の頼みである。武政に断わる選択肢はなかった。それに、土佐出身ではない武政には、新しい時代の象徴となるこれからの伝統を編み出すことについて、ある種の強みがあった。

土佐の「わらべ歌」の収集のために、高知県下各地に出向き、それぞれの地域に伝わっているわらべ歌や民謡を根気よく採譜してきていたからである。

土佐のどこか特定の郷土に偏《かたよ》ることなく、広く土佐じゅうのわらべ歌や民謡を研究してきた自分が、この依頼に最もふさわしい人間であることを、武政自身がわかっていた。

武政は、伝統ある阿波踊りに対抗するには「素手《すで》ではダメだ」と考え、鳴子《なるこ》を思いつく。年にお米が二度とれる（注＝二期作）土佐では、稲作にゆかりのある鳴子が一番いい。これならいける、と。

次は、「リズム」だ。

鳴子を手に、武政は、しばらく振ってみた。阿波踊りは単純なデモンストレーションにすぎない。それならこちらは、メーデー式のジグザグ行進でいこう――。

アイデアは泉のごとく湧《わ》いてきた。それこそが武政の真骨頂だ。

（ジグザグ行進に鳴子を入れるには、行進のときに直線に打つこと、そして、曲線的にまわすこと、これの組み合わせだ）

『よさこい鳴子踊り』を完成させるまでの変遷を、武政は、こう明かしている。

〈歌詞の着想は当時、研究を進めていた〝土佐わらべ歌〟に、〝高知の城下へきてみたら、じんまもばんまも、みな年寄《としよ》り〟という文句があった。また〝郵便屋さん走りゃんせ〟のなかに、〝いだてん飛脚《びきやく》だ、ヨッチョレヨ〟というのがある。私はこの、ヨッチョレヨの言葉が楽しくてたまらない。さらに、よさこい祭りというからには、昔から伝わる〝よさこい節〟も入れた方がよいだろう。以前、私が作った歌に「ヨイヤサノサノ」というハヤシがある。これも使ったら――。

郷土芸能は、民衆の心の躍動である。どこの誰べえが作ったかわからないものが、忘れられたり間違ったりしながら次第にカドが取れ、シンプル化していくものである。要は民衆の心に受け入れられるかどうかが問題で、よさこい鳴子踊りにしても、これからどんなに変わっていっても構わないと思っている〉（『よさこい祭り50年』よさこい祭振興会発行）

こうして、武政は期待に応えて、わずか「五日」で、見事に『よさこい鳴子踊り』を完成させたのである。

いきなり依頼を受けても、普通は、急にアイデアなど出てはこない。しかし、『南国節』の魅力に導かれて採譜を重ね、土佐の郷土の音曲にも造詣の深かった武政英策は、これまでの蓄積を円熟期に入っていた技で練り上げるだけで、さほどの苦労もなく後世に残る作品を生み出したのである。

あとは踊りの振り付けだ。これを一体、どうしたのだろうか。

商工会議所は、ここでも大胆な方法をとった。高知の日本舞踊五流派の師匠たちに、踊りの考案を依頼したのだ。要するに〝丸投げ〟である。

「踊りというのは、時代とともに変わっていくもんよ。気楽にやりや」

武政は、あまりに大きな役割を課せられて緊張する日本舞踊五流派の師匠たちに、そう声をかけている。この言葉のおかげで、よさこい鳴子踊りの原型は、かたちづくられていった。

このとき、その踊りができ上がる場にいたのが、当時十六歳で高知県立高知小津《おづ》高校一年生だった荒谷深雪《あらたにみゆき》（七十八歳。現在「若柳流《わかやぎ》」師範）である。

「初めてのよさこいの時は、若柳流の踊りの師匠からお声かけいただいて、稽古に参加しました。よさこい踊りは、『濱長』のお父さん（注＝濱口八郎のこと）の肝《きも》いりでしたからね。練習をしたのは『濱長』の一階の広間です。しかし、これを道路で踊らされるというのは、恥ずかしかったですねえ。日本舞踊は、舞台踊りをするのが基本ですから、道路で、晒《さら》しを巻き、足を出して、人前で踊るなんて、それ自体がびっくりでした。

だから、そのことだけが頭にあって、恥ずかしかったですよ。とにかく前へ進む、という踊りでね。当時は、今のように町で堂々と胸を張って踊るようなもんじゃなかったですからね。まずは〝恥ずかしい〟が立っちゅうと思います。踊りを覚えないかんけれども、町で踊るのは恥ずかしい、という感じでやっていました」

武政の手によって、また高知の日本舞踊五流派の師匠たちの振り付けによって、〝土佐言葉〟がふんだんに盛り込まれた歌詞と、高知に相応しい鳴子を手にしての踊りが生まれたのである。

「ヨッチョレ、ヨッチョレ……」第一回のよさこい祭りに参加したのは、わずか二十一団体、七百五十人だった。二百余団体、およそ一万八千人が踊り狂う現在のよさこい祭りは、こうした急栽培の小さな芽《め》から育っていったのである。

第十章　成長するジャズ歌手

ジャズにのめりこむ少女

父親のひと言から広島原爆の悲劇から逃れ、苦しい福島での疎開生活を経て、東京へ戻ってきたペギーは、青山学院女子中等部への入学とほぼ同時に、新しい道を歩み始める。

「ジャズへの道」である。

英語の重要性を説く父・明は、ペギーにＮＨＫラジオ第一放送で流されている平川《ひらかわ》唯《ただ》一《いち》の「カムカム英語講座」を聴くことを勧める。

午後六時の時報とともに「証城寺《しょうじょうじ》の狸囃子《たぬきばやし》」のメロディにのって、「カムカム、エブリボディ」で始まるラジオ番組である。

毎週変わっていくユニークな日常生活のテーマ、また、カムカムおじさんのユーモアあふれる英会話は、ペギーの心を捉えた。

やがて、この番組から、ペギーはＷＶＴＲ（進駐軍放送　The Armed Forces Radio

Service）の存在を知る。ラジオだけが唯一の娯楽だった時代、ペギーは、初めてNHK第一、第二放送以外に「進駐軍放送」なるものがあることを知り、これも聴き始めるのである。

ペギーが聴いているのは、真空管《しんくうかん》ラジオである。WVTRは、スイッチをひねると、ピーポー、ピーポーという音とともに、突然、踊りたくなるような軽やかな音楽が流れてくるものだった。

そのリズムがなんとも楽しく爽やかで、「カムカム英語講座」とともに、これも欠かさず聴くことがペギーの日課になっていったのである。

そんなペギーが、「ジャズ」の魅力にとらわれるのは、中学二年のときに出会った映画がきっかけだった。

たまたまその日、小鷹狩家は、家族そろって映画を観に行った。ビング・クロスビー主演の『我が道を往《ゆ》く』である。戦争中の一九四四年に製作された味わい深い映画だ。

舞台は、ニューヨークの下町にある古びた教会。廃屋《はいおく》寸前の建物に暮らす年老《お》いた神父フィッツギボンのもとに、副神父として若いオマリーが派遣されてくる。

オマリーは、ほとんど意欲を失っていた老神父の前で、悩み、傷ついた信者や隣人たちの身になって、さまざまな出来事に誠心誠意ぶつかっていく。

喧嘩を仲裁したり、ギャングたちに芝居の券を配って観劇の楽しさを伝え、不良少年たちには、歌う喜びを教え込んで、合唱隊をつくった。

そんななかで、幼《おさ》な友だちのオペラ歌手、リンデンが教会の財政難を救ってくれる。

しかし、その夜、教会が全焼してしまった。

まもなくオマリーは、別の教区への転勤が決まる。

オペラ歌手のリンデンに連れられた少年合唱隊は、集めに集めた多額の寄付とともに、その年のクリスマス・イヴに帰ってくる。

そして、かつてオマリーが助けた家出娘と、アパートの家主の息子との結婚も決まる。

老神父フィッツギボン自身も、アイルランドに住む母親と実に数十年ぶりに再会を果たす。

教会には歓喜の「アヴェ・マリア」が流れ始める。

そして、誰もが惜《お》しんだ若き神父オマリーは、皆の前から去っていく。

名残り惜しそうにオマリーを見送る老神父フィッツギボンの姿が印象的なこの作品は、第十七回アカデミー賞で「作品賞」をはじめ、その年最多となる「七部門」の賞を獲得する。

大きなアクションもなければ、これといった派手な見せ場もない映画である。しかし、ペギーには、老神父と若き神父との静かなやりとりを中心に、名優たちが紡《つむ》ぎ出した味わいある演技と語りが感動的に映った。

アメリカに遅れること四年。やっと日本で封切られたこの名作に、ミッションスクール青山学院に通っていたペギーは、虜《とりこ》となったのだ。

特に、映画の全編を通じて流れたジャズに心を奪われた。

ジャズは、素晴らしい。

やがて、ペギーは、WVTRで流れるジャズを耳で聴き取り、必死にその歌詞をノートに書き込むことに没頭するようになる。

聴き取れなかったり、綴りのわからない部分は、友だちと話しあって補ったり、英語の先生に教わった。それを延々とつづけるのである。それは、たとえ日本語の曲であったとしても困難な作業だっただろう。

こうして黒表紙のノートにぎっしり書き込まれたジャズは、ついに三百曲となる。このノートが、ペギーの「生涯の財産」となったのは言うまでもない。

かけがえのない友だち

小鷹狩繁子、通称「シゲちゃん」には、プロ歌手への道を歩むきっかけをつくってくれた友だちがいる。

岩下睦子《むつこ》、呼び名は「ムッチャン」で、もうひとりは、河野希代子《こうのきよこ》、呼び名は、「キヨちゃん」である。いずれも青山学院女子中等部のクラスメートだ。どちらがいなくても、プロ歌手・ペギー葉山は生まれなかったかもしれない。

クラスは、E組。女子中等部は、三年間持ち上がりで、一年E組、二年E組、三年E

組と、すべてクラスメートは同じだった。もうひとりの親友・村田由紀子《ゆきこ》、呼び名は「ユッコちゃん」を加えて、ペギーは、この〝仲良し四人組〟で成長していく。

ムッチャンは、ロサンゼルス生まれの日系二世である。浅黒い肌でグラマーな彼女は、なにからなにまで、ペギーたち三人とは違っていた。

セーラー服の胸あきから、いつもはち切れんばかりの谷間が見えていたムッチャンは、ペギーに言わせると、「女の私でさえ目のやり場に困るくらい、まぶしいような魅力のある、そんな女性」だった。

ムッチャンは、れっきとした戦勝国側の人間だ。もちろん英語はペラペラで、進駐軍専用車での通学だった。遠足に行った時など、戦勝国と敗戦国ではお弁当の内容が月とスッポンだった、とペギーは回想している。

厚いハム、チーズ、厚い卵がはさんであるサンドイッチに、チョコレート、キャンディ、チューインガム……等々が彼女のバスケットからは、次から次へとまるで宝物みたいに出て来たことが忘れられないのだ。

ペギーは、いつもラジオで聴いているWVTRのことをムッチャンに話してみたときのことを『代々木上原めおと坂』にも書いている。

〈「ねえムッチャン。あなたWVTRいつも聞いてる？」

「オー、イエース。シゲチャン、ミュージック好き？」

「うん、あたしねぇ、アメリカの音楽大好きよ。あんなステキな歌、歌いたいなァ」

「オー。わたし、アメリカンポップスたくさん知ってるヨ。教えてあげようか。今、大流行の曲は、セロメロ・ジャーニーっていう歌よ」

「何？　そのセロメロ・ジャーニーって」

「こう書くのヨ。SENTIMENTAL JOURNEY」

「あら、センチメンタル・ジャーニーでしょ？」

「オー、ノー。TをLに発音するとスムーズよ。セロメロ・ジャーニー、ねッ？」

「なるほどねぇ」

「きいてみなさいよ。WVTRでよくかかるわ。ドリス・デイの歌よ」

「ドリス・デイって」

「今アメリカで大人気のスィンガーね。オー、今夜あるよ。八時半よ。ドリスが歌うよ」

「わかったわ。セロメロ・ジャーニーね」〉

その夜、待ちかまえていたラジオから流れてきた「セロメロ・ジャーニー」は、すでにペギーの耳に聞き覚えのある歌だった。進駐軍の兵隊がよく吹いている口笛のメロディである。

それがハスキーボイスの女性シンガー、ドリス・デイとの出会いだった。ペギーにとって、親友に勧められて一番最初に耳にし、覚えたアメリカンポップスであった。

ペギーは、ムッチャンについて、こんな思い出話をしてくれた。

「ムッチャンは、お父さまが料理人で、米軍のキッチンを預かったコックさんでした。アメリカから日本に来た人たちのファミリーが寄宿する〝ハラハウス〟というところに彼女は住んでいたの。たまたま彼女は、青山学院に来たんだけど、彼女がいなかったら多分、ペギー葉山はいなかったと思います。ムッチャンが偶然、クラスが同じになって、しかも席が隣同士になって……。私の人生って、いい人たちとの出会いっていうか、それが扉をたたいてくれたみたいなところがあるんです。ドアを開けると、新しい道がそこにある、というような感じでした。本当に感謝ですよね」

「ペギー葉山」の誕生

いつもクラス委員を務めていた〝キヨちゃん〟こと、河野希代子（現姓・伊藤）は、八十三歳。ペギーとは、生涯の友だった。

「シゲちゃんは明るくて、頭がよくて、なんにでも積極的でしたよ。歌が大好きで、あの頃、英語がしゃべりたくて、いろんなことを一緒にやったのよ」

キヨちゃんは、父親が群馬県の裕福な家の出だった。しかし、次男坊だったために、東京へ出て来て、投資や事業を手広くおこない、成功を収めていた。

「母は戦争が終わっても、まだ疎開先の埼玉の幸手《さって》に住んでいました。だから、お手伝いさんと子供たちだけが、先に東京に戻ってきて、私は青学に通ったんです。それで比較的、自由な生活をしていたのね。シゲちゃんが、ラジオから流れるジャズを耳で聴き取って、歌詞をノートに書き込んでたでしょ？　それって、シゲちゃんとユッコちゃんと私の三人でやっていたことなの。

一生懸命書いて、翌日、学校にノートを持っていくでしょ。それで、間違いを見つけたり、空白部分を埋めるのよ。三人のを合わせると、だんだん正しくなっていくでしょ。そのあと、今度はムッチャンに持っていくの。ムッチャンは、歌詞が全部わかっていなくても、ここはおかしい、ここはこうじゃないかしらって、それを直してくれるわけ。そうやって歌詞を聴き取り、歌と英語の勉強をしていったのよ」

なかでも、〝シゲちゃん〟ことペギーの熱心さは群を抜いていた。高校に入っても、その作業をつづけたのだ。黒表紙のノートに記された、およそ三百曲におよぶジャズは、彼女の熱意の強さを物語っている。

「私などは、せいぜいノートが五、六冊ですよ。でも、シゲちゃんはすごかったわね。高等部に入ったら、英語の先生がマーティ・プレイ先生になったのね。二十代で、まだ独身の先生よ。シゲちゃんは、積極的だから、マーティ・プレイ先生にも、この歌詞のことを聴いていたのよ。あるとき、〝先生のところに行ってみない？〟って言われて、一緒に先生の家に行ったこともあります。渋谷かどこかのアパートよ。とにかくシゲちゃんは、積極的でしたものねえ」

黒表紙のノートにぎっしり書き込まれたジャズの歌詞には、そんな苦労と秘密があったのである。

「ペギー葉山」という名前も、キヨちゃんがいればこそ、誕生したものだった。それは、キヨちゃんの家にかかってきた一本の〝間違い電話〟がきっかけだ。

ペギーは、自分の名前の由来をこう語る。

「キヨちゃんの家は、お金持ちだったの。まだその頃は、東京全体が焼け跡ですから、電話なんて引ける家は少なかったんですけど、米軍とコネクションがあるようなお金持ちのお嬢さんのおうちには、電話があってね。そこに間違い電話がかかってきたんです」

電話がある家がほとんどない時代であり、もちろん、めったに電話は鳴らない。しかし、たまたまかかってきた間違い電話の相手がアメリカ人だった。

「電話がかかってきたときは、私はいなかったの。そのとき間違い電話を受けた彼女が、青山学院って、英語の盛んな学校なんで〝ハロー、ハロー〟って言って、相手の電話番号も聞くことができたのよね。彼女は、間違い電話だけど、タダで英語の勉強をしよう、って。それで、私がキヨちゃんの家に遊びに行ったときに、こっちから、そのアメリカ人に電話をかけたんですよ」

ペギーはそう語る。

好奇心旺盛で、英語上達に強い思いを持つ女の子らしい、大胆な行動である。キヨちゃんの家は、青山学院からそう遠くないところにあり、友だちが集まるのには便利だった。

そのときのことを当のキヨちゃんは、こう述懐する。

「たまたま間違い電話がかかってきたの。空襲で、もとの家は焼けているでしょう？　それで、とりあえず、父がもとの家のところに、三つばかり部屋がある家を建てて、そこから私は青山学院に通っていたのね。三つのお部屋のうち、ひとつはお手伝いさんが使っているでしょ。そのお部屋に間違い電話がかかってきたんですよ。壁にくっついている、あの昔の電話。受話器を耳にあてて、口を近づけて話すあの電話です。お手伝いさんが、英語の間違い電話だったので、びっくりして私を呼んだんだと思うの」

相手は、駐留軍の兵隊だった。

「それで、こっちは、英語を話すチャンスだから、いろいろ話してみたの。でも、大した話はできないわよね。まだ中学生ですからね。そのアメリカ人は、つきあってくれて話し相手になってくれたの。それで、お名前と電話番号を聞き出して、電話を終わったわけ。この人に電話すれば、英語の勉強ができる、と思ったわね」

間違い電話の相手から、名前と電話番号を聞き出すというキヨちゃんの機転と積極性で、今度は、こっちから電話をかけて「生きた英語の勉強をする」というステップに進んでいくのである。

「みんなグループがいてね。それで三人か四人で、またやってみようかって言って、電話をかけたのよ」

ペギーも、こう語る。

「本当は、そういうことは禁じられてんのよね。私たち女子部でしたから、男子部とは口をきいてもいけない、って言われていた時代ですからね。もともと青山学院は、堅い学校ですからね。アメリカ人としゃべってるなんて、誰にも言ったらダメよ、って感じでした。でも、キヨちゃんの家に行ったら、また電話してみようよ、みたいになってね」

そのアメリカ人は、彼女たちが電話をかけると、いつも根気《こんき》よくつきあってくれた。彼女たちは、かわるがわる電話に出て、「ハロー！」と言って、生きた英語の勉強を楽しんだ。

キヨちゃんによれば、

「その電話は、どうも進駐軍の宿舎のようなところの電話だったように思うの。名前を言ったら、呼んで来てくれるようなところでした。ですから、その人がいないときもあったんですよ。でも、こっちは、相手がいなくても、その電話に出てくれた人と話せればいいんです。だから、相手が留守でも、電話に出た人と話をしていました」

なんとも積極的な少女たちである。実際に会って話をするのは怖いが、電話なら大丈夫、という少女たちらしい英語勉強法だった。

そんななかで「ペギー葉山」の名前が誕生したというから、おもしろい。

その日も、三人の女の子たちの電話に、相手は快く応じてくれた。ふと、話の流れから、私たちに名前をつけるとしたら、どんなのがいいかしら？　ということになった。

当時は、フランキー堺やナンシー梅木、あるいは、ジョージ川口、ティーブ釜萢《かまやつ》といったカタカナが半分入っている名前が〝かっこいい〟時代だった。

「ねえ、私たちにアメリカのニックネームをつけてくださらない？」

そんな話になった。

そのとき出てきた名前こそ「ペギー」だったのだ。

ペギー本人は、その〝決定的な瞬間〟をこう語ってくれた。

「三人に、声の感じから、それぞれ名前をつけてくれたのね。ひとりは、スージー、ひとりは、スケピィという名前でした。それで、〝私の声は？〟って、聞いたんです。そうしたら、〝あなたの声のイメージは……ペギーだね〟って……」

ペギーというのは、「マーガレット」の愛称だそうだ。間違い電話から始まった〝英語の勉強〟のための交流が、歴史に残る歌手の「命名」につながったのである。

まさに、名づけ親である、そのアメリカ人とは会ったことがあるのだろうか。

「いいえ。結局、私たちは、その人と会ってないのよ。どんな人だか、わからないの。日曜日っていうと、私たちは、よくみんなで映画を観にいったんですが、画面に出てくるアメリカのハリウッドのスターのような人じゃないかなって、みんなで想像していました。

おじさんの声に聞こえましたけど、すごく発音がきれいな人でしたよ。私たちは、アメリカ人だからこういう人だろう、ああいう人だろうって。誰に似てるんだろうって、みんなで想像しあいました」

ついに会うことがなかった名づけ親。では、ペギーの下の「葉山」は、どこから来たのだろうか。

「そう、ペギーだけじゃね。やっぱり、ペギーなんとかって、苗字が必要だからって、いろいろ考えたんですよ。ペギー田中とか、ペギー鈴木じゃ、つまんないですからね。そうしたら、葉山って、御用邸があるし、同じ、ハ行だし、サウンドがいいんじゃない？　って友だちが言い出したんですよ。私の名前は、それで誕生したんですよ」

日本歌謡史に燦然《さんぜん》と輝く「ペギー葉山」という名は、こんな経緯で生まれたものだったのである。

「扉」は開かれた

プロ歌手への道を開いてくれたのも、キヨちゃんだった。

「キヨちゃんのお兄さまが、立教大学でハワイアンをやってたんです。野郎ばっかりじゃ色気《いろけ》がないからって、私がムッチャンからいっぱい歌を教えてもらっていたんで、それを歌ってくれないか、と言われたんです。それが私の歌手としてのスタートなんです」

ペギーはそう語る。

「ねえ、シゲちゃん。あなた、進駐軍のクラブで歌ってみない？」

「えっ、どういうこと？」

それは高校二年のとき、そんな会話から始まった。

ハワイアン・バンドのリーダーだったキヨちゃんの兄が、夏休みのアルバイトで進駐軍のステージに立つから、女性歌手がどうしても必要というのである。

「シゲちゃんが歌えば、絶対、兵隊たちにうけるわよ。ね！　お願い！」

「だって、ドレスもないし、そんなこと……父や母がなんて言うかわからないし……」

言いよどむシゲちゃんをものともせず、キヨちゃんは、どんどん話を進めていった。

キヨちゃんが語る。

「とにかくシゲちゃんの歌の才能がすごかったの。私たちクリスチャンの学校でしょ。だから、毎年、クリスマスが来ると、いろいろなイベントがあったのよ。クラスでもありました。中等部の三年間はE組で、仲良しがみんな一緒でしょ。それで、私がクラス委員をやっていたから、クラス会を企画するの。自分たちの教室で、歌を歌うだけですけどね。中学一年と二年は、シゲちゃんとユッコちゃんと私の三人で、教壇に立って、三人で合唱しました。でも、三年のときは、シゲちゃんだけに、ソロでやってもらったんですよ。もう、シゲちゃんは、その時点でプロ歌手の実力でしたから」

三年E組の〝ステージ〟（教壇）に立ったシゲちゃんの歌は、今も目を閉《と》じるとありありと浮かんでくる、とキヨちゃんは言う。

当時の青山学院女子中等部の制服はグリーンの三本線と、グリーンのリボンがついた特徴的なセーラー服だ。シゲちゃんは、その姿で教壇に立って、歌いはじめた。

「もう、本当にすごかったの。それこそプロ歌手の人が歌うように両手を広げて、こう盛り上げて……五曲ぐらい歌ったと思いますが、『アゲイン』のようなポピュラーソングだったように記憶しています。とにかく、声量もすごかったし、みんなびっくりしました」

まさにプロ顔負けの歌唱力とパフォーマンスだった。聴いていた担任の女性教諭「小林先生」も、思わずこう唸った。

「(ここが)ステージじゃなくて、ごめんね」と。

兄から相談があったとき、すぐにシゲちゃんのことを思い浮かべたのは当然だっただろう。一緒に英語の勉強をし、一緒に合唱してきたキヨちゃんには、シゲちゃんの才能をなんとか花開かせてあげたいという思いが強かったのである。

しかし、肝心のペギー本人は、悩んだ。父の反対が予想されたからである。キヨちゃんが話を進める中、ペギーは両親に相談してみた。

案の定、父の反対は強烈だった。

「冗談もほどほどにしなさい。学生が、毛唐《けとう》のクラブで歌うとはなにごとか。みっともない。この間まで、日本はアメリカと戦っていたんだぞ。いくら戦争に負けたからといって、毛唐にペコペコするな。プライドを持ちなさい。絶対に許さん！」

それは、想像をはるかに超える怒りだった。無理もない。祖父(父の父)は、広島原爆で非業の死を遂げたのである。その米軍で娘が歌を歌うことなど、父には我慢がならなかったのだ。

しかし、ペギーはあきらめなかった。

母がいたからである。母・郁子は、既述のように宝塚の大ファンであり、若い頃、秘かに音楽の道を志したこともある。

自分の気持ちを訴えれば、味方になってくれる——ペギーは、そう思った。

「そんなにあなたが歌ってみたいなら、一度だけやってみたらどうかしら。パパにはうまく話しておくから。でも、学校をそのために休んだりするのは、絶対にダメですからね」

母のその言葉がなかったら、「歌手・ペギー葉山」は、誕生しなかったに違いない。

こうして運命に導かれるように、「偶然」と「出会い」、そして「家族の支え」が、ペギーを時代の先頭に引っ張り上げていくのである。

ペギーはこう回想する。

「父の反対は、すごかったです。父には、やっぱり、原爆のことがありますからね。アメリカなんて！　ということでね。でも、母が、私に歌うことを許してくれたんです。父も、結局、母の言うことにしぶしぶ……。両親は、私が米軍のキャンプのクラブで歌うようになってから、毎晩、東中野の駅まで迎えに来てくれました。学校に行きながらのことですからね。いつも夜、両親が東中野駅の改札で待っててくれるんです。

土曜、日曜は大体、アメリカのクラブはサタデー・スペシャル・ショーとか、サンデー・スペシャル・ショーをやるんですよ。アメリカのクラブなんかで歌うと、ジープに乗って、兵隊が必ずうちへ来たがるのよ。でも、そういうのは、特殊な職業の女性に見られますでしょ。アメリカの兵隊がうちに出入りするなんていうのは、当時は、姉がお嫁に行く前だし、私もずいぶん気を使いました」

山のような宿題と試験勉強とを両立させながらのペギーの歌手生活はこうして始まった。

キヨちゃんは言う。

「だんだん忙しくなって、シゲちゃんは勉強をする時間もなくなっていったのね。私が、試験のときに答案が見えるように（注＝カンニングができるように）、そっと私の答案用紙をシゲちゃんのほうに寄せても、シゲちゃんは全然、それを見なかったのよ。がんばり屋さんだから、どんなに忙しくても、その合間をぬって、きちんと勉強もしていたの。それが、シゲちゃんなのね」

ちょうどファンのすそ野が広がり、世の中はジャズブームを迎えていた。東京では、ジャズのコンサート（通称「ジャズコン」）があちこちで開かれていた。若きペギーは、進駐軍だけでなく、そこでもジャズを歌い、次第に注目を集めていく。

ペギーは、日本最高のダンス・バンドと呼ばれた「スターダスターズ」を率いる日本ジャズ界の草分け・渡辺弘（テナーサックス奏者）と知り合い、さらに、めきめきと力をつけた。

この時代に知り合い、六十年以上のつき合いをしてきたのが、ピアニストの秋満義孝《あきみつよしたか》（八七）である。昭和四年生まれの秋満は、ペギーの四歳年上になる。

「当時は、ジャズコンがあちこちでありました。歌謡曲よりもジャズのほうが流行《はや》っていた時代ですよ」

ペギーのピアノ伴奏を長年にわたって務めた秋満はそう語る。「ペギー&秋満」のコンビは業界でも有名だ。

「（彼女は）スターダスターズで随分勉強したでしょう。スターダスターズの渡辺弘さんはしっかりして、ピシッとした方ですから、教育をしてもらったと思います。それから、ティーブ釜萢さん、この人は、かまやつひろしのお父さんで、ロサンゼルス出身の日系二世ですけれども、その方とスターダスターズで一緒に歌って、英語を教えてもらったり、歌を教えてもらったりしていましたね。ティーブさんは向こうの方ですから、フィーリングも、だいぶ影響を受けたと思います。あの頃は、マーサ三宅とか、ナンシー梅木とか、加藤礼子とか、彼女以外にもいろいろいましたからね。若くても（ペギーは）実力派でしたよ」

やがて、キングレコードの敏腕ディレクター牧野剛《まきのつよし》の目に留まったペギーは、昭和二十七年九月、キングレコード専属歌手として『DOMINO』でデビューした。満十八歳の時のことだった。

なんといってもペギーの魅力は、都会的で、上品で、知性のある、甘いフィーリングにあった。

「ペギー葉山」という名前の放つ独特の響きと、誰とも比べようのないすばらしい歌唱力で、若きジャズ歌手は人気を勝ち取っていったのである。特に、耳の肥《こ》えたコアなファンたちの間で、ペギーの評価は高かった。

プロのファンから一般のファンへと、着実にファン層を広げるペギーの日々は、ますます忙しさを増していった。

学業も怠ることのなかったペギーだが、大学進学ではなく、プロ歌手の道を歩むことを家族も全力で応援した。

独特のアルトで、その甘いムードを醸し出すペギーに、注目するひとりの男がいた。

NHKの音楽プロデューサー、妻城《つまき》良夫《よしお》である。

妻城を抜きにして、『南国土佐を後にして』とペギー葉山のストーリーは語れない。

彼の執念がなければ、『南国土佐を後にして』のペギー葉山は、この世に「存在しなかった」からだ。

ペギーは、デビューして三年目の昭和二十九年から毎年、NHK紅白歌合戦に出場し、ジャズ歌手として、押しも押されもせぬ地位を築いていた。

まさに、才能の花を開かせていた二十五歳のペギー葉山のもとに、やがて、運命の『南国土佐を後にして』の話が舞い込んでくる。

その前に、この話に欠かすことができない〝波瀾万丈〟の人生をおくってきた音楽プロデューサー「妻城良夫」について、触れなければなるまい。

第十一章　異色の音楽プロデューサー

「声楽家」志望の少年

明治四十五年五月、大分市の竹田という地で、日本の歌謡界に大きな影響を及ぼすことになる人物が生を享《う》けた。

のちのＮＨＫの音楽プロデューサー妻城良夫である。

姉と弟の二人きょうだいとして生まれた妻城は、懸命に「学校の先生」になることを目指した少年だった。

地元の竹田高等小学校に通っていた妻城は、早くに母を亡くしている。その母が、

「あなたには学校の先生になって欲しい」

そんな言葉を遺《のこ》して逝《い》ったことから、妻城少年は、亡き母との約束を守ることこそが自分の使命だと思っていた。

だが、学校の先生になるためには、難関の大分師範学校に入学しなければならない。大分師範の入学試験突破は、容易なことではなかった。

（なんとしても大分師範へ）

それが、妻城少年の悲願だった。

一方で、幼い頃から音楽好きの妻城少年は、ただ歌を歌うだけでなく、音楽書まで読みあさるような子供でもあった。

昭和二年晩秋、十五歳となった妻城に、生涯、忘れることができない出来事があった。大分市に世界的な声楽家「藤原義江《よしえ》」が来ることになったのである。

テナー歌手、藤原義江――。

妻城少年にとって、それは信じがたいことだった。

音楽が好きな人間にとって、藤原義江という名前は独特の響きを持っていた。〝われらのテナー〟藤原は、世界的なオペラ歌手であり、のちに藤原歌劇団を主宰《しゅさい》して、日本に「歌劇」という文化を定着させる大スターである。

藤原義江の声を、じかに自分の耳で聴きたい。それは、音楽が好きで好きでたまらない妻城少年にとって、興奮をおさえようがないほどの出来事だったのだ。

奔走《ほんそう》の末、やっと一枚のチケットを入手した妻城少年は、大分市公会堂で開かれたコンサートの観客の一人となった。

藤原の声は、十五歳の妻城を一瞬で虜にした。

軽く、高く、そして柔らかいのに、それでいて地面をふるわせるような迫力と声量。

一曲歌い終えるたびに、藤原独特の逞《たくま》しい歌声に酔い痴《し》れて、公会堂全体が感動の拍手に包み込まれた。

生まれて初めて聴いた世界的声楽家の肉声は、妻城少年が言葉で表現することなどできないほど崇高なものだった。

声だけではない。ステージに立つ藤原の姿は素晴らしかった。神々《こうごう》しいという言葉でさえも、まだふさわしくない。妻城少年には、それほどの衝撃だった。

スコットランド人の父と日本人の母を持つ藤原の堂々とした姿は、エキゾチックで、なんとも言えぬオーラを発していたのだ。

（すばらしい。これこそが芸術だ）

翌年に師範学校の入学試験を控えていた妻城は、完全に藤原に、そして、声楽家という職業に魅せられてしまったのである。

妻城は、晩年、『歌に憑《つか》れた或《あ》る教師の軌跡』と題して、自らの生涯を振り返る手記を残している。そこには、藤原義江に魅了されたときのようすがこう書かれている。

〈満場の聴衆粛《しゅく》として深山《しんざん》の様な静寂さ。一声一語を聞き逃すまいと、その歌唱に耳を傾けた。一曲終《おわ》る毎に万雷の拍手が堂を圧した。

彼（注＝妻城自身のこと）はその神秘的な歌声に感動し、陶酔《とうすい》し魅了されてしまった。そして人間の歌声一つがこんなにも強烈な感動を人に与える魔力を持っている事を初めて知った。それ以来「俺もあの様な声楽家になりたいナ」という憧れを抱くようになっ

た〉

亡き母との約束を守って、翌年、無事に難関・大分師範学校入学を果たす妻城にとって、「声楽家への道」は、心の底に秘めた憧れとなった。

それでもやはり、妻城少年の学校生活は音楽抜きではありえなかった。

毎日、放課後は、市内にあった楽器店に入り浸《びた》り、藤原義江やカルソーなどのレコードを聴き、ものまねに励んだ。学校でも、屋上に上がっては、「鉾《ほこ》をおさめて」や「出《で》船《ふね》の港」あるいは、「荒城の月」といった藤原の持ち歌を歌う日々がつづいた。

カラスの鳴かない日はあっても、妻城の声が聴こえない日はない――。

先生も、友だちも、歌が大好きな妻城のことを、そんなふうに温かく見ていた。

大分師範学校の公開音楽会では、藤原が立った同じ大分公会堂が使われることになっていた。もちろん、そのステージに登るために妻城は、ますます猛練習を自分に課した。

そして、実際に妻城は、そのステージで歌を披露することになるのである。

「へえー」

声量あふれる妻城の歌声が大分公会堂に響きはじめたとき、生徒の間から、そんな溜息とも、うめきともとれる声が洩れた。それほど妻城の歌声は迫力があり、見事だったのである。

妻城は、歌いながら満足感に浸っていた。ついに、俺はこの場に立った、と。そして、妻城のステージへの憧れはさらに強くなっていく。

勉学も忘れなかった妻城は、昭和八年四月、大分師範学校卒業と同時に大分県北海部《かいふ》郡大志生木《おおじゅうき》小学校の訓導《くんどう》（教員）に任ぜられることになる。亡き母との約束を妻城は果たしたのである。

師範学校卒業生は、兵役法によって短期現役兵として兵役義務を五か月間だけおこなえば済《す》むことになっていた。国の力となるべき教育者は、なにより重んじられていたからである。

赴任前の五か月間、大分・歩兵第四十七連隊で軍務についた妻城は、同年九月から晴れて小学校の先生となった。

子供たちの間に入って共に笑うこの若き先生は、しかし、「声楽家への道」をあきらめてはいなかった。

亡き母との約束は、無事、果たした。だが、あの藤原義江の歌声もまた、妻城の頭から離れることはなかったのだ。一度、上京して自分の歌を声楽家にテストしてもらいたい。その思いは、妻城の心にしっかり植えつけられていた。

あきらめかけた夢

チャンスが訪れたのは、最初の学校から佐賀関《さがのせき》尋常高等小学校に転任した年のことだ。

小学校の先生になって三年目。しかも、二番目の学校である。二十四歳となった妻城は、機会があったら、その希望を「試してみたい」と思った。

「ダメなら、きっぱりとあきらめよう」

と。妻城が上京を果たしたのは、昭和十一年の夏休みのことだ。

音楽を通じて交遊を深めていた大分市代官町の開業医が、東京の「日本ポリドールレコード」の社長、阿南正茂《あなみまさしげ》を紹介してくれたのだ。

阿南は、同じ大分市竹田の生まれだ。故郷を共有する阿南を頼って、妻城は、一世一代の勝負をかけてみることにした。汽車を乗り継ぎ、およそ二十三時間もかけて、初めて大分から東京へと出てきたのである。

帝都東京は、妻城を圧倒した。

なにからなにまで東京は、新しかった。しかも、そこに伝統と歴史の重みが刻みこまれている。初めて触れる浅草や上野といった躍動する芸術、芸能の世界が妻城にはまぶしく見えた。

東京は、すごいところだ。妻城は、東京を歩きながら、全身の細胞が躍り出すような感覚を味わっていた。

阿南社長は気さくな人物だった。昭和二年に日本ポリドール蓄音器《ちくおんき》商会を設立し、ドンとして君臨する経営者だ。声楽家を目指して田舎から出てきた青年の面倒も見てくれた。

妻城の話をじっくり聞いてくれた阿南は、日本人歌手として初めて国際コンクールで優勝した声楽家・奥田良三を紹介してくれたのだ。

幸運にも妻城は、ついに専門家に自分の歌を「聴いてもらう」チャンスを得たのである。

奥田の自宅を訪ねて、妻城は〝テスト〟に挑んだ。

のちに妻城は、「身体中の空気が抜けていくような衝撃を感じていた」と、そのときの緊張ぶりを語っている。

最初に発声音域をテストした後、妻城は、奥田の前で三曲、歌わせてもらった。『荒城の月』『鉾をおさめて』『オー・ソレ・ミオ』だった。

いずれも得意の歌だった。

もともと「ダメなら、きっぱりとあきらめよう」という思いで出てきた東京だ。そして、奥田良三という大歌手に自分の歌を聴いてもらえる。考えてみたら、これほどの幸せが、そうあるだろうか。

そのこと自体が、妻城はうれしかった。緊張と興奮に包まれた中での独唱は、あっという間に終わった。

「いいノドを持っているね」

歌い終わってソファに座った妻城に、奥田はそう声をかけてくれた。

「日本人には珍しい実に甘いテノールです。いま何歳ですか」

妻城の耳に「日本人には珍しい実に甘いテノール」という言葉が響いた。

ああ、専門家に初めて自分の歌を聴いてもらえた。そのことが実感でき、なんともうれしく誇らしかったのだ。

「はい、二十四歳です」

「ずっと、自分ひとりで勉強して来たの？」

「はい」

雲の上を歩いているような思いで、妻城はやりとりをした。

やがて、奥田は、こんなことを言った。

「これは、老婆心《ろうばしん》から君にお話しするのですが、声楽家の道は決して容易ではないのです」

柔らかい表情は変わらないものの、やや、真剣な面持《おもも》ちで、奥田はこうつづけた。

「これから、自己流の勉強を捨てて、正規の基礎練習をやるとしても、二、三年はかかるでしょう。そして、一人前の声楽家としてステージに立つようになるには、さらに勉強し、また海外に留学して研鑽《けんさん》することも必要となりましょう。これから大変な努力と忍耐と、また、それには、多くの時間と資金が必要です」

妻城は、「はい、はい」と応えながら、奥田の言葉を追っていた。奥田は、そこでひと呼吸おくと、こう言った。

「華やかなステージばかりを夢見てはダメですよ。今回は、ひとまず帰郷されて、その点をじっくり考えてみてはいかがですか」

慈父《じふ》のような柔らかい笑顔で、奥田はそう語ったのだ。

ああ、だめか――。

妻城は悟った。声楽家の道は、そんなたやすいものではない。それは、わかっていた。

だが、具体的にどう難しいのか、そこが理解できていなかった。

正規の基礎練習、海外への留学と研鑽、多くの時間と資金が必要――奥田の言葉は、具体性をもって妻城にその困難さを伝えていた。

妻城は、全身から力が抜けていくのを感じた。

ああ、やっぱりだめか。頭の中をそのことがぐるぐるまわっていた。

(芸術の世界は、ただ素質だけではだめなんだ。基礎から順々に組み立てていく。それがあってこそ、初めて花開くものなんだ。そして、そのためには、多くの時間と資金が必要なんだ。地方の小学校の一教師が目指せるものではなかった……)

そのことを妻城は思い知らされたのである。

優しい奥田良三の表情と、厳しい声楽家の現実。それは、大分から出てきた小学校の教師にとって、生涯忘れられない経験となった。

妻城は、心からのお礼を告げて、奥田邸を辞した。

長年の悲願が夢で終わった現実、しかし、その可能性にかけて上京してまで挑んだ歌のテスト。悔いはない。もう悔いはないではないか――。

妻城は、自問自答しながら、大分・佐賀関に帰っていった。胸の中に空虚感がなかったかといえば、嘘になるだろう。しかし、同時に、ある種の安らぎが心を満たしてくれていたのも事実だった。

だが、佐賀関に帰って、一小学校教師として教鞭を執る妻城に、思いもよらない知らせが入ってきた。

東京で面倒を見てくれたポリドールの阿南社長から、「せっかくだから、わが社で働いてみないか」という手紙が届いたのだ。

もし、よかったら、声楽の勉強もしてみませんか。

阿南の手紙には、そんなことも書かれていた。一度はあきらめた声楽家の道。しかし、その勉強もしながら、うちで働いてみなさい、というありがたい誘いだった。

妻城は悩んだ。教師というのは、亡き母との約束の職業だ。その夢は実現し、こうして毎日、日本の将来を担う子供たちを教えている。日々、新しい発見があり、同時に、子供たちから教えられることも多かった。

教師に対する人々の尊敬も厚く、このまま教員生活を送ることに何のためらいもなかった。

しかし、阿南社長の申し出は、それ以上のインパクトで妻城の心を揺さぶった。なにより声楽家の道をあきらめず、その夢を追いつづけられるのである。悩みに悩んだ末、妻城は、決意する。昭和十一年秋のことである。

帝都東京へ――。

こうして、のちに多くのヒット曲を生み出すＮＨＫの名物プロデューサー誕生の道が開かれたのである。

戦争と過酷な捕虜生活

次第に戦時色に包まれていく帝都東京。そのなかで、妻城は忙しい毎日をおくっていた。

日本ポリドールレコードの社員として働く一方、阿南社長のはからいで、東洋音楽学校の関種子《せきたねこ》教授に師事し、声楽の本格的な勉強を始めたのである。

だが、昭和十二年七月、盧溝橋事件が発生して日中全面戦争が始まり、多くの兵が出征していくようになる。

昭和十三年五月には、国家総動員法が施行された。総力戦遂行のために、国家のすべての人的・物的資源を政府が統制運用できるという総動員体制の完成である。泥沼化する中国戦線は、日本をそこまで追い込んでいた。

妻城の生活も、声楽家になるためのレッスンをつづけることは、次第に不可能になっていた。

昭和十四年、ノモンハン事件が起こった四か月後、ついにヨーロッパでは、ドイツ軍がポーランドに侵攻し、第二次世界大戦が始まった。世界動乱の時代への突入だった。

そして、昭和十六年十二月八日、日本軍のハワイ・真珠湾攻撃によって、米英との太平洋戦争が勃発したのである。

すでに大分の教員時代に結婚していた妻城は、このとき女ばかり四人の子供がいた。しかし、家族そろっての平穏な日々を送ることができる者は、この時代に存在しない。国家総動員時代である。日本ポリドールレコードにも、国家への貢献が求められた。

同社が貢献できることは何か。それは、所属歌手や関係の深い歌手たちを連れて戦地に赴き、戦いで疲れ切った兵たちを慰問することである。

短期現役兵としてすでに軍務を経験していた妻城は、会社から南方での軍への慰問の仕事を命じられる。妻城の戦後生まれの長男、英治郎（七〇）によれば、

「父は、ポリドールに入社して、戦争が始まってからは、戦地慰問する歌手たちを手配し、世話をする仕事をやっているんです。そういう役割で、シンガポールに行きました。そこであちこちに行っています」

南方各地を転々としながら仕事に励んだ妻城だったが、次第に内地と南方との航路がままならなくなる。昭和十八年から十九年にかけて、もう内地との安全な航行はできなくなっていた。

無敵を誇った日本軍も、連合国軍の反撃で、次第に追い詰められていく。

昭和二十年になると、シンガポールで勤務していた日本人は、次々と現地召集されて

いった。その頃、満洲をはじめ、各地で恐れられた「根こそぎ動員」の対象とされたのである。

妻城も例外ではなかった。全マレー半島の防衛を任務として、昭和十九年一月に編成されていた第七方面軍の第二十九軍に、現地にいた邦人が続々と召集されていったのだ。まもなく三十二歳となる妻城は、短期現役兵として軍務に就いて以来、実に十一年ぶりに日本陸軍の一員となったのである。

しかし、妻城は一発の銃弾を撃つこともないまま、マレー半島中西部にあるマレーシアのペラ州タイピンで終戦を迎えた。

南方で多くの日本の若者が命を落とす中で、妻城は幸いに命だけは永らえた。大分師範学校時代の仲間が数多く戦死したことを考えると、妻城は、「運が強かった」というべきだろう。

ところが、妻城の生死を分けた戦いは、むしろそこから本格化したと言える。戦争が終わりを迎えてから、過酷な捕虜生活が妻城には待ち受けていたのである。

マレーシアの無人島・レンバン。それは、南方で捕虜生活をおくった人間には、背筋が寒くなるほどの恐怖の島として、のちのち語られることになる地だった。

妻城は、ここで苛烈な生存競争を生き抜いている。

飢餓の島・レンバン

レンバン島とは、どんな島だったのか。

クアラルンプールからシンガポール、そこから船で南へ。赤道直下のレンバン島は無人島である。七万人の日本人捕虜たちは、自分たちの力で兵舎を建て、さらには、食料も自給するよう強《し》いられた。

第一次大戦時、敗れたドイツ軍の捕虜およそ二千人が捕虜生活をおくった際、飢餓とマラリアで全員が死に絶えた――どこから聞きつけてきたのか、日本軍の捕虜の間に、そんな真偽不明の噂がたちまち広まった。

レンバンは「死の島」だ。人間が生き残るのはむつかしい。生きるためには、あらゆる生きものを食べなければならなかった。ネズミや蛇、トカゲが見つかれば大変なご馳走だった。

サソリやムカデ、果ては、ナメクジまで貴重なカロリーとなった。植物も、食べることができる野草は取り尽くされていった。

同じ大分県出身で、レンバン島で妻城たちと共に捕虜生活をおくった羽田野《はたの》正義という兵が、『軍人軍属短期在職者が語り継ぐ労苦5』（平和祈念事業特別基金発行）に〈南方抑留レンバン島〉と題して、こんな手記を残している。

〈みな真剣になって栄養カロリーの取れる魚、野草、海草などを集めるのに苦労した。魚取りではオコゼに刺され一晩中うめいていた下士官もいた。暑いから日に三回マンデー（水浴）に行く。フンドシを広げてメダカをすくいとる。

メダカすら　何カロリーと　すくいとり
トカゲすら　蒲焼《かばや》きにする　レンバン島

カロリー、カロリーで明け暮れているうち、ほとんど全員栄養失調となり、少しの坂でも何回も立ち止まらなければ登れない。杖《つえ》をつかねば歩けない。杖を二本つかねば歩けない寝たきり兵隊も多くなった。栄養失調は恐ろしい。顔や足がふくれてくる。力が出ない。昭和二十年十一月十三日レンバン島にながされ、十二月、一月、二月〜三月は最も危険な状態になった〉

やがて捕虜たちの命が極めて危険な状態に陥ったことを知ったイギリス軍は、島に支給品を送りこんできた。粗末なものではあったが、捕虜たちはそれを分け合い、餓死を防いだ。

「なんとしても、内地の土を踏む」

「生きて、家族の顔を見たい」

妻城ら抑留兵を支えていたのは、その執念だけだった。地獄のような日々を生き抜いた彼らが、日本へ向かう引き揚げ船に乗り込むことができたのは、昭和二十一年六月のことだ。

しかし、骨と皮だけになった捕虜たちに最後の試練が待っていた。寝たきりの病人以外は、すべて船に「自力で」乗り込まなければならないことだ。船首にかけられた縄はしごを使って、自分の力でそれを登らねばならなかったのだ。餓死寸前なのだから無理もない。腕で自分の身体を支えることができず、縄はしごから落下する者が相次いだ。

比較的元気な者が、上から手を差し伸べ、あるいは、下から腰を押して、ひとり、またひとりと船上に這《は》い上がった。妻城も、体力はとっくに限界に達していた。しかし、親や妻子への想いが、妻城を船上にかろうじて導いた。

生と死の境を彷徨った妻城は、戦争の愚かさ、過酷さを骨の髄まで知る男となった。

妻城の長男、英治郎はこう語る。

「とにかく食べ物がなくて、川の底をさらったり、ネズミや蛇を捕まえて、なんとか生き抜いたという話を聞いたことがあります。大変だった、という話は、よく聞かされました。復員後は、どんなことがあったのか知りませんが、父は、やはり音楽がらみの仕事で、熊本県庁に勤めているんです。

九州地方に埋もれている子守歌とか、そういったものを発掘して、それを採譜して残すという仕事です。熊本に伝わっている子守歌が多かったようですが、その一つが『島原の子守唄』なんです。あれは一番しか知られていなかったものを、二番、三番と詩をつけてレコーディングしています。そういう仕事をしていた父が、その後、NHKに転職するわけです。父には、岡城仲幸《おかしろのぶゆき》とか、妻城光男《つまきみつお》とか、作詞家としての名前もあったんですよ」

変わり種プロデューサーの誕生

妻城がNHK芸能部に入ったのは、昭和二十年代の後半のことだ。

その頃の妻城について、元NHKの音楽プロデューサー、渡邉秀彦《わたなべひでひこ》（八八）はこう語る。渡邉は、昭和二十四年にNHKに入局し、妻城より十六歳年下だが、すでに第一線でばりばり活躍していた。

「妻城さんがNHKに入ってきたのは、テレビが始まる前ですよ。テレビを始めるということで、その準備のときに、音楽を担当する人たちが何人か入ってきたんです。そのなかの一人が妻城さんです。僕はラジオ音楽部にいたんだけど、そこにテレビ音楽部というのができたんですよ。ラジオ音楽部は、僕を含めて、十人ほどディレクターがいました。テレビ音楽部も、やっぱり十人ぐらいだと思います。当時は、〝ディレクター〟

と言っていたからね。みんなディレクターですよ。音大を出ている人もいるし、出ていない人もいましたね」

ラジオ音楽部とテレビ音楽部は同じ部屋に同居していた。大部屋のなかで、テレビ放送開始に向けて、慌ただしさが日に日に増していた。

「同じ仕事をしているんだが、私は主にラジオ音楽をやり、妻城さんはテレビ音楽だったからね。妻城さんは、すぐに実力を発揮してきましたよ。『歌の広場』というのができてね。妻城さんはこれを担当していました。でも、最初はまだラジオが中心の時代でしたからね。お互いライバルでもないけど、それぞれが独立して仕事をしていました。妻城さんはおとなしい方でね。素人でしたけど音楽が好きな人でしたね。妻城さんは私よりかなり年が上だけれども、私の方が古くからいますから、私のことを〝渡邉さん〟と呼んでいました。私も〝妻城さん〟と呼びました。それぞれ別の担当ですから、お互いのことは、わからないんですよ」

渡邉には、「音大出身」ではない妻城のことが、音楽の「素人」と映っていたようだ。しかし、戦争によって中断したものの、妻城は、声楽家を目指して音大の教授に師事して、レッスンをつづけてきた人物である。まさに異色の音楽プロデューサー（ディレクター）と言えるだろう。

小学校の先生であると同時に、声楽家を志望した青春の日々、軍隊の慰問に力を尽くしたレコード会社の社員時代、飢餓の島で生き抜いた生命力、そして、戦後、地方に伝わる歌を採譜して、後世に残す仕事をおこなった熊本県庁職員時代……その時々に異なる「顔」を持つ妻城は、いよいよテレビ時代の幕開けを告げる時期、ＮＨＫの音楽プロデューサーとして、頭角を現わしてくるのである。

妻城に声楽家を目指した過去があることを知る人間は、ＮＨＫには、いなかった。だが、極めて専門的な知識と感覚、そして実際の歌唱力を持つ妻城は、押しも押されもせぬ名物プロデューサーとなっていくのである。

息子の英治郎はこう語る。

「東京に初めて出てきたときは目黒が住まいだったんですよ。でも、そのＮＨＫの社宅がすごく狭かったんで、新しくできた信濃町の社宅に替えてもらったんです。ここに親父が深夜、よくＮＨＫの同僚や部下を連れてきました。酒は、いける口でしたからね。特に日本酒が好きだったですね。部下を連れてきて、親父が、家でどんちゃんやってたのを覚えています。仕事も楽しかったんじゃないでしょうか」

声楽家を志した青年は、その道こそ実らなかったものの、異なるかたちで、夢を実現したことになる。やがてテレビ草創期を迎えたＮＨＫは、看板歌番組『歌の広場』のプロデュースを妻城に任せたのである。

昭和三十三年夏、ＮＨＫ高知放送局の開局記念番組として『私の秘密』と『歌の広場』が高知で公開放送されることが決まった。ＮＨＫが各地方の開局ラッシュを迎えていた只中でのことだ。両番組の司会は、高橋圭三である。

「事実は小説より奇なりと申しまして、世の中には変わった、珍しい、あるいは貴重な経験や体験をお持ちの方が沢山いらっしゃいます」

高橋が発する冒頭のこの決まり文句で一世を風靡《ふうび》する『私の秘密』は、一般の人が登場し、その人が持つ特技や趣味、あるいは自慢などを著名人の解答者が質問を通じて絞り込み、当てていく番組だ。

高橋の軽妙な話し方と、解答者となった著名人たちのトークが売りもののこの番組は、昭和三十年から四十二年まで丸十二年間つづいたテレビ草創期を彩《いろど》る〝長寿番組〟だった。これに引きつづいて『歌の広場』があった。

わずか一分で番組は、『私の秘密』から『歌の広場』に移るのだが、スタッフの迅速《じんそく》な働きでステージ上のセットがあっという間に変わっていくのも、観客の楽しみだった。

カメラは、その間、観客席だけを映し、次にアングルが切り替わったときには、セットも出演者も『歌の広場』に変わっているという仕組みだ。ただ、司会の高橋圭三だけは変わらず、軽妙なしゃべりが視聴者の心を捉えていた。

この人気番組が地方にやってくるのだから、それぞれの土地で大変な人気を博し、チケットを入手するのもなかなか難しかった。

差し出されたレコード

この年の暮れに高知で公開放送されるという日程が決まったとき、担当プロデューサーの一人、妻城は、さっそく高知に出張し、NHK高知放送局長、長倉男士《ながくらたかし》と会っている。

開局記念番組には、その地方のご当地ソングが歌われるのが理想だ。なんといっても会場が盛り上がり、熱気がブラウン管を通じて全国に伝わるからである。

(高知には、どんな曲があるのか……)

妻城は、最初から番組の成否は、その曲次第であると踏んでいた。

もちろんいい曲なら、大変な反響を呼ぶだろうし、そうでなければ逆の結果を生むだろう。高知には、ちょうど四年前の昭和二十九年から始まった「よさこい祭り」があった。

まず、そこで歌われる「よさこい鳴子踊り」を検討したが、それは踊るには適していても、歌謡曲としてはなんとも不自然だった。

そこへ、地元のNHKのスタッフが二枚のレコードを提示した。

いずれも『南国土佐を後にして』というレコードだが、歌い手が異なっていた。

日本マーキュリーから出ているレコードの歌い手は、丘京子。そしてテイチクレコードから出ているレコードは、鈴木三重子によるものだった。

（これは、民謡か？　『よさこい鳴子踊り』のようなものか）

判断のつきかねた妻城は、さっそく二枚のレコードを聴かせてもらった。

「これは、もともと戦争中に中国で戦っていた兵士たちがつくったものなんですよ」

長倉放送局長は、そんな〝情報〟を妻城に伝えた。

「そうなんですか……」

そんないわれのある歌なのか、と妻城は思った。

戦争末期、マレー半島で軍務に就き、飢餓の島からかろうじて帰還を果たした妻城である。地元の歌であり、同時に戦争にも関係している曲なら、条件としては悪くない。

妻城の関心は強くなった。

二枚とも、こぶしがきいた民謡調で歌われていた。「民謡」という表現がおかしいなら、ねっとりと歌い上げる「演歌」風と表現すればいいだろうか。

（…………）

じっと目を瞑《つむ》って聴き入る妻城。高知のNHKスタッフには、妻城の心のうちはわからない。しかし、なにか、頷《うなず》きながら聴き入る妻城の姿のうちには、深い思念が浮かびあがっているようだった。

どれだけ時間が経っただろうか。妻城は、ゆっくり目をあけると、口を開いた。

「わかりました。これでいきましょう」

即決だった。しかし妻城がこのとき、まさか、「ジャズ歌手」であるペギー葉山を頭に浮かべ、彼女に歌わせるつもりで「決定した」ことなど、誰が想像できただろうか。

(これは、ペギー葉山だ。あのアルトで歌えば、素晴らしい曲になる……)

その判断は、まさに妻城ならではのものだった。

かつて声楽家を目指した妻城には、この曲が演歌調で映えるものなのか、それとも、別のアレンジで生きるものなのか、そのことを一瞬で見分ける力があった。

しかし、素人には、そんなことがわかるはずもなかった。

(ペギーのアルトだ)

妻城には、もう、ペギー葉山しか頭になかった。

妻城が『南国土佐を後にして』と出会い、即座にペギー葉山に結びつけたことで、日本の歌謡史に大きな一ページが記されることになる。

だが、そのペギー葉山が、実際に高知で『南国土佐を後にして』を歌うまでには、難関が立ちはだかり、紆余曲折が待っていることを、当の妻城にも予想できなかったに違いない。

第十二章　開花した「南国土佐」

民謡調のレコード

「なにこれ？」

目の前のテーブルに置かれたレコードの表紙を見た途端、ペギー葉山は、思わずそう声を発していた。

昭和三十三年初秋、『旋風家族《せんぷうかぞく》』という東映映画の撮影の合間でのことである。

ペギーの女性マネージャーが十二月八日にＮＨＫ高知放送局の開局記念番組『歌の広場』で歌う曲をペギーの控室に持ってきたのだ。

「せっかく高知で歌うんだから、ＮＨＫは、地元の人に喜んでもらえるような曲を歌ってほしいんですって」

レコードには、歌手の鈴木三重子が高島田《たかしまだ》に結《ゆ》い上げた芸者姿の写真とともに、『南国土佐を後にして』という題名が入っていた。

「あらいやだ。これ、民謡よね。私、ジャズばっかり歌ってきたんだから、歌謡曲は歌えないわよ。なぜ、断わってくれなかったの?」

映画の撮影の出番まで長く待たされ、少々、ご機嫌が斜めになっていたのかもしれない。ペギーは、思わず詰問調になっていた。

六年前のデビュー以来、ジャズ歌手として名を上げていたペギーは、この年、大阪労音のリサイタルで一人ミュージカル『あなたのためにうたう! ジョニー』を成功させ、乗りに乗っていた。

そんなときに、芸者姿が似合う民謡調の歌は、自分にふさわしいはずがない。そう思ったペギーは、次には、黙りこくってしまった。

「お断わりするにしても、一度はレコードを聴いてみて」

女性マネージャーは、食い下がった。彼女は、このレコードを持って頼みにきたNHKの『歌の広場』の妻城良夫プロデューサーの熱心さに感心していたのだ。

「この曲は、絶対にペギーさんに合います。彼女のアルトでこれを歌えば、ものすごい反響を呼びますよ。私が約束します」

妻城は、この曲をペギーに歌ってほしい理由をそう説明してくれたのだ。

「彼女のアルトで歌えば……」

妻城のその言葉と確信をもった表情に、マネージャーは、「わかりました」と返事をして、レコードを預かったのである。

アルトとは、女性の声域(声種)の中で、低い声を表わす。高い順に表わせば、ソプラノ、メゾソプラノ、そして、アルトとなる。

ペギーの魅力は、この低いアルトにあり、もともと、女性アルト歌手の数は少ないだけに、ペギーは貴重な存在だった。

妻城には、ペギーのアルトによって表現される『南国土佐を後にして』がいかに人々の心を捉えるか、手に取るようにわかっていた。

妻城に熱心に勧められたマネージャーは、渡されたレコードを聴きもしないで「返す」わけにはいかなかったのだ。

「わかりました」

ペギーは、聴いても結論は変わらないわよ、と心の中で呟きながら、レコードをバッグに収めた。

夜、帰宅したペギーは、レコード盤をプレーヤーにかけてみた。

フルートの前奏につづいて、こぶしのきいた鈴木三重子の高音の歌声が流れ出した。

まさに民謡調の歌である。

(私には、とても無理……)

ワンコーラスも聴き終わらないうちに、ペギーはプレーヤーの針をレコード盤から外した。

ジャズを中心に歌ってきた自分のイメージと、あまりにもかけ離れていた。ペギーの感想は、その一点に尽きていた。

もし、これを歌ったら、今まで自分の歌を聴いてきてくれたファンに申し訳ない。ペギーの頭に当惑したファンの顔が思い浮かんだ。

（きちんと断わってもらわなきゃ……）

ペギーの気持ちは固まった。数日後、女性マネージャーからは、

「もうお断わりしたから大丈夫。高知では、『ケ・セラ・セラ』を歌うことになりましたから」

そんな報告も入った。これで、ひと安心である。

しかし、それから一週間も経たないある日、ジャズ番組の収録にＮＨＫに行ったペギーは、妻城プロデューサーと遭遇する。

「せっかくの歌をお断わりして申し訳ありません」

妻城の顔を見たペギーは、先にそう切り出した。妻城は、ペギーより二十一歳も年上だ。しかも、ＮＨＫの看板番組である『歌の広場』のプロデューサーである。せっかくの申し出に添えなかったことへのお詫びが真っ先に口から出たのである。

だが、妻城は意外なことを言った。

「いや、僕はどうしてもあきらめられないんですよ」

「えっ？」

今度は、ペギーが驚いた。もう、決着がついた話ではなかったのか、と。

当惑するペギーを前に、妻城はこう語った。

「実は、『歌の広場』の準備のために、高知に下見に行ってきたんですよ。そこで、放送局長と〝高知の香り豊かな曲を番組に組み入れたい〟という話をしたわけです。そこで出た曲がこれなんです」

驚きと困惑が入り混じった表情を浮かべるペギーを前にして、妻城はこうつづけた。

「地元の音楽家が、このレコードを自費出版していましてね。聴いた瞬間に僕は、ペギーさん、あなたの顔が浮かんだんですよ。だから、もう一度、お願いに来たんです」

なぜこんな民謡調の歌で、自分の顔が浮かばなければいけないのか。ペギーには、意味がわからない。それよりもここで会ったのは偶然ではなく、自分が収録に来るのをわざわざ妻城が「待っていた」ことに戸惑った。

「だって……私、あんな高音は出ないし、こぶしもまわりません」

ペギーは怯《ひる》まず、そう抵抗した。

しかし、妻城はあきらめない。

「こぶしは、全然、必要ありませんよ。そんな歌い方では、この曲のよさは出ません。ペギーさんに、ジャズのフィーリングで歌ってほしいんです」

ジャズのフィーリング？　ペギーはますます驚いた。

あの高島田を結った姿で歌うのがぴったりだと思った曲を、「ジャズのフィーリング」で歌ってほしいというのだから無理もない。

「こぶしをきかして歌ってもらうなら、最初からペギーさんにお願いはしませんよ」

妻城は、笑った。考えてみれば、それはそうだ。

こぶしをきかす民謡調が得意なプロ歌手はいくらでもいる。たしかに、なにも自分なんかに声をかける必要はない。

妻城は、こうつけ加えた。

「〝ペギー節〟ですよ。この歌をペギー節で歌ってほしいんです」

えっ？　あの民謡調の歌を「ペギー節」で歌う——想像もしなかった展開だった。

自信に満ちた妻城の顔がまっすぐ自分の目を見据《す》えていた。だがそれでも、ペギーには、自宅で聴いたあの曲が、自分にきちんと歌えるとは思えなかった。

（…………）

ペギーの困惑は、ますます広がった。

まだ妻城があきらめていないことは確かだった。しかし、自分は歌いたくない。さあ、どうすればいいのか。

ペギーは、困惑のなかにいた。別れ際、妻城は、こう言った。

「この歌は、絶対にペギーさんの新境地を開くと思いますよ。ペギーさんのアルトこそ、この歌を生かします」

確信を持った妻城の言葉が、ペギーの脳裡に残った。

「男の歌」から「女の歌」へ

『南国土佐を後にして』を歌うか、歌わないか。

NHKプロデューサーの妻城良夫とペギー葉山との攻防は、歴史に残るものとなっていく。

専門の音楽プロデューサーから見て「この曲はこの歌い手に」と考えるのは、最も大切な仕事のひとつであり、一方の歌い手から見れば、自分のイメージが変わってしまうような曲目や演出は、どうしても避けてもらわなければならない。プロであれば、それは譲《ゆず》れぬ一線である。

いうまでもなく、お互いが確信をもった「攻防」の場合は、決着がむつかしい。こうなると、最後は、執念が勝るほうに軍配が上がるのは世の常である。

妻城には、「それがペギー葉山自身のためになる」という揺るぎない自信があった。さらに、最後には、彼女が、自分の言っていることを理解してくれると信じていた。

妻城は、ペギーに歌ってもらうために、さまざまな工夫をおこなった。

最も大きかったのは、『南国土佐を後にして』の「歌詞を変える」ことである。

もともと、高知の鯨部隊、歩兵第二百三十六連隊の中で、故郷土佐を思って歌われ始めたものだ。当然、これは、兵士の歌、つまり、「男の歌」になる。

それを、音楽家・武政英策が、現代風に編詩したものが、それまでに二枚のレコードとなっていた。

ところが、同じ武政英策・編詩の作品なのに、丘京子が歌ったものと、鈴木三重子が歌ったものとでは、微妙に歌詞が異なっている。

昭和二十八年に出た丘京子の歌詞(上段)と、昭和三十年に出た鈴木三重子の歌詞(下段)は、比較してみると、こう違っている。

一．南国土佐を　後にして
都へ来てから　幾歳ぞ
思い出します　故郷の友が
門出に唄うた　よさこい節を
〽土佐の高知の
ハリマヤ橋で
坊さんかんざし　買うを見た

二．月の浜辺で　焚火を囲み
しばしの　娯楽の一時を
俺も自慢の　声張り上げて

一．南国土佐を　後にして
はるばる来てから　幾歳ぞ
思い出します　故郷の友が
門出に唄った　よさこい節よ
〽土佐の高知の
ハリマヤ橋で
坊さんかんざし　買うをみた

二．月のキャンプで　焚火を囲み
しばし憩いの　ひとゝきを
俺も自慢の　声はりあげて

唄うぞ土佐の　よさこい節を
〽みませ見せましょ
浦戸をあけて
月の名所は　桂浜

三、国の親爺が　室戸の沖で
鯨釣ったと　云う便り
僕も負けずに　励んだ後で
唄うよ土佐の　よさこい節を
〽云うたち　いかんちゃ
俺んくの池にゃ
潮吹く魚が　泳ぎよる
よさこいよさこい

唄うぞ土佐の　よさこい節を
〽見ませ見せましょ
浦戸をあけて
月の名所が　桂浜

三、郷土の親父が　室戸の沖で
鯨釣ったと　言う便り
僕も負けずに　働きながら
唄うよ土佐の　よさこい節よ
〽言うたち　いかんちゃ
おらんくの池にゃ
潮吹く魚が　泳ぎよる
よさこいよさこい

　妻城が気づいたのは、どちらの歌詞も、「俺も」や「国の親爺」「郷土の親父」、あるいは、「僕も」といった言葉でわかるように、「男の歌」だったことだ。

　丘京子と鈴木三重子という演歌や民謡調の歌い方を得意とする歌い手なら、「男歌」でも、まったく問題はない。

しかし、二十五歳のジャズ歌手、ペギー葉山に、このまま歌わせるわけにはいかない。妻城はそう考えた。

さっそく、妻城は、この歌詞にペギーが歌いやすいように手を入れた。まだ、ペギーの承諾が出ていない段階でのことである。だが、歌詞を変えなければ、どうしてもペギーのイメージに違和感が出てしまうと考えたのだ。

妻城は、前述のように「岡城伸幸」、あるいは「妻城光男」といったペンネームを持つ作詞家でもある。NHK内部でこそ、そのことは知られていないが、作詞家としての本能が、即座にその行動をとらせたのだ。

プロである妻城にとって、編詩に時間はかからなかった。

そして、それが結果的に今も歌い継がれる『南国土佐を後にして』となるのである。

一．南国土佐を　あとにして
　都へ来てから　幾歳ぞ
　思い出します　故郷の友が
　門出に歌った　よさこい節を
　　〽土佐の高知の
　　　はりまや橋で
　坊さんかんざし　買うをみた

二．月の浜辺で　焚火を囲み
　しばしの娯楽の　一時を
　わたしも自慢の　声張り上げて
　歌うよ土佐の　よさこい節を
　　〽みませ　みせましょ
　　　浦戸をあけて
　　月の名所は　桂浜

三．国の父さん　室戸の沖で
　くじら釣ったと　いう便り
　わたしも負けずに　励んだあとで
　歌うよ土佐の　よさこい節を
　　〽いうたち　いかんちゃ
　　　おらんくの池にゃ
　　潮吹く魚が　泳ぎよる
　　よさこい　よさこい

妻城は、「男の歌」を「女の歌」に変えた。それは、もとの中国戦線で鯨部隊によって歌われた『南国節』から、かなりの〝進歩〟と〝変化〟を遂げたものとなった。

編詩を仕上げた妻城は、ペギーがまた出演のためにNHKにやって来るのを待った。いや、「待ち伏せした」と言ったほうが正しいかもしれない。

音楽部のプロデューサーである妻城には、ラジオかテレビかを問わず、今日、どの歌手がNHKにやってきて、どんな番組に出るのか、すべてわかっていた。

そこで、自らペギー本人を説得するつもりだったのである。

前述のとおり、それは、プロとプロとの〝激突〟だった。

「ペギーさん、どうですか」

「妻城さん、どうかお許しください」

そんなやりとりが、何度かつづいた。

妻城の執念はすさまじく、トイレに行ったペギーを待ち伏せしてまで説得をつづけた。

そして、最後は、本番が終わったあとのアトラクションでいいから、地元の人にこの歌を歌ってあげてほしい、という頼み方までしたのである。

ペギーは、こう語る。

「妻城さんの執念というか、トイレに行くときまでね。私がトイレから出てきたら、廊下で待っていたんですよね。レコード持って、駄目ですかって。ほんと、くっつきまわられて……。

妻城さんは、その頃、もう五十歳近い方でしょう。普段から、にこにこされている方なんです。本当に、仏さまみたいな方。でも、この歌に関しては、〝突進〟してこられましたからね。妻城さんは好きですけど、私はもう、本当にあのとき困りましたもん。なんか、最後までは、お断わりできないようないい人なんですよ。

それで、もう逃げまわっているうちに、なんでそんなにこの歌と私にこだわるんですか、って聞いたんですよ。そうしたら、妻城さんが、〝あなたが讃美歌を歌うみたいに歌ってくれりゃあいいんです〟って。それで、最後は、〝じゃ、普通に歌えばいいのね〟って返事をしたんです」

ペギーが応じたのは、妻城から「本番ではなく、終わったあとのアトラクションで地元の人に歌ってあげてくれ」とまで言われたからである。

「そこまでおっしゃるなら」と、ペギーは歌うことを承諾したのだ。

しかし、それは、妻城の、譲歩に見せかけた〝策略〟だった。

妻城は、このときのことを後年、手記のなかにこう書き残している。

〈ペギーにこの詞・曲を届けたら、〝ジャズシンガーの私には、こんな民謡調の唄は歌えない〟と御機嫌ななめ。頑強に拒否して、〝うん〟と言わない。無理もない。そもそもこの唄は男の唄である。

そこで私はペギーの歌い易《やす》いように、優しい女の唄に補作詩して渡し、ねばりにねばり、宥《なだ》めすかし、最後は放送終了後のアトラクションでよいからと嘘を言って、シブシブ承諾をいただいた。しかし、私はすでに放送台本に組み入れカメラのカット割りまで終っていた。ペギーのＯＫの出るまで一ヶ月以上苦労した〉

この短い文章からも、妻城の苦労と執念が伝わってくる。

しかし、妻城自身が吐露したように、「放送終了後のアトラクション」というのは、嘘であり、最初から、本番で歌ってもらうつもりで、放送台本に入れ込み、すでに、カメラのカット割りまで終わらせていたのである。

おそろしいまでの執念というほかない。

一方、ペギーはそんなことは知らなかったものの、プロである以上、本番であろうとなかろうと、観客の前では、満足できる歌を披露したかった。

練習もしっかりやりました、とペギーは語る。

「ちょうど、江原真二郎さん、佐久間良子さんとご一緒に、東映の『旋風家族』という映画を撮っていたでしょう。それで待ち時間があるんで、控室にそれを持ち込んで、ずっとポータブルを持っていって練習したんですよ。鈴木三重子さんの歌を何度も聴きました。

とにかく、三番まで覚えなきゃなんないし、ジャズは三番ってないんですよ。ワンコーラスやったら、すぐまた間奏があって、半分歌うというのがパターンですからね。三番までを覚えられるかなと思って、練習しました。とにかく、今みたいに、歌うときのカンニングペーパーがないですからね。一生懸命、覚えましたよ」

結局、〝仏の妻城〟が押し切るかたちで、『南国土佐を後にして』が、高知で歌われることが決まったのである。

NHK高知放送局

それは、NHK高知放送局にとっては、大変なイベントだった。

それまでラジオ一本だったNHKの各地方局が、それぞれテレビ放送をスタートさせる「開局記念番組」である。まさに時代の転換点ともいうべきものだった。

NHK高知放送局の前身は、昭和七年に開局した社団法人・日本放送協会高知放送局である。長く、同市相模町の平屋《ひらや》の社屋からラジオ放送をおこなっていた。高知市の中心にある高知城から北に六百メートルほどの地である。

昭和二十年七月四日、放送局の社屋は、高知大空襲によって焼失した。高知市の記録によれば、罹災《りさい》面積四百十八万平方メートル、死者四百一人、全焼家屋一万一千超という被害となった。

この空襲により、高知放送局は焼け落ちたのだ。この日は、徳島市も空襲を受けており、徳島局も同時に焼失している。

当時のラジオは、国民にとって、唯一ともいえる情報伝達の速報手段であり、装置だった。情報を伝える側にも、それを受け取る側にも、中断など、あってはならないものだった。いわば、生活インフラの「中核」を成すものだったのである。

高知、徳島両局は、社屋が焼失しても、予備の五十ワット放送機を引っ張り出して、ただちにラジオ放送を再開している。

自ら被災しながら、空襲による被災のありさまを、執念で伝えつづける報道魂を持っているのが高知放送局であり、徳島放送局だった。

それからわずか十三年。昭和二十五年に「放送法」の施行で特殊法人・日本放送協会が設立され、そのまま事業や資産が継承された。そのため、戦後、同地で建て替えられた高知放送局は、変わらず、ラジオ放送をつづけていたのである。

「当時のNHK高知放送局は、現在の高知市立愛宕《あたご》中学の南側の細長い敷地にありました。東西の両サイドに二本の鉄塔を立てて、それを空中線で結んで、そこから電波を出していたんです。私が入局した年に、五台山に送信所ができ、テレビ放送がスタートすることになりました」

そう語るのは、ちょうど昭和三十三年四月に入局した上村《かみむら》正男（七八）である。地元の公立高校である高知小津高校を卒業して入局した上村は、まだ右も左もわかっていない一年目に、この〝ビッグイベント〟に遭遇した。

「高知放送局は、そもそもラジオ体制だったわけですからね。放送部、技術部、総務部、営業部があって、局長一人に部長が四人という体制だったと思います。入りたての私は、営業の仕事をやりました。営業部には六、七人いて、総務は、経理、庶務合わせて四、五人。放送部の中に、ディレクターや記者、アナウンサーがいました。アナウンサーが三人ぐらいで、記者が三、四人ですかね。ディレクターも三、四人ぐらいだったんじゃないでしょうか。放送部には十人あまりがいたと思います」

当初は、そんな体制だった。NHKの場合、職種によって、採用元も異なっていた。ディレクター、アナウンサー、記者は、「東京採用」である。

「事務職の私なんかは地元採用ですが、それもテレビが始まるということを前提にした採用だったと思います。それから技術職も含めて、高卒の地元採用が始まったんです。技術も、ほとんどがラジオの運行といいますけれども、電波が出ているかどうかの監視と補修要員でした。合わせて五、六人ぐらいで、全部集めても三十人前後の所帯ですよ。ディレクター、記者を含めてテレビ放送に向けての研修教育も始まりました」

テレビ新時代を迎えて、南国土佐にも、その波が押し寄せてきたのである。

「高知放送局は、テレビが始まってから二階が増築されたんですよ。テレビのニュースも出さなきゃいけないですからね。ラボラトリー（現像室）も要るし、局長室とか、われわれのような事務、総務関係の部分を二階に増築したわけです」

上村は、そう振り返る。それは、牧歌的なラジオの仕事から、いきなり、ニュースに追われる熱気あふれるテレビの仕事のスタートを意味していた。

「全国的には、テレビの時代が昭和二十七、八年から始まりましたが、地方局がテレビ局として開局していくのは、主にこの頃だったと思いますね。そこに東京から『私の秘密』と『歌の広場』がやってきましたから、正直、ほとんど対応できなかったように思います」

テレビという〝新天地〟に挑む高知放送局。その重要な開局記念番組ではあったが、実質的には、ほとんど東京からやってきた〝プロたち〟に任せるしかなかったのである。

録画などない時代だから、人気番組とはいえ、『私の秘密』も、『歌の広場』も、すべて「生中継」である。高知放送局の面々は、ほとんど〝素人〟同然であり、当然、番組の中身そのものには、彼らはかかわっていない。

「そもそもテレビの番組づくりの専門家など、まだ高知にはいなかったですからね。僕のような入りたての新人事務職員だけでなく、高知のスタッフは、実質的には番組に誰もかかわっていないと思いますよ。もう、東京から来られたスタッフ、ディレクターたちがすべてやられたと思います」

もちろん、『南国土佐を後にして』をめぐって、ペギー葉山と妻城プロデューサーとの間にそんな攻防があったことなど、高知放送局の面々には、想像すべくもなかった。

「高知放送局は、総動員で会場の整理にあたったと思います。私たちには、お手伝いできたとしても、チケットの手配や会場の整理といったことぐらいです。もちろん、（電波塔のある）五台山からは、電波を出したと思います。五台山から直接は飛びませんから、有線で東京へ送って、東京から全国に出したと思うんです。その当時は、電波が飛ぶ範囲というのは、そんなに広範囲なものではなかったですからね」

上村は開局番組でペギーが歌った『南国土佐を後にして』が、想像もつかない歴史的ヒットとなっていったことを今も不思議に思っている。

「そのときは、そんなにわからなくて、あとになって、〝あれはすごかったんだなあ〟というような感じですよねえ」

それは、上村をふくむ当時の高知放送局全員の正直な感想ではないだろうか。

「その後も、高知放送局で、これ以上の出来事というのは、やはりないですからね。あの日までは、武政英策さんのアンサンブルで、武政さんが指揮をして『南国土佐』をやっていたんですよ。しかし、ペギーさんの歌は、それまで聴いていたのとはまったく別の世界の声でした。すごいな、と思いましたよ。やっぱり、ジャズのペギー葉山さんが歌ったもんだから、逆の意味で、へえーっ、という感じで、あそこまで流行ったんかなあ、という気がします」

「本番台本に載っていた」

ペギーにとって、高知は遠かった。

当時の高知は、東京駅を午後九時十五分発の急行「瀬戸《せと》」に乗り、宇高《うこう》連絡船で瀬戸内海を四国に渡り、高松で土讃線に乗り換えて、やっと翌日の午後五時三十分に到着するという、ほぼ「一日」を要する遠隔地だった。

土讃線は、SLの蒸気機関車で、急峻《きゅうしゅん》な四国山地のど真ん中を突っ切っていく。高松から高知までに、実に百を超える数のトンネルがあり、窓をあけたら、煤《すす》けた煙が吹き込んでくるため、窓は閉《し》め切ったまま走らざるを得なかった。

大阪からなら三十二人乗りの全日空のプロペラ便が朝夕二便あり、ほかには、関西汽船で大阪か神戸から夕方出れば、翌朝、高知に着くという交通手段もあった。しかし、いずれにしても、今からは想像もできない不便さだった。

ペギー葉山は、その高知へ土讃線に乗って、初めてやって来たのである。

(高知って、こんなに遠いところなの?)

ペギーは、高松からおよそ四時間近くもかかった汽車の旅をのちのちまでそう振り返っている。しかも、やっと辿りついた高知で、ペギーは信じられない事態に直面する。なんと、本番が終わった後、アトラクションで歌う約束の『南国土佐を後にして』が本番台本にしっかり「入っていた」のである。これこそ妻城の〝奇策〟だった。

このときのことをペギーは著書『代々木上原めおと坂』に、こう書いている。

〈百余りのトンネルをくぐり抜け、鼻の穴の奥まで真黒にして、やっとたどり着いたのでした。さて、リハーサルをする前に台本を渡された私は、腰を抜かさんばかりに驚きました。

何とアトラクションで歌うはずの「南国土佐を後にして」が本番の生放送で歌う事になっており、カメラ割りまで細かく印刷されているのです。もうどうすることもできません。まないたの鯉《こい》でした〉

アトラクションと思っていたとはいえ、観客の前で歌うために、ペギーは、『南国土佐を後にして』をずっと練習してきている。そのため、歌うこと自体には、不安はなくなっている。

しかし、いわば〝騙《だま》し討《う》ち〟のかたちで、これを自分に歌わせようとしていたのである。あの仏さまのような妻城プロデューサーに対して、それこそ「腰を抜かさんばかりに」驚いたのも無理はない。

ペギーの内心は、「まないたの鯉」とは書いたものの、相当、怒りに包まれていたに違いない。しかし、ペギー葉山はプロのシンガーである。台本が与えられれば、どんな場合でも、それに応えて恥ずかしくない歌を披露するのがプロだと思っていた。

こうして、いよいよ『南国土佐を後にして』を全国の人たちが知る歴史的な「時」を迎えるのである。

高度経済成長が〝爆発〟した年

昭和三十三年というのは、戦後日本の中でも特別な意味を持つ年である。

日本は、昭和三十年代から四十年代にかけて、〝東洋の奇跡〟とも語られる爆発的な高度経済成長を成し遂げた。それは、この「昭和三十三年から始まっている」といっても過言ではない。

大卒の初任給が、およそ一万三千円、風呂代は十六円、理髪代は、だいたい百五十円だったのが昭和三十三年だ。戦後まだ十三年しか経っておらず、あちこちに戦争の傷跡が残されていた。

しかし、この年、長嶋茂雄という東京六大学野球のスーパースターが読売巨人軍で鮮烈なデビューを果たした。

デビュー戦の対国鉄スワローズ戦で、金田正一投手にいきなり四打席連続三振。しかも、すべてがフルスイングでの空振りだったことが、世の中を驚かせた。

それからの長嶋は、打って走って、シーズンが終わってみれば、打率三割五厘、打点九二、本塁打二九本、盗塁三七という成績で新人王を獲得する。

有名なホームランの〝一塁踏み忘れ〟があって、本塁打の記録は一本取り消された。それさえなかったら、新人にして、いきなり〝トリプル・スリー（打率三割、本塁打三十本、盗塁三十個)〟を獲得していたという衝撃デビューだった。

ニューヒーローの登場は、日本中を湧き立たせた。

そのままリーグ制覇を成し遂げた読売巨人軍は、勢いを駆《か》って日本シリーズで日本一を目指すが、三連勝のあと、〝神さま・仏さま・稲尾さま〟と称された二十一歳の怪腕投手、稲尾和久の四連投で、西鉄ライオンズが逆転優勝するのである。

若きヒーローたちの活躍は、世の中を浮き立たせた。

そして、昭和二十八年のテレビ放送開始以来、街頭テレビのヒーローとなっていた力道山と、彼ら若いアスリートたちが、テレビの普及率を着実に押し上げていった。

まだ普及率が一〇パーセントにも満たなかったテレビジョンという新しい媒体は、次第にお茶の間に浸透していく。

この年、ついに世界一の高さを誇る東京タワーが完成している。そんな昭和三十三年の価値を決定づける出来事があったのは、十一月のことだ。

十一月二十七日、突然、「皇室会議」が開かれたのである。

議題は、皇太子殿下の婚約だ。明仁皇太子が、日清製粉の正田《しょうだ》英三郎・冨美《ふみ》夫妻の長女、正田美智子さんと婚約したことが、この日、発表されたのだ。

秘かに進んだ婚約劇は、どのマスコミに気づかれることもなく、国民は、宮内庁の発表によって、この慶事を知った。

それまで常識とされた「華族」からの輿入《こしい》れではなく「民間」から、そして、「学習院」ではなく、「聖心女子大」出身の美智子さまの登場は、国民の間に、たちまち〝ミッチーブーム〟を巻き起こした。

それは同時に、さらなる〝テレビブーム〟を呼び起こすことになる。

その大ニュースから十一日後――。

日本中が湧き立ち、興奮がつづく中、十二月八日にNHK高知放送局の「開局記念番組」は放送されたのである。

熱気あふれる会場

「宮川君、NHKからアルバイトの要請が来ているから頼むよ」

高知大学の放送研究会に所属していた教育学部三年の宮川昭男（当時二十一歳）は、研究会の顧問、大庭《おおば》景利教授からそう声をかけられた。

「NHKからですか？」

宮川は、前年、NHKのラジオ番組に呼ばれ、方言を話す土佐人男性の朗読を担当するアルバイトもおこなっていた。

「はい、わかりました」

馴染《なじ》みのあるNHKからの要請なら、断わる理由もない。宮川は、ふたつ返事で承諾した。

アルバイトの中身は、「舞台設営」である。ラジオ放送一本だったNHK高知放送局が、ラジオだけでなく、テレビ放送も始めるという画期的なイベントのアルバイトだった。

出演者は、青木光一、ジェームズ繁田、楠トシエらだが、宮川たち放送研究会の面々を刮目《かつもく》させたのは、やはり、ペギー葉山の存在である。

年齢も近く、ジャズ歌手として頭角を現わしていたペギー葉山のことは、若者なら誰でも知っている。

（へえ、ペギー葉山が高知に来るんだ）

宮川は、青木光一らベテランに交じって、ペギー葉山の名前も出演者の中に入っていることに少し驚いたことを記憶している。

会場は、高知市中島町の高知県民ホールである。

高知城の南側に建つ高知県庁からまっすぐ鏡川《かがみがわ》に向かって南に二百メートルほど歩いた高知市の中心に高知県民ホールは建っている。幕末までは山内家の下屋敷だった「三《さん》翠園《すいえん》」という和風ホテルが、道を隔てて南側にある。

ペギー葉山は三翠園に宿泊するので、その「送り迎え」も含めて、さまざまなことをおこなうというアルバイトだった。

もともと放送研究会は、放送関係に関心がある学生たちによって構成されているサークルだ。たちまち、アルバイトには十人前後の部員が集まった。

昭和三十三年十二月八日。

この日は、朝からからりと晴れ上がり、南国の高知らしく、日中の最高気温は摂氏一八度まで上がった。高知は、NHKのテレビ開局記念のイベントがおこなわれることに、県全体が、盛り上がっていた。

〈高知テレビ開局記念番組
　溝渕知事らの祝辞
　　県民ホールから放送〉

地元紙・高知新聞のこの日の朝刊には、こんな見出しとともに、「開局記念の一日」のスケジュールが細かく掲載された。

開局記念式は、午前十時十分から始まり、そこからローカル放送の生中継がスタートするのである。

こうして、高知県にとっても、忘れることができない歴史的な一日が始まった。

高知県民ホールのステージに、真っ先に挨拶に立ったのは、長倉男士・NHK高知放送局長と溝上銈《みぞかみけい》・NHK副会長である。

来賓には、寺尾豊・郵政大臣、森本靖《せい》・衆議院議員、刈谷《かりや》忠男・県会議長、氏原《うじはら》一郎・高知市長らが並び、彼らが次々にステージに立った。

また、入交太蔵・高知県商工会議所会頭、福田義郎・高知新聞社社長らのお祝いのスピーチもつづき、すべて生中継された。

そのあとは花柳若次、愛司によるご祝儀小唄振り「白扇《はくせん》」、さらには郷土舞踊「よさこい」と「よさこいしぐれ」が、高知市内の三つの検番《けんばん》の競演としてくり広げられた。また、この年の高知郷土民謡大会で優勝した大月町《おおつき》竜ケ迫《たつさこ》の獅子舞《ししまい》も披露された。まさに高知県全体が、NHK高知のテレビ開局を祝うという演出である。それが、NHK高知放送局は、このようすを午前十時十分から十一時まで生放送した。

高知県民へのお披露目となったのである。

舞台裏では、NHK高知放送局の面々や、高知大学放送研究会ほか、あちこちから集められたスタッフが、懸命に立ち働いていた。

「NHK高知テレビ局開局記念」

会場でひときわ目立ったのは、ひとつの文字が人間の背丈《せたけ》ぐらいはあろうかという特大の吊《つ》り看板だ。ステージの上に掲げられたその文字が、なんとも誇らしげで、新しい時代の到来を声高らかに宣言しているかのようだった。

背面にはシックな幕が降りており、真ん中には、登壇者や出演者が目立つように大きな無地の衝立《ついたて》が置かれ、その左右には金屏風《きんびょうぶ》が立てられていた。

宮川たちは、忙しく設営をおこなうNHKのスタッフたちの手助けをする役目だ。

印象的だったのは、観客席だ。

午前中の記念イベントのときには、白いテーブルが置かれ、出席者はパイプ椅子に座って、そのテーブルに向かっていた。タテに四列並んだテーブルに向き合って座る出席者たちは、顔を横に向けてステージを観ていたのだ。

しかし、夕方からの記念番組では、それらがすべて取り払われ、観客は、じかに下に座って観ることになった。

「高知県民ホールは、あの頃は〝体育館〟だったのよ。今の建物とは全然違います。椅子じゃなくて、会場にゴザを敷いて、座ぶとんに座って、皆さん、ご覧になったのよ」

ペギー自身がそう回想するように、それは昭和三十年代ならではの光景だろう。

のちにNHKの看板番組になる『ふるさとの歌まつり』は、全国各地を巡回し、歌とともに、地方の文化や郷土芸能を紹介するものとなるが、その原型ともいうべき各地の開局記念番組は、こうした方式のものが多かった。

アナウンサーの宮田輝《てる》の「おばんでございます」から始まる『ふるさとの歌まつり』の会場は、地方の市や町にある「体育館」が主な会場となったものだ。体育館に地元の人がじかに座って、観客も一緒になって番組をつくっていったのである。

スタッフや宮川たち舞台設営に集められた面々は、すべてが初体験であり、少しのミスもあってはならないという緊張の中にいた。なにしろ、生中継である。

『私の秘密』から『歌の広場』へ移行する時間は、わずか「一分半」しかない。その間は、テレビカメラは、「観客席を映す」のである。演奏の人々が座る席と楽器の移動、さらには、舞台セットの交換を短時間でおこなわなければならない。

宮川たちの負担は小さくなかった。今からみれば、テレビ放送がスタートしたのどかな時代である。しかし、なにもかも初めてづくしの舞台裏は、てんてこ舞いだった。

記念式典のメインである人気番組『私の秘密』と『歌の広場』の時間が迫っていた。『私の秘密』は、この年、視聴率が四〇パーセントを記録し、『歌の広場』もまた、常に三〇パーセント前後をたたき出す人気番組である。つまり、日本全国の人の目に高知からの映像が届く記念すべきデビュー戦なのだ。

昼間にさまざまな記念行事がおこなわれ、NHKの局員たちは、すでに疲労困憊《こんぱい》となっていた。しかし、本番は、むしろ「これから」だ。

夜七時半からの全国生中継。まだ時間には余裕があるのに、観客は続々詰めかけていた。

「ほう、下に直接、座って観るがやねえ」

「これは、歌い手《うたて》がちこうてええねえ（歌手が近くていいですね）」

観客のそんな声が聞こえてくる。歴史的な瞬間は、刻一刻と近づいていた。

押し寄せる感動の波

「『私の秘密』が無事終わって、それで〝舞台崩し〟があったのよ。同じ体育館でやってるんですから、場面が切り替わるじゃないの。それで、『歌の広場』のテーマソングを〝歌いましょう〞と、みんなで一緒に歌って、客席にカメラが行くわけなのよ」

それから五十八年という歳月を経て、ペギー葉山は、そのときのことをこう語った。

「だから、テレビの画面には、観客の皆さんが歌っているシーンが出るわけなの。その間に、ステージにいろいろあったものを、わーってみんなで片づけて、それで一つの音楽番組の場面になるの。それが、一分三十秒で変わるの。舞台の上には、青木光一さんと、楠トシエさんと、ハワイ生まれのジェームズ繁田さんと私の四人が立ちました。それで『歌の広場』が始まったのよ」

スタッフは、必死にその〝舞台崩し〞をおこなった。高知大学放送研究会の宮川もその一人だ。

「(短い時間に)ステージの上に楽器なんかを、指示されたとおりに置きましたね。私たちは、それが仕事ですからね。ペギー葉山さんの三翠園の送り迎えは、私たちではなく、誰かほかのスタッフの方がやってくれたようですから、舞台の設営をやらせてもらいました。それで、舞台の袖《そで》から、出演者の方たちが歌うのを観ていました。青木光一さんが歌う姿も覚えていますよ」

やがて、「そのとき」は、来た。

「次は、ペギー葉山さんが珍しい歌を歌ってくださいます」

司会の高橋圭三が、にこやかに、そう言った。

「『南国土佐を後にして』という高知の歌です。葉山さんには、とても珍しい歌です」

葉山さんには、とても珍しい歌——それが、ジャズ歌手であるペギー葉山が歌うものとしては「珍しい」という意味であったことは言うまでもない。

高橋圭三はそう言うと、「では」と、ステージ中央にいる彼女を紹介するように手を振った。

肩から胸までを大胆に出したドレスを身にまとったペギーが、にこやかにステージ中央に立った。胸の部分にはバラが、広がったスカートにはフリルがふんだんに使われ、お姫さまのような衣装である。

ペギーは歌い始めた。

南国土佐を　あとにして
都へ来てから　幾歳ぞ
思い出します　故郷の友が
門出に歌った　よさこい節を

（しまった）

ペギーは、歌いながらそう思った。

会場が、シーンと静まりかえってしまったのだ。

（やっぱり失敗だった……）

（私には、似合《にあ》わない曲だったんだ）

あまりにシンとした会場に、ペギーの心の中には後悔の思いがこみ上げてきた。それは、妻城の要請を断わりつづけた「理由」と同じものだった。

しかし、自分はプロである。

最後まで、にこやかに、そして、感情をこめて歌おうと思った。

〽土佐の高知の
　はりまや橋で
　坊さんかんざし
　　買うをみた

それは、歌が「よさこい節」のくだりまでやってきたときだった。

その瞬間、うねりのような熱気が、ステージに向かって押し寄せてきた。

（なに？）

ペギーは歌いながら、その波のような圧力に驚き、そして、全身で受けとめていた。

それまで経験したことがないものだった。観客の感動が、大きな塊《かたまり》となって、直接、自分にぶつかってきたのだ。

（ああ……）

ペギーは、歌いはじめたとき、観客がシーンとしてしまったわけを知った。それは、自分の歌がダメだったからではない。驚きと、心にこみあげてくる「何か」が、観客から声を、あるいは呼吸すら奪ったからに違いない。

このとき、観客席から拍手と歓声をおくった中に、電電公社に勤めていた南岩夫（当時二十四歳）がいる。

「あのときは、会場は人がいっぱいやったねえ。たいしたもんやった。わしが、なんであの会場におったがかは忘れたけんど、もともと歌を聴くのが好きやったからね。高知の劇場は、堀詰座か堀詰劇場というホールで、よう映画やステージをやっちょって、わしは、そういうのが好きやから、ちょいちょい観にいきよったがよ。小畑実《おばたみのる》なんかを、よう聴きにいきましたよ。そんなこともあって、あの開局記念の番組も観にいったがよね。

会場が、えらい盛り上がったことは覚えとるけんね。ペギー葉山が歌うて、拍手がすごかった。雰囲気もすごかったねえ。僕も思わず、感激して声を出したと思いますよ。そのことを覚えちゅうねえ」

のちに、高知の日中友好協会の事務局長を務めた南は、そう述懐する。

ペギーの歌が、「よさこい節」の部分に入った途端、「うぉー」という、拍手を伴ったうねりのようなものが生じたことを、ペギーは、こう振り返った。

「初めは、この人、なにを歌い始めたんだろうって、みなさん、そういう顔をしていたような気がするんですよ。私がいつも歌っているものとは、違うなって。なんとなく、前のほうのお客さんは、顔が見えています。ほんと、なに歌い出したの？　みたいな顔してね。私、やっぱりこの歌、歌うんじゃなかったなって、思ったんですよ」

　しかし、それは、まったくの勘違いだったのだ。

「そう思いながら、歌っていたら、『よさこい節』のところに来たときに、みんなが、うぉーとなって手拍子してくれて、全員が歌ってくれたの。私、思わず歌詞を忘れそうになって……。一人一人のお客さんが温かく私に手を差し伸べてくれて、それが大きなうねりのように手拍子に変わっていったの。異様に熱い何かが、まるで波が打ち寄せてくるように、何度も何度も、私に迫ってきました。三番では、もう会場が大合唱で……。本当に、客席と舞台が一体になった感じでした」

　形容しがたい感動の中で、ペギーは三番まで歌いつづけた。会場もまた、すみずみまで拍手と歌声で満たされた。

「終わった途端、またすごい拍手で……。どよめきのようなフィーリングと言えばいいかしら。それまで、そんな経験は一度もありません。私、英語の歌を歌っていたでしょ。その後も、アメリカでは、一緒にみんなで歌ってくれたことはありましたけど、日本では英語の歌はそうならないでしょう？　とにかく、すごい体験。そして、番組が終わったら、今度は大騒ぎになったんです。もうこの記念番組の係の人、小さな高知放送局のデスクの人は、問い合わせで、パニック状態になったそうです」

想像を超える反響だった。開局したばかりのNHK高知放送局の電話は、鳴りっ放しになった。会場の興奮状態は、番組が終わったあともつづいたという。

ペギーの話はつづく。

「高知県知事の溝渕（増巳）さんが感激して、ステージにお礼を言いに上がってこられたんですよ。〝よかった！　よかった！〟って。それで、ひとつだけご指摘があったんです。歌詞のなかにある〝いうたちいかんちや〟の〝ちや〟は、〝ちゃ〟じゃない。〝ちや〟じゃき、って。

それで、そのまま宴会になったんです。NHKというのは、地方に行ったときは必ず終わった後に大宴会があるんですよ。そのときはもう知事もいらした、副知事もいらした、全員『花壇《かだん》』という、当時の高知では、ものすごい一級の料理屋さんへ、みんなで行きましてね。みなさんが〝よう歌うてくれたっ〟と言って、芸者さんも来て、飲めや歌えやで……」

プロのシンガーとして、ペギーは、肩の荷を下ろした。本番の直前まで、あれだけ悩んでいたことが嘘のようだった。

その一部始終を静かに見ていたのは、プロデューサーの妻城良夫である。

ステージの袖から、ずっとペギーの歌を観ていた妻城にとっても、それは、「まさかここまで……」というほどの反響だった。

ペギーがステージから降りてきたとき、妻城は、満面の笑みでペギーを迎えた。

「よかった。ペギー、すごくよかったよ！」

万感を込めてそう語りかけたのだ。そして、こう呟いた。

「やっぱり思った通りだったよ……」と。

それは、ペギーに言ったというより、妻城が自分自身に語りかけたものだったのかもしれない。その妻城の呟きは、「責任を果たした」という思いに満たされていたペギーの心の中に響いてきた。

責任をもって歌い上げたプロ歌手と、その反響を予想し、どんなことがあっても実現しようとした信念のプロデューサー。紆余曲折を経た二人の「攻防」はついに、ともに育てた果実として「成った」のである。

妻城が、この歌をペギーに歌わせたかった理由は、何だったのか。

妻城はそのことを書き残していない。しかし、ただひとつたしかなのは、戦争のなかで生まれたこの歌が、戦争で強烈な体験をし、戦争に対して強い思いを持つ男と女の手によって、世の中に「送り出された」という事実である。

妻城は、「男の歌」を「女の歌」に変えた補作詩の当事者だ。

声楽を志し、短い期間だったとはいえ、東洋音楽学校の関種子教授に師事し、本格的に声楽の修業もおこなった妻城の目に狂いはなかったのである。

声楽家の夢こそ叶わなかったものの、ペギー葉山を通じて、戦場の望郷の歌に、妻城は見事に新たな「命」を吹き込んだ。結果的に、妻城が変えた女性の歌のほうの『南国土佐を後にして』が、現在も、歌い継がれている。

ペギーは、自著『代々木上原めおと坂』の中に、こんな記述を残している。

〈その夜スタッフの方々と知事を囲んでの宴席で酒を汲《く》みかわしている間も、放送局ではあの「南国土佐を後にして」の問い合わせの電話が鳴りっ放しだったのです。

そして妻城さんの机の上にはこの歌のリクエスト、譜面希望、レコードの問い合わせの手紙が山積みされていたのです。帰京した私には早速、レコードの吹き込みの話が。事務所はまさに南国土佐一色で、応対に大わらわとなりました〉

こうしてペギー葉山にとっても、いや、日本の歌謡史にとっても、「歴史的な一日」は終わったのである。

第十三章　原作者探し騒動

〝迷い〟の末のレコーディング

プロとしての責任を果たしたペギーは、大いに満足した。リクエストがNHKだけでなく、ほかの放送局にも殺到していた。

しかし、彼女はまだこだわっていた。これは、私がレコーディングすべきではない、ということである。

ジャズ歌手として、あるいは、ミュージカル歌手として飛躍していこうとする自分に、この歌のレコーディングは必要ないのではないか、と思ったのである。

幸いにペギーがこの年、力を入れた一人ミュージカル『あなたのためにうたう！ ジョニー』に対して、芸術祭の「奨励賞」が贈られることになった。彼女はミュージカルスターへの夢にまた一歩近づいたのである。

さらに、翌昭和三十四年の二月、外務省の「親善使節」としてトルコに行くことにもなった。まさに順風満帆だった。

キングレコードのディレクター、牧野剛が、熱心に『南国土佐を後にして』の吹き込みの依頼に来た。しかし、ペギーは首をタテに振らない。

彼女がトルコからのお土産の歌『ドクトル・ジバンヌ』をA面にし、南国土佐をB面にしたらどうかという提案をしたのは、トルコから帰国してからのことである。ようやく、このトルコ民謡とともに吹き込み、レコードが発売されたのは、日本中が「皇太子ご成婚」に湧き立った同年四月のことだった。

しかし、それからの動きは、さらにペギーを唖然とさせるものだった。『南国土佐を後にして』は結局、B面ではなくA面に入れられた。

すると、レコードは、毎日毎日、売れつづけ、発売から、およそ一年で百万枚を突破する。まさに〝爆発〟であり、あっという間に、戦後最大のヒット曲となっていったのである。

〈昭和三十四年の夏から翌年の春にかけての日本は、南国土佐でなくては夜も日も明けない日々でした。どこに行ってもこの歌が流れていました〉（『代々木上原めおと坂』）

彼女自身がそう回想するように、来る日も来る日もヒットについてのインタビューがつづき、どこまでもこの歌が彼女を追いかけてきたのである。

私はジャズ歌手よ、ミュージカルのスターを夢見ているのよ――。

いくら心のなかで叫んでも、南国土佐ブームは収まるところを知らなかったのだ。

それから逃げるように、ペギーは、ますますミュージカルに傾倒した。それでも、南国土佐の勢いは翳《かげ》りを見せなかった。

ミュージカル公演に足を運んでくれた観客からも、カーテンコールでいいからあの歌を聴きたいという要望がもたらされたのだ。

ペギーは語る。

「正直、これで『南国土佐』は卒業、と思っていたの。ところが、レコードが発売になったら、トップになったわけでしょう。日活映画で小林旭さんの『南国土佐を後にして』という映画にもなってね。それで、私自身も映画出演することになったのよ。仕事は、ジャズ関係の曲を演《や》ることになっていても、途中で、どうしても、『南国土佐』を歌ってくれと、言われてしまうんですよ。やっぱり、お客さまは、それを聴きたいんですよ。ほんと、すごいブームだったんです」

空前の大ヒットだったばかりに、本来のジャズの仕事に没頭しようとするペギーの前に、『南国土佐』が立ちはだかってしまったのである。

現われた〝原作者〟

しかし、反響が予想を超える絶大なものだったことから、別の問題が生じてきた。

原作者騒動である。

レコード売上げが倍々と増えてくると、もともとのこの歌の作者は「誰だったんだ」という問題が生じてきたのだ。

第一報を報じたのは、地元紙の高知新聞だ。

一九五九（昭和三十四）年五月七日付の同紙に、〈南国土佐をあとにして…　〃その歌は私が作った〃元兵士が名乗り〉という記事が〃スクープ〃として掲載された。

高知県出身で、このときは大阪府箕面《みのお》市に住んでいた鯨部隊の元兵士、中田東稲（当時四十歳）が、「この歌の作者は私だ」と名乗り出たのだ。

同紙には、彼のコメントも出ていた。

「レコードを聞き驚いた。歌詞、メロディーともに幾分変っているが、まぎれもなく自分が作ったなつかしい〃よさこいと兵隊〃であった。荒りょうの戦場で暇をみては戦友と自作の歌を歌った当時のことが思い出されて毎日レコードを聞いている。編曲してくれた人にも会ってみたいし、当時の戦友にも会ってみたいと思う」

しかし、翌日の同紙を見て、読者はさらに驚くことになる。この記事に対して、「いや違う。作者は自分だ」と新たに名乗り出た人物のことが掲載されたのだ。

同年五月八日付の高知新聞は、〈また一人名乗り出た　「南国土佐をあとにして…」の原作者〉と題して、こう報じている。

だが、今回の場合は、厳密にいえば、本人が名乗り出たものではなく、ほかの鯨部隊の兵士が、その人物を「名指しした」ものだった。記事を見てみよう。

〈新しく名乗り出た作者は中村市南京町で魚屋をしている谷岡政敏《まさとし》氏（三九）。もともと同氏がものいいをつけたわけではなく、七日付高知新聞を見た長岡郡後免《ごめん》町同町議会事務局長田岡信雄氏（三五）が「私の記憶では谷岡氏が作者だ」といいだし谷岡氏に確かめたところ作者であることを認めたもの。

谷岡氏は以前一度ＮＨＫに作者だと電話したこともあるが、その後は面倒なので放ってあったという。谷岡氏の話によると　あの歌は昭和十八年ごろ、元支那派遣鯨部隊六八八四部隊の第二機関銃中隊に所属していたとき、戦友の伊東万吉君と作った。高知市中島町で防具店を経営している歌の好きな平山君も口添えしてくれた〉

作者が「ふたり」も名乗り出たことこそ、この歌の特殊な成り立ちを表わすものと言える。

生と死の狭間にいる兵がつくったこの歌は、音符《おんぷ》が記された譜面があったわけではない。また、もとになった詩が、紙に書かれてあったわけでもない。

すべては、耳から耳へ、口から口へと、兵たちが歌い継いだものである。

つまり、歌う兵によって、音程も一様ではないし、二番以下の歌詞もバラバラという代物だ。それに各隊の音楽通が、手を加え、次第に完成形にしていったものであろうと思われる。

すなわち、それを完成形にし、部隊全員で歌えるものにしていった者たちは、それぞれ「自分こそ作者だ」と思っていたのである。そんな成り立ちを持つ歌ゆえの「特殊な事情」といえるだろう。

特に、あとから名乗り出た谷岡は、同じ部隊の人間が、「あれは、おまんがつくったもんじゃいか（あれは、おまえがつくったものではないか）」と、仲間から突き上げられ、高知新聞からの取材に、それを「認めた」ものだった。

谷岡本人は、平成五年に七十一歳で亡くなっている。平成二十九年四月、谷岡の長男、俊彦（六四）は、亡き父の思いについて、こう語った。

「親父は、戦前にバンドでサックスを吹いていたような男でした。ハーモニカも吹きこなしていましたよ。音感がすごくて、音楽は小さいときからやっていたみたいなんです。ハーモニカがあれば、歌謡曲から何から、一度、耳で聴いたものは、なんでも吹きました。おかげで、自分も耳が肥えて、小学校のときから音楽部に入りましたからね。親父は宴会に行くときはハーモニカを持って行って、南国土佐を吹いていましたね。

親父は自分がハーモニカでこれをつくったと言っていました。NHKで、初めの頃、南国土佐を特集したとき、〝これは男歌なんだ〟と言っていた人がいました。豪快に歌う歌やった、と。それは、親父も言っていましたね。大声出したいけど、大声出したら敵にわかるから、大声は出せんかった。毎晩、野営して、戦死する人が増える分、歌う人が減っていったと言っていました。歌わないと寂しくなったそうです。日に日に、戦友が死んでいくわけですからね」

しかし、実際には、谷岡が「つくった」という時期より早く『南国節』は、鯨部隊のなかで歌われている。谷岡も、まだ、あやふやなかたちで部隊に伝わってきた段階で、得意のハーモニカで一挙に立派な曲としてつくりあげたのではないか、と想像される。

独特の感性と音感で、谷岡のハーモニカから、きれいな『南国節』が紡《つむ》ぎ出されたのはたしかだろう。部隊のなかで、この歌について、「これは谷岡がつくったもの」と言う戦友がいて、その情報が仲間を通じて高知新聞にもたらされたのである。

戦友たちの情報提供で、谷岡と共同制作者として名前が挙げられていたのは、「伊東万吉」である。高知新聞には、谷岡と伊東の当時の上官、宮城増雄のコメントまで紹介されている。

〈谷岡君は私の部下でした。湖南省監利《かんり》で駐とんしていたとき伊東、平山両君と三人で作ったものです。また演芸会で歌の上手な平山君が歌い、谷岡君がハーモニカで演奏し、かっさいを受けたものでした。作者は谷岡君に間違いありません〉

「平山君」というのは、同じく宮城の部下である。上官は、この三人が作者であると、高知新聞に情報を伝えたのだ。当時、伊東は、高知を離れ、福岡県在住だった。

この原作者探し騒動の過程で、伊東からのこんな手紙が谷岡のもとに寄せられている。

〈新聞の写真の様にタオルを頭に八巻《ママ》をするくせも思い出すよ　ヨサコイ節と兵隊ですが自分等《ら》が作った歌がこんな事に成るとは夢にも思いませんでしたよ〉

〈早く便りを致さねばなりませんでしたが南国土佐を後にしての件《くだん》の証拠品に成る様な物を、宮崎県に兄姉などがおるので通知して、さがしてもらっていましたが宮崎県の方にも無いと通知が来ました。自分所もさがしたが無いので困まっています〉

伊東もまた自分たちがつくり上げたものであることを信じていることが窺《うかが》える。興味深いのは、谷岡や伊東が歌った歌詞の二番は、こんなものだったことだ。

月の曠野《こうや》で　焚火を囲み
楽し　娯楽の一時を
僕も自慢の　声張上げて
唄うよ土佐の　ヨサコイ節を
〽みませ見せましょ　浦戸を開けて
月の名所は桂浜

「月の曠野で　焚火を囲み」「楽し　娯楽の一時を」というのは、ほかのどこの隊でも歌われたことのない歌詞である。この歌が、谷岡と伊東の手によって、〝独自の道〟を歩んでいたことがよくわかる。

久米滋三・元副官の調査

一体、もともとの曲の作者は誰なんだ。人々の興味は高まるばかりだった。

この問題の決着のために担ぎ出されたのは、鯨部隊の元副官、久米滋三である。

久米は、鯨部隊が編成された昭和十四年から、部隊が復員するまでの昭和二十一年まで、電報班長、中隊長、そして連隊副官と、七年間も鯨部隊にいた生き字引だ。

すべてを知り尽くす人間であり、著作者探しをおこなうなら、その中心になるのは、この人物をおいてほかにはなかった。しかも、久米は当時、「土佐電鉄」の総務部長の地位にあった。土佐電鉄は、鉄道、バス、百貨店、不動産……等々を高知県全体で展開する高知を代表する企業だった。

のちにこの土佐電鉄で社長、会長を歴任する久米滋三は、精力的に動いた。

高知新聞の「読者の広場」に、〈旧鯨部隊の皆さんへ〉と題して、鯨部隊関係者に協力を呼びかける投書をおこなったのを皮切りに、あらゆるルートを通じて、「いつ」「どこから」あの歌が始まったのか、調査をおこなったのだ。

鯨部隊の元兵士たちのつながりを強化するために、「戦後十四年」を経て、全体の会合を企画したのも久米だった。

小さな集まりこそ存在してはいたものの、戦後のモノのない時代を生き抜くため、鯨部隊元兵士たちは、一堂に会して戦争中のことを語り合う余裕など、それまでにはなかった。

しかし、久米が動き出したことで、「土佐鯨会」が発足し、原作者探しはもちろんのこと、戦没者の遺勲《いくん》を顕彰する事業、あるいは、慰霊祭や懇親会を企画・実行するような「戦友会」へと発展していったのだ。

きっかけは、『南国土佐を後にして』の大ヒットによるものであることはいうまでもない。

久米の大々的な調査のなかで、重要なポイントになったのが、安芸在住の松浦初男である。

松浦は、既述のように元高知県職員である。きちんと事務も執《と》っていた人物であり、文章を書いたり、書類をつくったりすることにも長《た》けている。

そのため、戦争中も日記を書くことを欠かさず、戦後、さらに、それを手記にまとめ、「有田少尉の最後」という浪曲までつくった人物である。

松浦が書いた文献によって、昭和十七年時点で、相当、部隊内でこの曲が歌われていたことがわかった。

この原作者探しの過程で、フジテレビの『スター千一夜』という番組に、久米は、ペギーとともに出演している。全国放映の人気番組まで原作者探しにひと役買ったのだから、当時の話題として、いかに大きなものだったかがわかる。

司会の三木鮎郎《あゆろう》から、原作者に関して、さまざまな質問が飛んだ。

久米は、高知市から四十キロ離れた安芸市に住む松浦にいろいろな相談をしていた。日記をもとに分析してもらうのは、一番たしかだからだ。

久米は、『スター千一夜』への出演に際し、松浦にも出演を打診して、わざわざ上京して、一緒に番組に出たのである。

だが、これだけの大々的な調査にもかかわらず、ついに、原作者を「特定すること」はできなかった。鯨部隊副官だった久米でさえ、解明できなかったのである。もともとの原作者は、

「一番だけつくって、とっくに戦死している」

という説の信憑性《しんぴょう》が増したのも無理はない。久米は、鯨部隊に関する手記を数多く残している。その中に著作者探しの一件についても、こう触れている。

〈もとよりこの歌にも、作者のあったことは確かだが、果たして誰であるか、在支当時から全然聞いた記憶もないし、格別問題にもならなかった。今から考えるといささか不思議の感もするが、戦時中は軍歌でない、あのような望郷の歌は士気を損するという理

由で、大っぴらに歌う事は許されなかったことだし、従って作者も、叱られるのをおそれて名を隠していたのでなかろうか。

すでに十五年春の宜昌《ぎしょう》作戦の頃に、第二節まで作ったという人（元第七中隊所属、この人は香川県出身の同中隊におった某氏の助力を得て作ったという）があり、また第九中隊に居ったA氏も、「確かに自分が作ったものだ」といっておられる。すべて「神のみぞ知る」というより外あるまいが、どうも十五年頃にはすでに第二節まで出来ていて、その後長い間に、何人もの人によって補作され、完成されたものではなかろうかとも考えられる〉（『南国土佐を後にして～鯨第六八八四部隊の記録～』土佐鯨会編）

長い間に、何人もの人によって補作され、完成されたものではなかろうか――久米元副官の言葉は、この歌の数奇な運命を如実に物語ったものといえる。

詠《よ》み人知らずの戦場の望郷の歌を、武政英策が発掘・編詩し、さらに、それを妻城良夫・NHKプロデューサーが「男歌」から「女歌」に変え、最終的には、妻城の歌詞でレコーディングしたものが、現在に至っているのである。

ちなみに、日本音楽著作権協会（JASRAC）には、今もこの歌は、「作詞・作曲武政英策」として登録されている。

第十四章　ドレミの歌

運命を変えた「三島由紀夫」との対談

それは、ペギー葉山への天からのご褒美《ほうび》だったに違いない。

キングレコードから出した『南国土佐を後にして』が、空前のヒットとなる中、ペギーの歌手人生をさらに大きく飛躍させる出来事が待っていた。

「ペギーさんに是非、『南国土佐を後にして』を歌いに来て欲しい」

太平洋の向こうから、そんな要望が舞い込んできたのは、ちょうどレコード発売から一年が経った頃だった。

呼んでくれたのは、アメリカのロサンゼルスの日系人団体で、歌うイベントとは、日米修好百年祭の「二世ウィーク」である。

ペギーがアメリカに向かったのは、昭和三十五年八月のことだった。

その直前、ペギーには運命を変えるともいうべき邂逅《かいこう》があった。三十五歳の作家・三島由紀夫との対談である。ペギーはこのとき、まだ二十六歳。深川の料亭で催されたその対談は思いも寄らぬ方向へ話が向かった。

「俺は昨日、ニューヨークから帰ってきたんだ」

偶然、対談の前日、三島はアメリカから帰国したばかりだった。訪米を間近に控えていたペギーには、奇遇《きぐう》というほかない。

「私、これからアメリカに行くのよ」

「そうかい。それは奇遇だな。どこに行くの？」

「ロサンゼルスです」

「どうせ行くなら、ニューヨークにまで足を延ばした方がいいと思うよ」

「どうして？」

「そりゃ、ミュージカルが花盛りだからさ」

それから三島が披瀝《ひれき》する舞台の話に、ペギーは引き込まれた。

ペギーは、こう語る。

「三島さんが、例のあの顔で、〝あんた、ニューヨークに行くかい〟って言い出したんですよ。そして、〝ニューヨークは、今、ミュージカル花ざかりだぜ。ウエストサイド物語にサウンド・オブ・ミュージックにマイ・フェア・レディに、とにかくすごいミュージカルの乱立だから、絶対、観てこいよ〟って。私は、〝ええーっ〟て言ったんですよ。とにかく、ぎょろぎょろしたあの目で、三島さんがいろんなことを次々とおっしゃったのよ」

それは、いちいちペギーの心を捉えることばかりだった。

「ウエストサイドストーリーがいい」

「レナード・バーンスタインの音楽がすごい」

「とにかくこれを観たら、圧倒されるぜ」

……三島の口は、もう止まらなかった。

三島はニューヨークのブロードウエイで、ほとんどのミュージカルを観てきたらしい。まだその興奮が冷《さ》めやらないようすだった。

(ニューヨークに行きたい)

もともと本場のミュージカルに触れたいという思いは、ペギーには、かなり強い。三島の話を聞くうちに、ロサンゼルスで『南国土佐を後にして』を歌ったら、是非、ニューヨークまで行きたい――そんな思いがこみ上げてきた。

三島が特徴的なあの〝ぎょろ目〟で、滔々《とうとう》と語るブロードウエイのありさまは、そのまま自分自身の興奮へとつながっていった。

(よし、私はニューヨークに行く)

まだ一ドルが三六〇円の時代である。ニューヨークに足を延ばすにしても、すべて単身での行動となる。しかし、宝塚ファンだった幼少の頃から、ペギーの望みは、ミュージカルスターだ。三島にそこまで勧められて、その興奮を受けとめずにいられるわけはなかった。

「本当は、ミュージカルのスターになりたかったの。でも、結局、『南国土佐』が大ヒットしたでしょ。逆に、そのために出演したかったミュージカルに出られなくなったんですよ。なんて言ったって、日本では、『南国土佐』なんですよ。だから、絶対にニューヨークに行きたいと思ったのよ」

　このアメリカ行きは、ペギーにとって〝生涯の宝〟となる。

「ロサンゼルスで、『南国土佐』を歌ったときのことも忘れられません。そのときの反響がまた、すごかったんです。もともと、この歌は、望郷の歌でしょう。それで、聴きながら涙が出たとおっしゃって……。

　聴いてくれたのは、日系の二世の方だけでなく、三世、四世の方もたくさん聴いてくれたんです。それで、〝よく歌ってくれた〟っておっしゃるんです。この歌、とても待ち望んでいた、って。懐かしくて望郷の思いで、聴きながら涙が出ましたと、もう、うるうるしておられました。私は、ああ、歌ってよかった、と……」

　ロスの日系人たちの要望に見事に応えたペギーは、そこからニューヨークに向かったのだ。

「たった一人の貧乏旅行よ。しかも着物姿で行ったのよ。大荷物を持ってね。今のようにトランクには車がついてませんから大変でした。でも、アメリカの人たちって、みんな親切だから、着物を着て女性が大きなトランク持ってると、すぐ寄ってきてくれるの。

あなたは女性だし、こんな大きなものを持ったら駄目だよ、僕が持ってあげるよ、って。でも、そう言われても、この人、悪い人じゃないかしらって心配するじゃない？だけど、みんな、親切だったのよ。私は、本当にアメリカの人ってこんなに女性に親切かと思いましたね」

チケットもすべて自分で手配した。

「ロサンゼルスからニューヨークまでの国内便も、自分で手配して行ったの。リコンファームも、自分でやってます。ちゃんとリストに載ってますよって、言われてホッとしたりね。まあ、大冒険よね。よくやったと思う。

でも、たった一人で行ったのよって言っても、みんな信じないのよ。誰かと行ったんでしょって。荷物もあるし、着物でしょう。ロスも、ニューヨークも和服ですよ。和服で行って、向こうでは、もちろん、洋服も着ましたけれども、ブロードウエイなんかは全部着物です。本当に大冒険だったと思います」

ペギー葉山、二十六歳。六十年近く前のたった一人のアメリカ冒険旅行は、彼女自身の人生を変えることになる、素晴らしい曲を日本に持ち帰る出来事につながるのである。

感激のブロードウエイ

（この曲は……すごい……）

ペギーは、客席で動けなくなっていた。

心に感激が溢《あふ》れすぎて、身体を動かす力がすべて失われてしまったかのようだった。

無事、念願のニューヨークにやって来たペギーは、ブロードウェイで大人気を博していた『サウンド・オブ・ミュージック』のチケットを入手し、ひとり、劇場に足を運んでいた。

（来てよかった……本当によかった）

ペギーの頭の中は、そのことでいっぱいだった。

本場のミュージカルを観たいという一心で来たブロードウェイで、ペギーは、想像以上の衝撃と感動を身体中で受け止めていた。

Let's start at the very big beginning
A very good place to start
When you read you begin with
A-B-C
When you sing you begin with
Do-Re-Mi
Do-Re-Mi
The first three notes just happen to be

Do-Re-Mi
Do-Re-Mi
Do Re Mi Fa So La Ti
Oh, let's see if I can make it easier, Mmm
Doe, a deer, a female deer
Ray, a drop of golden sun
Me, a name I call myself
Far, a long, long way to run
Sew, a needle pulling thread
La, a note to follow sew
Tea, a drink with jam and bread
That will bring us back to Doe

『サウンド・オブ・ミュージック』は、妻を亡くしたオーストリアの退役軍人の子供たちの家庭教師となった修道女マリアが、子供たちとの交流を深め、やがてナチスドイツに併合されたオーストリアからの亡命を決意する物語である。

『ドレミの歌』は、母を亡くし、厳しい父との生活の中で、歌うことを忘れた子どもたちに、マリアが歌の楽しさを教える場面で歌われる。

その優しい音階と、美しいメロディ、さらには、心の底から元気が出るリズムが、いきなりペギーの心を鷲《わし》づかみにしてしまったのである。

ドレミの歌は、いろいろな場面で、何度も何度も出てきた。一度聴いただけでも、口ずさむことができるメロディだった。

くり返し出て来るその歌を、知らず知らずペギーは感動とともに口ずさんでいた。

第一幕が終わったとき、ロビーに出たペギーは、さらに驚くことになる。観客が、至るところでその『ドレミの歌』を口ずさんでいたのだ。

(感動したのは私だけじゃない)

ペギーは、そのことを知った。そして、この歌を日本に持ち帰りたい、と思った。

そうだ。私が、この歌を持ち帰ろう、と。

「見終わったときは興奮して……。こんなミュージカルがあったんだっていうくらい本当素晴らしかったです。あのときは、しばらく立ち上がれませんでした。私の好きな女優さんが出ていたし、リチャード・ロジャースの音楽も、もともと大好きで、本当に興奮してしまったんです」

あの「夢」のような宝塚の舞台を観る幼い頃に、ペギーは戻っていたのかもしれない。

「舞台のセットは、ちょっと小高い丘みたいなセットでした。その上にメアリー・マーティン扮《ふん》するマリアが、ふぁーっと座って、そして立ち上がって歌うんですよね。子どもたちを前にしてドレミを歌っているのを聴いて、ああ、絶対これ、日本語でつくろうと思ったの。ドレミは、あのミュージカルの中に、何度も出てくるんですよ。リピートして。

第一幕が終わったら、ちょっと休憩時間があるでしょう。みなさんお茶飲んだり、ワイン飲んだりなさるわけ。そのとき、ロビーでみんながあの歌を歌ってるの。出てきた観客が、みんな口ずさんでいるのよ。すごい、と思ったのね。リチャード・ロジャースの音楽って、本当にすごい。それで、私は売店に行って、スコア（譜面）とLPレコードを買い求めたの。

これを日本語で歌ったら素晴らしいって思った。やっぱり、そういうものを昔から培ってたのかもしれませんね。円タクで通ってた四歳の頃からのセンスが生かされたのかもしれません。みんなが覚えられる歌、メロディ、優しい歌、あったかみがある歌……素晴らしいでしょう」

そう語るペギー葉山は、とても八十三歳には見えなかった。

母に連れられて、ミュージカルに親しんだ幼い頃、英語放送を聴きながら必死にジャズの歌詞をノートに書き込んだ中学時代、ジャズ歌手を目指して米軍のステージでも歌った高校時代……あるいは、それらのすべての意味が、その「瞬間」に凝縮されていたのかもしれない。

必然ともいうべき「運命」に導かれて、ペギーは、『ドレミの歌』に出会ったのである。

朝になっていた「摩天楼」

ホテルに帰ったペギーは、さっそく『ドレミの歌』の翻訳にとりかかった。劇場の売店で買ってきたのは、譜面とオリジナルの『サウンド・オブ・ミュージック』のLP盤である。

「ホテルは、ブロードウェイのすぐ近くのところでね。帰ってから、すぐとりかかったの」

英語にかけては、これまで苦労に苦労を重ねて習得してきた自信がある。

彼女は、辞書を片手に、『ドレミの歌』の訳詞に取りかかった。

『ドレミの歌』の〝ド〟は、原曲では「雌鹿《めすじか》」（doe）となっている。しかし、日本語では、「鹿」はあくまで「シカ」であって、〝ド〟にはならない。ペギーの頭に、真っ先に浮かんだのは、「ドーナツ」という単語だった。

それは、ペギーにとって、母がつくってくれたドーナツにほかならなかった。ペギーには、あの福島への疎開時代に、

「自分の食べたいものを画用紙に描《か》いてごらん」

と先生に言われたとき、母がつくってくれた甘いお砂糖がまぶしてある茶色いドーナツを描いた記憶がある。

毎日が空腹だったあのとき、ペギーは、母のドーナツが一番、食べたかった。

「だから、〝ド〟はドーナツのドだ、とすぐ思い浮かびました。それで、全部、食べものがいいな、と思って、書いていったの。〝レ〟は、レモンのレで、〝ミ〟は、みかんのみって……。それで〝ファ〟になったら、ファのつく食べものがないの。ファンタってのが、ありましたけど、あれは商品名でしょ。それで、ファだけ、よけといたのよ。思い浮かばないから、どけて、次へ行こうって……」

ペギーは、原曲を何度も歌いながら、考えた。

「そして譜面を見たら、原曲は、〝ラ〟は〝ソ〟の次よ、という歌詞（La, a note to follow sew）なのよ。それで、なんだ、そんな発想でいいんだ、と思ったの」

食べものにこだわらなくてもいい。ペギーはそう思った。食べものにさえ、こだわらなくてよければ、いろいろな言葉があった。

「ファのつくものがなかったことで、食べもので統一したかったんだけど、それをやめたのね。それで、ふと、ファイトっていう言葉が思い浮かんだの。ファイトがあれば、元気になれるっていうイコールがあってね。そうやって、できていったの。何度もホテルの部屋の中で、自分で歌ってね。随分、苦労したんですよ、ファイトに行きつくまでは……。もう、そのときは、知らないうちに、摩天楼が朝になっていました」

ペギーは、五十六年前の場面を、ほんの昨日の出来事のように鮮やかに語った。

ファは「ファイトのファ」
ソは「青いそら」
ラは「ラッパのラ」
シは「しあわせよ」

このとき、苦しみながら書いていったこの部分が、それから半世紀ものちに、打ちひしがれた人々に、大きな勇気をもたらす「役割」を持つことになる。ペギーには、そんなことは想像もつかなかったが、そのことは後述する。

原曲には、二番はなかったが、ペギーはこれに「二番」もつくっている。

「二番は日本へ帰ってからできたの。公演で地方に行ったときに、車窓から運動会の場面を見てね、〝どんなときにも　列を組んで〟という日本語の歌詞が浮かんだの。二番のほうが、ぱぱぱ、とできたのね」

そして、ペギーによる『ドレミの歌』は、完成した。

さあ、おけいこをはじめましょう
やさしいところから
英語のはじめは　ＡＢＣ
歌のはじめは　ドレミ　ドレミ

ドレミ　はじまりのみっつの音です
ドレミ　ドレミ
ドレミファソラシ

ドはドーナツのド
レはレモンのレ
ミはみんなのミ
ファはファイトのファ
ソは青い空
ラはラッパのラ
シは幸せよ
さぁ歌いましょう

ドレミファソラシド　ドシラソファミレ
ドミミ　ミソソ　レファファ　ラシシ
ドミミ　ミソソ　レファファ　ラシシ
ソドラファミドレ
ソドラシドレド

どんなときにも
列を組んで
みんな楽しく
ファイトを持って
空を仰いで
ランラ　ラララララン
幸せの歌
さあ歌いましょう
ドレミファソラシドソド

誰もが心の浮き立つようなこの歌は、大ヒットとなる。

ペギーがアメリカから持ち帰った翌年の昭和三十六年、「ドレミの歌」の曲名でキングレコードから発売され、翌昭和三十七年には、NHKの「みんなのうた」で使用された。

さらに、東京少年合唱隊のバックコーラスによる再録音版が「ドレミのうた」という曲名でも、発売されている。

決定的だったのは、小学一年生の音楽の教科書に採用されたことだろう。これによって、「ドレミの歌」は、ひとり歩きを始め、年を経るごとに、日本人なら「誰でも知っている歌」になっていくのである。

「『南国土佐を後にして』を歌いに来て欲しい」

そんなロサンゼルスの日系人の要請から始まったペギー葉山のアメリカン・ジャーニーは、これまた、日本の歌謡史に特筆される大ヒットを残すことになるのである。

第十五章　ハチとペギー葉山

進化を遂げる「よさこい祭り」

武政英策がつくった「よさこい鳴子踊り」は、大きな進歩を遂《と》げていた。それは、〝爆発〟という表現がふさわしいだろう。

武政には、子供がなかった。最初の妻・貴美恵を病気で失った武政は、のちに再婚。その妻・春子の姪《めい》である森田広子が、仁淀川《によどがわ》のほとりの高知市宗安寺《そうあんじ》にある山荘に同居して、晩年の夫妻の面倒を見ていた。

広子の夫である森田繁広《しげひろ》（六六）は、武政のことを「おじちゃん」と呼ぶ。

「おじちゃんは、元気なときは高知県内、郡部、山間部をずっとまわって土佐のわらべ歌を収集していたので、そこから、あの〝ヨッチョレ、ヨッチョレ〟という歌詞が出ていますからね。音楽に関しては誰にも負けないし、よさこい鳴子踊りの曲を本当に五日でつくっちゃったわけです。でも、おじちゃんは、ぎっしり（いつも）よさこいの踊りを〝こんな踊りでは駄目だ〟と言いよりました。〝わしは、リオのカーニバルみたいな踊りを目指しちょる。若い人にあとを引き継いでもらいたい。年のいったもんの発想よりか、若い人のエネルギッシュな発想の方が、もっともっと踊りを進化させてくれる〟と言うんです。

いまのよさこいは、もしおじちゃんが生きてたら、ものすごく喜ぶと思いますね。こんな踊りでは絶対に続かん、というのは、家の中で言いよるだけでなしに、(祭りの係の)観光課の人らにも、ぎっしり言いよったがです。実際にリオのカーニバルみたいになった今のよさこい祭りを、おじちゃんに観せてあげたいですよ」

大胆なアレンジでリオのカーニバルのようにならなければダメだ——それは、稀有《けう》なる才能をもとに、さまざまなものを生み出してきた武政ならではの感覚だっただろう。

「おじちゃんは晩年、病気で入院したときも、サウンドにうるさかったですよ。私が電気関係の会社に勤めていたので、たとえば、〝ソニーのダブルのラジオカセットが欲しい〟と頼まれるんです。あいにく品切れだったので、代わりに違う会社のものを持って行ったら、おじちゃんは〝絶対にソニーじゃないとだめだ〟というんです。仕方がないので持って帰って、注文し直しましたよ。やっぱり音楽家ですから、こだわりがありましたね」

よさこい鳴子踊りは、武政が望んだ「変化」のきざしを一度だけ見せたことがある。武政が亡くなる十年前の昭和四十七年、フランス・ニース市のカーニバルに、鳴子踊りが招聘《しょうへい》されたときだ。武政は、要請に応じて新たに編曲したサンバ調のリズムの「よさこい鳴子踊り」を提供して、踊り子たちをニースに送り出している。

踊り子隊はフランス国旗にちなみ、青と白、ピンクの三色をあしらって、背中には「土佐」と染め抜いた法被《はっぴ》を着て、若柳流の荒谷深雪が振り付けた踊りをニースで披露した。

荒谷は、第一回よさこい祭りに高校生として出場したあの女性である。荒谷の笛に合わせて、サンバ調のリズムに乗った踊りは、現地で絶賛された。

「武政先生に〝素人でもできるように教えて〟と言って太鼓《たいこ》を教えてもらったがですよ。リズムをとるのが大太鼓で、小刻みに刻むのが小太鼓。それと笛をピーッと吹いたら、ジグザグ行進と八の字行進をやるがです。踊りながら、形を変えていきました。いま思うと、武政先生をニースに連れて行けざったがが、残念でしょうがないんです。

現地の評判はよかったんですが、もともと、この踊りをつくった日本舞踊の方からの批判はすごかったです。高知に帰ってきたら、〝(日本舞踊の)五流派の先生が作った踊りを、あんたはめちゃめちゃにした〟とカンカンでした。でも、商工会議所さんと新聞社が〝よかった、よかった〟と、推《お》してくれたんで、私の首は皮一枚で残ったがです」

今も若柳流師範として活動する荒谷はそう語る。しかし、せっかくの変化のきざしも、大きなうねりになることはなかった。

一九八二(昭和五十七)年、武政は、七十五歳でこの世を去った。

武政の死を待っていたかのように、偶然にも、よさこい祭りの変革が翌八三年から始まる。

武政が考えていた理想の姿を目指すかのように、よさこい鳴子踊りは、大きく発展していった。その変貌の鍵となったのは、「ジャズ」である。

よさこい鳴子踊りは、それまでの法被や浴衣姿が似合う日本調のものではなく、ジャズダンスを取り入れた大胆な踊りへと激変していくのだ。それこそ、武政が夢見ていたものである。

そこでは、ひとりの天才ジャズダンサーが大きな力を発揮していた。

国友須賀《くにともすが》——よさこい踊りを根本から変えた「人物」を挙げるとしたら、彼女だろう。

国友須賀は、昭和二十八年に高知県幡《は》多《た》郡で生まれ、桐朋学園大学演劇科を卒業し、劇団四季でミュージカルの舞台に立った。

劇団四季を辞め、フリーになって高知に帰り、数人で「四国ジャズダンスアカデミー」を設立する。その後、独立して「SUGA JAZZ DANCE STUDIO」をつくった人物である。

「昭和五十八年のよさこい祭りで、須賀先生がグッドライフカンパニーという会社の振り付けをして、みんながびっくりしたんです。これが、須賀先生が〝よさこい〟にかかわる一番最初なんです」

そう語るのは、よさこい祭りが始まるときに深くかかわった当時の高知商工会議所副会頭（のちの会頭）西山利平の孫、枝里《えり》である。

西山枝里は須賀のジャズダンス教室に通うジャズダンサーの卵だった。よさこい祭りに乗り込んできた須賀の軍団は、観るものを仰天させた。

「その頃は地方車《じかたしや》に規制がなかったので、トレーラーを地方車にして、よさこいに出たわけなんです。ところが、トレーラーなので狭い道は曲がれないから、本当に大変なことになりました。トレーラーの上では、生バンドの演奏をして、踊り子が数名、この上でも踊ったんです。〝よさこい節〟はちゃんと入っていましたが、曲はロックで、踊りはジャズダンス。すべて須賀先生とグッドライフの社長さんのアイデアでした。当時、グッドライフカンパニーというのは、最先端の洋服屋さんでしたので、これをやったんです」

しかし、浴衣姿の日本調の踊り子隊ばかりのなかに、いきなり、ロック調のジャズダンスである。それまでの踊りを〝堅持〟してきた人たちの反発はすごかった。

「反感を持たれて、高知放送で、よさこい祭りについての『朝まで生討論』をやったほどです。そこで須賀先生はものすごく叩かれました。日本舞踊の師匠の方も出ていて、あんなのは駄目、と言っていました。でも、これをきっかけに次の年から須賀先生への踊りの振り付けの依頼がすごく増えたんです」

この年のよさこいは、土佐を舞台にした映画『陽暉楼《ようきろう》』の封切り直前で、五社《ごしや》英雄監督や、女優の池上季実子、浅野温子《あつこ》、熊谷真実《まみ》といった豪華メンバーが踊りに参加するという話題の祭りだった。

そしてその二年後の昭和六十年、須賀がオッペン化粧品踊り子隊の振り付けをしたのが、決定的な変革のもとになった。枝里がつづける。

「このときは、レオタードに羽という大胆な衣装だったんです。踊りも激しかったです。当時のオッペン化粧品の高知支店の所長さんが、すごい女性だったんです。須賀先生のスタジオにもレッスンにおいでていた方で、〝先生、なにかびっくりするような新しいことをやりましょうよ〟と、先生に持ちかけたんです。須賀先生は、〝(ジャズの)発表会のときの衣装があるき、それに羽とかをつけてやったら、リオのカーニバル風になるねえ〟と言って、その大胆な衣装で、踊りをやったんです。さすがに、かなりの勇気が要る衣装でした」

踊り子隊全体がそんな〝刺激的な〟恰好《かっこう》ではなく、踊り子隊の先頭で踊る七、八人のリーダーがこの衣装で踊ったのだ。

須賀自身は、地方車の上に、さらに高いステージをつくり、そこでソロで踊った。大胆な衣装と激しいジャズダンスに観衆はあっけにとられた。

しかし、肝心の枝里は、この踊りに参加できなかった。

「私は出たかったんですけれども、家に帰って、こんな衣装で……という話をしたら、母に〝そんなん、絶対ダメ!〟って止められたんです。あとでテレビ中継を見たときに、母が〝やめさせてよかった。あんなん、おじいちゃんが見たらびっくりするぞね。あんた、本当にやめちょってよかった〟と言われました。祖父は、その頃は商工会議所の会頭として追手筋《おうてすじ》のところで踊りを観ていますからね。須賀先生は、私が、出られないことを言ったら、うちの事情もご存じなので、すぐわかってくれました。〝あんた、かわいそうねえ〟と言われました。ですから、あのとき私は、踊ることはできずに、先生のお手伝いをしていたんです」

親が娘に「ストップ」をかけるほどの大胆な衣装の登場は、〝リオのカーニバル〟風の祭りへと変貌を遂げる「分岐点」だったと言えるだろう。

須賀とともにジャズダンス・スタジオのインストラクターもやり、今も現役をつづける時久紀恵《ときひさのりえ》（ダンススタジオアスティア代表）がこう語る。

「須賀先生は、自分の表現の世界を求めていった方だと思うんです。よさこいにかける情熱がものすごいものだったから、結局、よさこいという形そのものを変えたと思うんです。自分の表現の世界をずっと求めていた人が、やっとその舞台を得た、という気がします。須賀先生が、最初のグッドライフカンパニー、そして、次のオッペン化粧品からスタートして、若い子たちに、よさこいの〝変革の種〟をいっぱい播《ま》いてくれたんですね。

須賀先生は、その後、ハワイに住居を求められて、ハワイから全国発信をするということになったんですね。先生は、〝高知が基地〟とは仰っていましたが、活動の場が全国に向いていて、踊りで全国各地いろんなところに行く時代が続きました。

須賀先生は五十八歳の若さでガンで亡くなりますが、よさこいの振り付けをやっている須賀先生の教え子たちは沢山います。今のよさこいの中心になっているのは、須賀先生の教え子たちだと思いますよ」

活動の範囲を広げ、よさこい鳴子踊りを変革させた須賀は、彗星《すいせい》のごとく現われ、そして去っていった。しかし、須賀の弟子たちは、次々と、よさこい鳴子踊りの人気振付師になっていくのである。その意味で、須賀の〝遺伝子〟は、いまも大きく受け継がれていると言える。

よさこい祭りは、この頃、ひとりの学生の登場で、全国展開のきっかけをつかんでいる。

北海道大学の二年生だった長谷川岳《がく》（現・自民党参議院議員）が、高知医科大学の学生だった兄の関係で高知の病院に入院した母の看病のために高知を訪れ、よさこい祭りと「出会う」のである。

若者のパワーが爆発する本場よさこいの躍動感に圧倒された長谷川は、札幌で「ＹＯＳＡＫＯＩソーラン祭り」を企画する。平成四年六月、第一回が開催されたＹＯＳＡＫＯＩソーラン祭りは大反響を呼び、北の大地で、独自の発展を遂げていくのである。

読み聞かせた父の本

長い長い歳月は、鯨部隊の元兵士たちにも、さまざまな変化をもたらしていた。

鯨部隊に関して貴重な文献を残した松浦初男は、戦後に生まれた明美を加えて四人の子供を妻・鶴とともに、育てあげた。

有田少尉のことを忘れず、飲み会があるたびに、浪曲「有田少尉の最後」をうなる姿は、先に紹介したとおりだ。しかし、六十四歳を迎えたとき、松浦に悲劇が訪れた。

「父は、〝六十五歳で仕事を辞めて、戦友の墓参りと、散らばっている鯨部隊の仲間を訪ねて行くがが夢や〟と、いつも言よったがですよ。その希望を叶える前の年に脳こうそくで倒れたがです」

戦後に生まれた末っ子の明美がそう語る。

「父は、まず県立の安芸病院に運ばれ、それから高知市の病院で、およそ半年、リハビリをやったがです。命はとりとめましたが、言語中枢をやられて、寝たきりになったがです。それを母が、ずっと世話をしました。

失語症というんですか、言葉が出んようになったがです。あればあ（あれほど）いろいろなことを話していた父が、言葉を出せんようになりました。あれがつらかったです。物さえ言えたら、友だちが訪ねて来てくれたときに昔の戦争の話をすることができたのに……。それが残念です」

明美は、多くの父との思い出を持っている。忘れられないのは、明美が急病で病院に運ばれ、生死の境を彷徨《さまよ》ったときのことだ。

「私が高校生のとき、腎臓が悪くなって、本当は死んじょったがですよ。生きるのが奇跡と言われたぐらい具合が悪うなったがです。おしっこも全然、出んようになってね。尾木病院に半年も入院したがですが、のちのちまで先生に〝この子は地獄の一丁目まで行っちょった子や〟と、言われたぐらいです。人間って一晩で髪の毛が真っ白うなるんですね。私がもう助からないと思うて、うちの母は一晩で真っ白うなったがです。

私、もう命がない、死ぬと思うたとき、心臓がドキドキしてきたがです。そのとき、父が言うたんです。〝明美、生きるという信念を持たないかん。お父ちゃんは戦争中に、大勢が死んだけど、お父ちゃんは一番先に突進していったぞ。そのときに、自分は氏神様がついてくれちゅうき、大丈夫、という信念を持っちょったぞ〟って。

父は、左の上腕を鉄砲の弾が貫通しちょるんです。その戦いで、ほとんどの人が亡うなって自分も鉄砲の弾が貫通したけど、〝自分は助かるという信念を持っちょったき、助かった。明美、自分は助かるという信念を持たないかん〟と、言うてくれたがですよ。そうしたら、ドキドキしていた私の心が、すーっと落ちついていったがです……」

氏神様というのは、松浦が戦時中、肌身離さずお守りを持っていた「杉尾神社」のことである。

すーっと気持ちが楽になった明美は、危機を脱して回復に向かう。

「そのとき思うたんです。ああ、自分はお父ちゃんの徳のおかげで生きちゅうって。父は本当に人望があって、自慢の父だったがですよ。お父ちゃんが徳を積んでくれちゅうき、その徳を私がもらいよるよ、と、のちのち私は、言うたがです。父は人を本当に大事にしたと思うんですよ。父は、いろんなことを私に教えてくれました。今もそれを思いだすがです」

友だちは一生の財産やき、大事にせないかんぞ。人を絶対に差別したらいかん――折にふれて、父は、明美にそう言った。極限の戦場で、戦友との友情を大切にしてきた松浦ならではの言葉だっただろう。

「子供の私が言うのは何やけど、本当に、父を悪く言う人はひとりもおらんかったですよ。商売人というより、本が好きな人だったがです。学校の教科書でも、私より先に私の教科書を読みよった人ですきね。どちらか言うたら、学者タイプの人やなかったでしょうかね。父が入院したときに、看護婦さんに、〝根が、校長先生みたいやね〟って言われたりしたがですよ」

十三年間の闘病の末に、平成二年、松浦は七十七歳で息を引き取った。妻・鶴は、誰にも真似のできない看病を家でしつづけたのである。

明美が言う。

「私は父と母に〝私にとって、お父ちゃんとお母ちゃんの子供に生んでくれたことがなによりの財産と思うちゅう〟と言うたことがあるがです。ほんなら母が〝そんなに言うてくれてうれしい〟と言うてくれました。母は本当に人の良い、人を疑わない人でした。母は、九十八歳まで生きてくれました。

私は、寝たきりの父に、よう父自身が書いた本を読んで聞かせたがですよ。鯨部隊のことを書いちゅう内容を、私が声に出して、読んで聞いてもらいました。そうしたら、あんまり内容がすごくて、自分で読みながら、涙が出てきましてね。〝ああ、お父ちゃんは、やっぱり、優しい人やったんや〟と思うてね。戦争の本やのに、本の中で父の優しさが、いっぱい読みとれたがですよ。それに、あの戦争のものすごいありさまも……。父は、目を閉じて、静かにそれを聞いてくれていました……」

大切にされたハチ

長い年月は、剝製となったハチにも、さまざまな変化をもたらしていた。

成岡は、上野動物園からもらいうけたハチの剝製を大切にした。自分の枕元である床の間の「床」にこれを置き、寝起きをともにしたのである。

成岡家は、高知市の栈橋《さんばし》通りという電車通りにあり、復員後、成岡は、喫茶店を経営したり、氷屋を開いたりした。

ハチは、その成岡家の「日常生活」の中にいた。

「物心がついたときには、ハチはおじいちゃんの部屋の床の間にいました。ハチは、おじいちゃんといつも一緒でしたね」

そう語るのは、孫の成岡俊昌《としまさ》（四六）である。

「ハチの剝製が置いてあったのは、祖父が寝ていた日本間なんです。仏壇も置いてあって、祖父はここでものを書いたり、寝起きもしていたので、メインの部屋でしたよ。祖父は、よく戦争の話をしていました。僕の同級生とかが遊びに来て、祖父に見つかったら、おしまいですよね。こっちに来い、と言われたら、そこから一時間か二時間、戦争の話を聞かされるんです。

でも、ハチの話は、それほどしませんでしたね。逆に、それだけ思いが強かったんじゃないのかなあ、と思います。いま思えば、日本に帰って来て、会えると思っていたハチに会えなかったという思いがあるわけですよね。物がなかったあの時代に、剝製になったハチを高知に持ってきたわけですからね。相当な思いだったと思います。ハチの話は、ちょっとはしてくれるんですが、ハチとの深い関係のことは教えてくれなかったんです。

聞かせてくれるのは、戦闘の話とかですね。当時、祖父の家はうちから歩いて五分ぐらいだったので、よく遊びにも行っていたんです。おじいちゃんとお風呂に入ったら、戦争の話が始まるんですよ。祖父は銃弾を受けていたので、そこが、おへそみたいに傷が穴になっていたんです。腹に二か所、足にも二か所ぐらい銃弾の傷痕《きずあと》が、おへそみたいに残っていましたね」

俊昌の姉、白井真佐子（四八）も、やはり、ハチを幼い頃から見つづけている。

「物心ついた時から、ハチはいつも祖父のかたわらにいましたので、違和感も何もなかったんです。家にハチの剝製がドンッとあって、その横に祖父がいる姿が普通なんです。

たまに友だちが遊びに来たりすると、〝ええっ？〟となりますよね。

その感覚が私にはまったくないぐらい、ハチは家族のような存在でしたね。絶えずハチがいることが普通でした。成長するにつれて、豹というものがどういうものか、知るわけですが、テレビで観る豹と、ハチは完全に別ものというか、そういう不思議な感じだったと思います」

やがて、成岡の息子である直正（真佐子と俊昌の父）が、成岡が経営していた喫茶店と同じ場所に『瑞霞苑《ずいかえん》』という名の中華レストランを開き、ハチはここに引っ越していく。

「ハチをその店に移したんです。祖父は、今度は、毎朝レストランが開く時間に店に来て、必ずハチが見える席に座ってコーヒーを飲むんです。それで、お客さんがいらしたら、ハチの話をします。初めてのお客さんやったら、ハチが入っているガラスケースの前で、立って見ている方がおいでるじゃないですか。すると、さーっと、そばに寄って、これは……と言うて、ハチの説明をするんです」

俊昌より二つ年上の真佐子には、成岡はハチの話をしている。

「祖父はハチが亡くなったところの話もしてくれています。最後、上野動物園で……というあたりの話が、だんだんと理解できて、自分の中に入ってきたときは、祖父もしんどかったんだな、つらかったんだなということがわかってきました。亡くなったことを知ったのが電報だったことも話してくれました。

たぶん祖父は、中国でハチと生活していたときのように、自分が帰って来たときには、上野動物園から高知にハチを引き取って、また一緒に生活するつもりだったと思うんです。結局、それが断たれてしまったのは相当なショックだったと思います。でも、そこから先というか、祖父の思いは、話してくれませんでした。

そこらへんを話していくと、どうしても涙が出てしまうと思うんです。感情的になったりする前に、話をやめたんだと思うんですよ。だから、そのあたりの祖父の思いは、詳しく聞けていないんです。でも、高知に連れて帰って生活したかった、ということは聞いたことがあります。もしそうなっていたら、どうなったでしょうか。どんな風になっていたのかを見たかったな、という思いは今でもありますね」

中華レストラン『瑞霞苑』は、四階建てだ。二、三、四階では、大きな宴会もできた。もちろん、土佐鯨部隊の戦友会も、ここで何度も開かれている。いわば鯨部隊の戦後の〝拠点〟ともいうべき場所のひとつになったのである。

そのたびに、全員が『南国土佐を後にして』を合唱し、ハチの剥製に手を合わせた。ハチを大切にする鯨部隊の男たちとハチとの関係は、こうして戦後もつづいたのである。

歳月が過ぎ去り、成岡は昭和五十六年、戦争の悲劇を後世に伝えるために、ハチの剥製を高知市に寄贈することを決意する。

ハチは、高知市の貴重な歴史上の「財産」となったのである。

成岡が、老衰で息を引き取るのは、平成六年一月のことである。中支の陽新県の牛頭山でハチと出会ってから五十三年、剥製となったハチを引き取ってから、四十五年後のことだった。

ハチと出会ったペギー葉山

ペギー葉山は、高知県にとって、欠かすことができない著名人であると同時に、大恩人ともなった。戦後を代表する大ヒット曲『南国土佐を後にして』は、高知への関心を呼び起こし、歌に登場する「はりまや橋」は、観光名所として、不動の地位を築いていた。

よさこい祭りの際には、よさこい全国大会の審査委員長を務めるなど、ペギー葉山は、いつも高知とともにあった。

ペギーは、いつの頃からか、豹のハチの話に関心を抱くようになった。『南国土佐を後にして』を生み出した鯨部隊の話のなかで、ハチの物語を欠かすわけにはいかなかったからだ。

戦地で、一緒に『南国節』を歌ったであろうハチ。薄幸《はっこう》だが、心を温かくさせてくれるハチの物語は、ペギーの心も捉えて放さなかったのである。

彼女が念願のハチとの対面を果たしたのは、やっと二〇一一（平成二十三）年七月九日のことだ。東日本大震災から四か月後のことである。

ハチの剝製は、成岡の死後、高知市で保管された。高知市栈橋の子ども科学図書館で展示され、子供たちの目を楽しませた。説明書きを読んだ子供たちは、

「へえー、中国の豹なんだ」

「日本軍が一緒に暮らしていたんだって……」

迫力のある豹の姿を前にして、目をきらきらとさせながら、話し合った。

成岡は、ハチの思い出を『豹と兵隊』（芙蓉書房）という本に著わしている。これが話題になり、俳優の浜畑賢吉の筆になる『戦場の天使』（角川春樹事務所）というハチをモデルにした童話も生まれた。この浜畑の作品がもとになって寄付が集まり、老朽化したハチの剝製に修理が施されたのは、平成二十一年のことだ。

そんなニュースを耳にするたびに、ペギーは、ハチのことを考えた。「きっと、鯨部隊の人たちと一緒にハチはあの曲を歌っていたに違いない」と。

そしてついに、この日、同館を訪ねたペギーは、やっとハチと会うことができたのである。

そのときの思いをペギーは、自身のブログのなかで、のちにこう記述している。

〈ただ涙！

ハチ、あなたやっと逢《あ》えたね！　遠い中国での日中戦争の最中、日本の兵隊さんのアイドルとなってあなたは遠く故郷を離れて戦っていた兵隊さんへの「心の癒《いや》し」だった

のよね……でも可愛そうに……戦況が悪くなって、あなたは日本の上野動物園に送られた……、空襲が日に日に激化する東京で、猛獣は危険という事で、トラやライオンや象と一緒に毒殺されて……

あなたもあの戦争の犠牲者なのよね……そして、毎晩露営をしながら故郷を思いながら兵隊さんの歌う、あの「南国土佐を後にして」にあなたは、耳を傾けていたんだよね……

あなたを可愛がっていた成岡さんが休暇で日本に帰国して真っ直ぐ上野動物園に向かったところその何日前に死んでいたなんて…… どんなに悲しかったことか！

その後成岡さんはあなたを引き取って剝製にして高知のご自分のお店に飾っていらして……その後、ハチと兵隊さんの話は、俳優で演出家の浜畑さんが「戦場の天使」と言う童話を作られてその基金で老朽化したハチの剝製が見事に蘇って、現在は高知市の栈橋通りにある、子ども科学図書館の2階に飾られハチの話も展示されているのよね……きりりと美しい瞳《ひとみ》を持ったハチ……

私は……ハチに話しかけました。立派な一匹の豹……兵隊さんに癒しを沢山呉《く》れたハチの子供の頃の写真からそのエピソード……どうか高知にいらしたら是非ハチに逢って上げてください〉（二〇一一年十月十九日）

ペギーが戦場で『南国土佐を後にして』を歌っていた土佐人部隊にどれほど心を寄せ

てきたか、また、その癒しとなっていたハチをどれほど愛《いと》しく思っているかが伝わってくる文章である。

埋め尽くされた「はりまや橋」

南国土佐をあとにして
都へ来てから幾歳ぞ……

厚手の濃いピンクのワンピースに身を包み、グリーンとイエローの鮮やかなスカーフを首に巻いたペギー葉山が歌いだすと、集まった観衆の手拍子が始まった。待ちに待った歌声だ。

二〇一二（平成二十四）年十一月三日午後二時半――。

JR高知駅から南におよそ四百メートル、高知市の中心「はりまや橋」で、『南国土佐を後にして』の歌碑除幕式がおこなわれていた。

はりまや橋交差点は、電車やバスが行き交う高知随一の交通量を誇る地である。その東側にある公園に、「歌碑」は建っている。

この日の最高気温は、摂氏二〇度。土佐の空は雲ひとつなく、日本晴れの抜けるような青空が広がっていた。

高知八幡宮の別役重具《べっちゃくしげとも》宮司による神事から始まったイベントは、公園を埋め尽くした数百の人々が見守る中、尾崎正直《まさなお》・高知県知事、岡崎誠也《せいや》・高知市長の挨拶につづき、歌碑の除幕がおこなわれた。

出席者には、渡辺盛男、吉永強ら、九十代を迎えた鯨部隊の生き残りの元兵士五人が招かれていた。彼ら元兵士が最もうれしかったのは、この歌の由来が記された記念のプレートがつくられたことだろう。

戦場で生まれ、鯨部隊の兵たちによって歌い継がれたこの望郷の歌が説明され、中支で歌われた頃の歌詞もプレートに刻み込まれたのである。

この記念プレートを除幕したのは、渡辺盛男である。元兵士を代表して、渡辺が「南国土佐の歌碑を建てる会」の臼井《うすい》浩爾《こうじ》会長（六九）とともに、集まった人々の前で除幕をおこなった。吉永ら元兵士たちは、そのようすを万感の思いで見つめていた。

午後二時からは、ハーモニカクラブや地元の女性アイドルグループによる歌やパフォーマンスがおこなわれた。やっとペギー葉山本人がマイクを握ったのは、二時半を過ぎていた。

特徴あるペギーのアルトが聴く者の心を捉えていく。

思えば、長い歳月だった。ペギーは、これに先立った挨拶で、こう語っている。

「皆様、こんにちは。ペギー葉山でございます。とても感動しております。それから、胸がいっぱいになっております。今日はこんなにいいお天気、同時に晴れ晴れとした気持ちで、この素晴らしい歌碑が建立されたこと、私の六十周年の歌手生活の中でも、もっともすばらしい、思い出に残る日になりました」

六十周年の歌手生活の中でも、もっともすばらしい、思い出に残る日——それは、ペギーの心からの言葉だった。

あのNHKプロデューサー妻城良夫による説得。葛藤《かっとう》の末の当日。歌い終わったあとの驚くべき反応……今となっては、すべてがペギーにとって、人生の大きな財産だった。

七十八歳になっても衰えを知らないペギーの歌声は、集まった観衆を魅了した。

この地では、これから未来永劫「午前八時半から午後八時半」まで、一時間おきにペギー本人の歌声が歌碑から流れ、隣に建てられた鯨の親子の背中から潮が噴き出すのである。観光客や道行く人たちを長く楽しませるに違いない。

ペギー本人が歌う、生の『南国土佐を後にして』は、観衆との大合唱のなかで終わった。

最後に挨拶に立ったのは、「南国土佐の歌碑を建てる会」の臼井浩爾会長だ。

「秋日和の好天に恵まれました本日は、文化、歴史に親しむ文化の日でありますと同時に、また、〝レコードの日〟でもあるとも聞いております。このよき日に、大勢の方にご臨席をたまわり、誠にありがとうございます」

グレーのシックな背広に紺色のネクタイを締めた臼井は、「南国土佐の歌碑」と書かれた薄いグリーンの襷《たすき》を肩からかけていた。

『南国土佐を後にして』歌碑モニュメントの、式典並びに除幕式に高知県下はもとより、四国四県、東京、大阪より、はるばると多くの方に駆けつけていただき、又、本日は歩兵第二百三十六連隊、通称・鯨部隊におられた方々にもご出席いただき、感無量の思いで一杯でございます」

臼井は、自分の思いを「感無量」という言葉で表現した。昭和四十一年に青山学院大学法学部を卒業した臼井は、地元高知で英会話学校を経営している。

ペギーの青学の後輩であり、青山学院の校友会高知県支部の支部長も務めていた。その縁で、高知の〝大恩人〟でもある先輩・ペギー葉山にも、日頃から親しくしてもらっていたのだ。

数年前に高知を訪れたペギーが、青山学院内にできたペギーの大ヒット曲『学生時代』の記念歌碑について、その素晴らしさを臼井たちに話したことがあった。

「それにくらべて、高知には歌碑はあるけれど、山（注＝五台山のこと）の上で、ちょっと寂しいわ……」

ふと、ペギーが洩《も》らした言葉に臼井は驚いた。

「えっ？」

そういえば、『南国土佐を後にして』の歌碑を自分は見たことがない。

なぜだ。すべては、臼井のその素朴な疑問からスタートした。

あれほどの曲の歌碑が、なぜ町の中にないのか。

これは、土佐人として恥ずかしい。そう思った臼井は、高知の青山学院の同窓生たちに相談し、そこから、歌碑建立の運動を始めたのだ。

以来、三年三か月。臼井は、どうせなら、最も人通りが多い「はりまや橋」に歌碑を建てようと考え、東奔西走したのである。

当初、臼井は、この歌が戦場で生まれた望郷の歌であることを知らなかった。しかし、調査が深まれば深まるほど、この歌の由来《ゆらい》と偉大さを知るようになっていった。

鯨部隊の生き残りを訪ね、丹念に誕生のときからの話を追った臼井は、この日、やっと「ゴールに辿りついた」のである。

当初は順調に進んだ寄付集めも、二〇一一年三月、東日本大震災が発生して、ぴたりと寄付が止まった。人々の関心は、大震災に移り、運動は一時、休止状態に陥らざるを得なかったのである。そして、さまざまな困難を乗り越え、やっとここまで漕《こ》ぎつけたのだ。

「この歌の歴史は、ある名もない一兵士が、あの過酷な戦場でつくったところから始まります。そして、郷土出身、鯨部隊の兵士たちが曠野《こうや》で歌い継ぎ、戦後、武政英策先生が補作編曲し、昭和三十四年、われらがペギー葉山さんが大ヒットを飛ばし、全国的に有名になったものです」

そう言うと、臼井は胸を張った。

「その功績をたたえて、当時の溝渕増巳高知県知事が名誉県人として感謝の意をあらわすこととなりました。胸を打ち、魂を揺さぶるこの歌は、高知県人の愛唱歌であり、戦中、戦後を通じて、ふるさと土佐を代表する昭和の不朽《ふきゅう》の名曲であります。

　これからも、未来永劫、歌い継がれ、高知を訪れる観光客の皆様に親しんでいただけるように、歌碑モニュメントとして、こうして、はりまや橋東公園に完成させることができました。高知県人が堂々と胸を張って、観光客の皆様に、はりまや橋をご案内いたしましょう。どうも皆さま、ご協力まことにありがとうございました」

　臼井の挨拶に万雷の拍手が巻き起こった。

「歴史の重さ」とは

　一大イベントとなった歌碑除幕式の前日、ペギー葉山は、高知市役所で記者会見に臨んでいる。実は、すでにそのときから、ペギーは感極まっていた。

　歌手生活六十周年という記念すべき年に、この歌碑ができたことにペギーは表現しがたい感動を覚えていた。

　集まった記者たちは、会見の途中で、ペギーが涙声になったことに驚いている。

「日中戦争の折に、過酷な戦場にいらした兵隊さんたちが、望郷の思いでこの歌を歌われて、そして誰ともなしに歌われていた曲を、そういう皆様のお心を継いで、私が、ご縁があって歌わせていただいたわけでございます。そうした皆さんの〝魂〟がバックアップをしてくださってヒットソングにつながったのではないかと、私は思っております」

ペギーは、〝魂がバックアップをしてくださって〟というくだりで、感極まったのだ。涙声になってしまったペギーの姿に、記者たちは言葉を失った。

残念ながら居並ぶ記者たちの年齢が若すぎたのかもしれない。ペギーが、この歌を歌いながら、中支の戦場で死んでいった鯨部隊の兵たちの姿を思い浮かべていたことを想像できた記者は少なかっただろう。

なぜなら、すでにこの歌は、兵士による「望郷の歌」という出自《しゅつじ》を離れて、あまねく人々の心を捉える歌に成長していたからである。いまも広く、誰からも愛され、歌いつづけられているのは、「戦場の歌」だからではない。

むしろ戦場の歌、兵士の歌と気づかないからこそ、これほど長く、戦争のない平和な時代に歌い継がれたのではないだろうか。

多くの人の力を借りながら、あらがいようもなく自分が歌うことを運命づけられたこの歌。その歌碑除幕式にあたって、ペギーはあらためて、この歌を歌いながら死んでいった若者たちのたくさんの魂が、自分をこの歌に結びつけ、自分を通してその思いを人々に広めさせたのだ、と感じていたに違いない。

そして、なにも知らずに取材に集まった若い記者たちを前にして、戦場で命を落とした若者たちの魂は、こうやって祖国の次世代の多くの人に伝えたかったのだと実感して、その「魂のバックアップ」の強さこそがヒットソングにつながったのだと思う、と語ったのだろう。

ペギーはそう語りながら、自分をここまで導きつづけてくれたあたたかい魂のパワーに、感極まったのである。

戦争のおろかさ、祖国への愛を描いたサウンド・オブ・ミュージックの劇中歌『ドレミの歌』が、反戦のメッセージをまったく漂わせずに、楽しく幸せを歌い上げるのと同様に、この歌も、美しく、恋しい故郷への愛を歌い上げている。

戦争で味わったつらい思いを心に強く刻み込みながら、平和を祈る気持ちを、明るくふりまいたペギーによって、この歌は「命」を吹き込まれ、結果的に、あの戦争で命を落とした人々の存在や、その無念さを後世に伝えることになったのである。

翌日の除幕式で、マイクをもらったペギーは、観衆に向かって、最後にこう語りかけている。

「高知へ帰って来るとね、皆さんが〝おかえりなさい〟と言ってくださるんです。私には、日本の国のどこに行っても〝おかえりなさい〟と言ってくださるところは、ほかにはないんです。高知はね、飛行場に着くと、もう、お会いしたことがないような方が〝おかえり〟と言ってくださるの。そして、帰るときは〝今度、いつ来る？〟って……。そういう人と人との触れ合いができる、唯一の場所が高知なんです。皆さま、本当にありがとうございます」

万感をこめたペギーの話に観衆から感動と感謝の拍手が起こった。

「おかえりなさい」

「今度はいつ？」

そんな声をかけてくれる南国土佐は、ペギーにとって、歌手として歩んだ自分の人生の意義を感じさせてくれる〝心の故郷〟そのものだったのである。

第十六章　心のコンサート

「僕たちは元気です」

それは、一通の子供たちの手紙から始まった。

高知での思い出に残る歌碑除幕式があった二〇一二（平成二十四）年秋、ペギー葉山の代々木上原の自宅に届いた大きな封筒があった。

なかに何かが入っている。

「まあっ」

ペギーは、封筒をひっくり返して、送り主に目をやると、思わず、声を上げてしまった。

ペギー自身が戦争中、疎開していた福島県いわき市四倉《よつくら》町玉山（旧・福島県石城《いわき》郡大野村）の大野第一小学校の六年生たちから届いた郵便物だったのだ。

僕たちは元気です。

なかに入っている手紙には、そう書かれていた。封筒には、子供たちが手づくりしたパンフレット（小冊子）が一緒に入っていた。

〈やっぱり大野だっぺよ！〉

パンフレットのタイトルを見た瞬間、ペギーから笑みがこぼれた。

〈大野の特産物や歴史などがかいてあるパンフレットです〉

表紙には、そんな説明と一緒に〈いわき市立大野第一小学校　6年生作成〉と書かれてあったのだ。

ページをめくり、手紙を読み直したペギーには、すべてがわかった。

大野第一小学校の六年生が、総合学習の授業で、自分たちが住む地域の研究のために、それぞれがテーマを決め、地元の人に聴き取りをおこない、その成果が一冊のパンフレットにまとめられていたのである。

六年生のひとりが、自宅近くの白岩温泉に聴き取りに行った際、戦時中、その温泉宿に子供だった頃の「ペギー葉山さん」が疎開していたことを知った。

「大野の子供たちは大丈夫かしら？」

今もペギーと交流がある旅館の女将は、震災以後、ペギー葉山本人がそう心配していることを生徒に伝えたのである。

「ペギー葉山さんが、僕たちのことを心配しています」

研究成果の発表のときに、その事実は、みんなに伝えられた。

みんなと言っても、大野第一小学校には、六年生は、たった九人しかいない。大野第一小学校は、全校でも「五十六人」という小さな学校である。

「ええっ?」

田舎の子供たちにとって、芸能界とは、このうえなく遠い存在である。

その芸能界の人が、それも、誰でも知っているペギー葉山という有名人が、自分たちのことを心配してくれている——子供たちが、なにか現実離れした感覚に包まれたのも当然だっただろう。

そのとき、大野第一小学校の六年生たちは、漠然と「僕たちは元気なのに、芸能界に心配してくれている人がいる」と思ったのである。

しかし、パンフレットは、なかなかでき上がらない。そこで、六年生の担任の藤川幸恵教諭は、子供たちにこう提案した。

「ねえ、みなさん。心配してくれているペギー葉山さんに、手紙を出すのはどうかしら。〝僕たちは元気です〟とお伝えしましょうよ」

それはいい。そうだ。お手紙を出そう!

「早くパンフレットを仕上げて、ペギーさんにお手紙を出そう」

研究成果を早く仕上げるためには、子供たちの奮起《ふんき》を促す必要がある。藤川は、そうやって、子供たちの尻を叩いた。

やがて、白岩温泉の旅館にペギーの自宅の住所を教えてもらった六年生は、手紙とともにパンフレットを送ったのだった。

自分のもとにこの郵便物が届くまでの経緯を知ったペギーは、とても感激した。今も白岩温泉の人と交流を持っていたことによって、自分が震災で苦しんでいるはずの子供たちのことを心配していることが、本人たちに「伝わった」のである。

いわき市は、震災と、それにつづく原発事故で、時間が経っても解決がつかない問題をたくさん抱えている地だった。

福島第一原発事故は、双葉郡を中心に甚大な被害を福島県内にもたらし、およそ十六万人の人々が、故郷を離れざるを得なかった。縁者を頼って関東や北信越、あるいは東北へ出ていった者もいれば、福島県内にとどまった人もいる。

そんな中で、浜通り最大の町であるいわき市には、続々と避難する人々が集まった。最初の一年で、いわき市の人口は爆発的に増えた。浜通りの被災者が、すべていわきに集まってきたのではないか、と思えるほどだった。

福島県、そして、いわきのことを思って、ペギーは、いつも心を痛めていたのだ。

その思いが通じたことが、ペギーにはうれしかった。

ペギーは、ますます興味深くパンフレットに見入った。最も関心をもって見つめたのは、四ページ目に出ている白岩温泉の項である。そこには、

〈温泉の町だっぺよ！　その1　白岩温泉〉

というタイトルの下に、

〈昔、戦争の時、白岩温泉に、芸能人が学童そかいしたんですよ〉

という文章が子供の字で記されていた。

「あら、まあ……」

ペギーの目は、釘づけになった。

ペギーが疎開していた白岩温泉の「昔」と「今」の姿が写真で紹介されており、その横には、デビュー間もなくの若い頃の写真とともに、青山学院にある『学生時代』の歌碑の前で撮った写真も掲載されていた。きっと、交流のある白岩温泉に自分自身が送った写真に違いない。

手書きの説明書きには、こうあった。

〈その芸能人とは、この人です。

有名な歌手で、「学生時代」という歌を歌っていました。

昭和十九年、芸能人のペギー葉山さんが戦争で、白岩温泉に、学童そかいしていました。

当時、小学生四十人が白岩温泉から、大野第一小まで通って授業を受けていました〉

よく見ると、そんな文章とともに学童疎開していたときの黄《き》ばんだ集合写真までコピーして貼《は》られている。どうやら、白岩温泉からすべて借りてきたらしい。見事な〝取材力〟である。

（よかった……子供たちはみんな元気なんだ）

大震災以来、ペギーは、被災地をあちこちまわり、復興のためにさまざまな活動をおこなっていた。

しかし、気になりながらも、自分が疎開していた地には、まだ足を運べていなかった。交流のある白岩温泉にだけは、「（大野第一小学校の）子供たちは元気かしら？」と、話していたのである。

それが、こんなかたちで、それも、突然、当の大野第一小学校の子供たちからの手紙とパンフレットで知らされることなど、想像もしていなかった。

驚くべき「提案」

〈素敵な皆さんのお手紙、本当に嬉しく拝見しました〉

ペギーは、子供たちに、そんなお礼の手紙を出した。そこには、昔の思い出話が綴《つづ》られていた。一年生から五年生までのおよそ四十人が疎開生活をおくっていた頃の話である。

〈遠い遠い昔、もう68年も前の夏、私が在学していた東京都中野区桃園第二小学校の児童は、激しくなる太平洋戦争を避けて、福島県石城郡大野村字白岩にある金波旅館や玉山の旅館に分宿しました。

都会から離れての田舎での生活、いろんな事がありました。でもみんな、日本はきっと戦争に勝つと信じて、頑張りました。当時はあなた方の学校は大野第一国民学校と言う名前で、午前中は村の子供たち、午後は東京からの疎開児童の授業でした。田舎のあぜ道をみんな北風にホッペタを真っ赤にして、歌いながら登校しました。其の中の一人の生徒が、私、ペギー葉山です。

村の人々は本当に親切で、稲刈りやお餅《もち》つきの体験、田植えの体験、お手伝いをしたら大きなお握りを下さいました。今もあの頃を思い出します。

皆さんは戦争を知らないですね。この平和の中に楽しい学校生活を送ってしあわせですね。でも去年の震災で、福島は本当に大変な思いをされましたね。

現在原発で大変な場所はあの頃子供たちの海水浴場でした。美しい海が広がって、この海の向こうに東京のお父さんやお母さんがいるんだとみんな海に向かって大声で呼んだ思い出があります。

私はあの原発以来、ずっと心を痛めています。みなさんのお友達やご家族のみなさんの中で被害に逢《あ》われた方々に心からお悔やみとお見舞いを申し上げます。そしていつも祈っています。

丁度皆さんと同じ年のころ、ペギーさんは戦争の体験をし、今皆さんは原発という大変な災害に逢われていること、とっても心が痛みます。どうかみんな仲良く協力して、心の絆《きずな》、友情を大切にしてこの時代を乗り切ってください〉

そこには、優しさと温かさあふれるペギーの言葉が綴られていた。自分が小学校のときに経験した「戦争」と「疎開」、そして、今の小学生が経験している「震災」と「原発事故」のつらさ。そのことに対するいたわりと励ましが、短い手紙の中に凝縮されていた。

しかし、皆が驚いたのは、手紙に書かれた次のくだりだった。そこには、ペギー葉山が、大野第一小学校に行って、「一緒に歌ってみなさんに元気を上げたい」という希望が書かれていたのである。

〈一度あなた方の学校に行ってお話をしたり、ご一緒に歌ってみなさんに元気を上げたいと願っています。私は今年歌手生活60周年を迎えて、とても忙しい毎日ですので、来年にでも私の夢が叶《かな》えられるといいなあと思います。六年生の皆さんは来年は卒業ですね、卒業の前に、お逢いできればイイデスネ。本当にみなさんのお手紙が嬉しかったです。長い月日を経てもこうして絆が出来たこと、嬉しいです、あの頃いわき市に行った疎開の生徒達はみんなおじいさんおばあさんになっているけれど、みんないつも逢うたびに、疎開の話を懐かしくしていますよ。

どうか元気で、勉強をして下さい。私にお手紙を下さることを勧めて下さった先生にどうかよろしく！　お伝えくださいね。

いつかきっとみなさんにお逢いしましょうね。

真心と真心をこめて……〉

そして、手紙の最後に、こんなサインが記されていた。

〈たのしいパンフレット、

よく出来ています。白岩の事、

思い出しました！

ペギー葉山〉

それは、子供たちにとって、いや、大野第一小学校の先生たちにとっても、「信じられないこと」だった。

別世界にいる芸能人から、直接、自分たちに対して、手紙が来たのだ。しかも、こっちにやって来て、「一緒に歌いたい」と書いてあるのである。

「私自身が驚きました。まさか、そんなことになるとは予想もしていなかったので……」

そう語るのは、当時の六年生の担任、藤川幸恵教諭である。藤川は、今もこのペギーからの手紙を大切に保存している。

「もともとは、自分たちが住んでいるところを取材して、地域のパンフレットをつくるという学習が六年生の国語の教科書に載っていて、それに取り組んだのがきっかけだったんです。それぞれの生徒が、自分の住んでいるところを担当して調べました。白岩温泉の近くに住んでいたのが高木君という生徒で、〝僕は、白岩温泉を取材します〟と取材に行ってくれたんです。

そうしたら、白岩温泉のおかみさんから、〝この温泉には、戦争中にペギー葉山さんが学童疎開をしていて、今でもペギーさんとお手紙のやり取りがあるんだよ〟と教えてもらったんです。話の中でおかみさんが、震災後、ペギーさんが〝大野一小の子たちは大丈夫かしら？〟と心配しているんだよ、と教えてくれました。そのことを高木君が教室で発表してくれたんです」

藤川は、ペギーさんとおかみさんが手紙のやり取りをしていると聞いたので、

「みんなが今、どんな風に生活しているか伝えたら、きっとペギーさんは安心してくれるかもしれない」

と、提案してみた。すると、

「みんなでお手紙書こうか」

と、話が進んでいったのである。

「それで、パンフレットと子どもたちの手紙を送らせてもらったんです。うちの学校は

高台でもあったし、海からも離れているので、震災での大きな被害は直接にはありませんでした。しかし、学校は、しばらくお休みになりました。この六年生たちは、四年生の三月に震災に遭い、五年生の四月から学校が再開して、給食や教科書がない中で授業が始まりました。もちろん、親戚や知り合いの中には、家が流されたり、避難したり、いろいろな方がいました」

ペギーが、子供の頃にお世話になった疎開先の旅館と交流をつづけていたことが、新たな「出会い」を呼ぶ端緒《たんちょ》となったのである。

しかし、これをきっかけに、事態はさらに大きくなっていった。なんと、ペギー葉山が六年生が卒業する前に、子供たちに会いに来てくれることになったのだ。

しかも、ただ来るだけでなく、大野第一小学校の体育館でミニコンサートまで開いてくれることになっていったのである。

当時の大野第一小学校の校長、北村壽秋《としあき》（五九）も、こう語る。

「六年生の授業でやっていたことが、思いがけず、そうなっていったんです。自分たちのことを心配しているペギーさんにお手紙を出そうと思いついたのは藤川先生です。藤川先生から、手紙を出していいですか？　と聞かれたので、〝いいよ。出そう、出そう〟と答えました。そうするとペギーさんからお手紙が来て、こっちに来て、みんなと一緒に歌いたいという内容だったんで、びっくりしたんですよ。学校は、六年生が九人で、全校生徒は五十六人ですからね。そんな小さな学校にペギーさんのような方が来てくれ

ると は夢にも思いませんでした……」

北村校長は、福島第一原発が立地している双葉郡双葉町の出身だ。原発は実家からすぐ近くにあり、そのため、今も、双葉の実家には帰ることができていない。

福島を心配してくれているペギー葉山さんが、この小学校に来てくれる——それは、子供たちだけでなく、北村校長以下、全教員の驚きであり、同時に喜びでもあったのだ。

まさにあれよあれよ、という間に、「大きな出来事」へと進んでいったのである。

やって来たペギー葉山

二〇一三年三月一日。

福島県いわき市の大野の地元の人たちに、回覧板を通じて、小学校から案内状が配られた。

住民は、驚きの声を上げげた。案内状は、〈ペギー葉山さんとの交流会のご案内〉と題され、こう書かれていたのだ。

〈さて、6年生の総合的な学習で、戦時中ペギー葉山さんがこの大野に疎開していたことがわかり、調べたことをまとめて手紙を出しました。子どもたちの手紙を読んだペギー葉山さんから、卒業前に6年生に会いたい、という返事をいただき今回の交流会が実現しました。

　せっかくの機会ですので、全校生でペギー葉山さんの歌を聴かせていただくことになりました。つきましては、もし鑑賞のご希望がございましたらおいでいただきますようご案内申し上げます。

　日時　平成25年3月14日（木）
　　　　開始　午後1時30分　開場　1時15分
　　　　終了　午後2時30分
　会場　本校体育館

授業の一環としての集会ですので、ご理解のほどよろしくお願いいたします〉

　あの「ペギー葉山」が、大野にやって来る。しかも、小さな大野第一小学校のあの体育館に——。地元の人々にとっても、それは、まさに「あり得ないこと」だったに違いない。

　しかし、これは「現実」だ。あるいは、子供たちよりも、大人たちの方がそわそわするようなことだったかもしれない。

　案内状が地元に配られてから二週間。全校わずか六十人足らずの小さな大野第一小学校の校区にいる人々は、子供も、そして大人も、指折り数えて「その日」を待った。

そして、とうとう三月十四日がやって来た。

その日のことを多くの人が昨日のことのように記憶している。開場は、午後の一時十五分なのに、待ちきれず、一時間以上前から、いや午前中から、人々が駆けつけた。

高台に建つ大野第一小学校の前は、ゆるやかなスロープになっている。

その坂道をお年寄りたちが、ゆっくりゆっくり歩いて上がってきていた。子供たちがいる教室から、そのようすがそのまま見えていた。

「あっ、うちのおじいちゃんだ」

「うちのおばあちゃんも来てる!」

姿が見えるたびに、子供たちから声が上がる。授業どころではない。その日は、学校全体が、いや、地域全体がそわそわして、落ち着きを失っていた。

やがて、ペギーは、やって来た。

赤いロングドレスに身を包んだペギーの姿が見えると、体育館は溜息と拍手に包まれた。

ステージに向かって、前方はもちろん生徒たちである。

六十人足らずの一年生から六年生までの生徒たちが、目を輝かせながら座っていた。

そのうしろには、二百人ほどの地域の人々が椅子に座って、ペギー葉山の歌声を待っていた。

小さな地区に、なぜこれほど人がいたのか、という数である。子供たちの父兄だけでなく、子供や孫が小学校に行っていなくても、地域で誘い合ってやってくるのが、田舎のよさだ。

ペギー葉山の歌声を聴きたい純粋なファンがそこにはいた。

大人にとっても、子供たちにとっても、夢のような時間が待っていた。それは、同時にペギー葉山の福島に対する、人生の「恩返し」の時間でもあった。

みんなで歌った『ドレミの歌』

「みなさーん、こんにちは。やっと、皆さんにお会いすることができました。本当に、もう感激です」

体育館のステージに上がったペギーは、にっこりして、大きな声で話しはじめた。ペギー本人がうれしくて仕方がない顔をしている。

「今日は、よくおいでくださいました。ペギーさんはとても感激しています。二年前に起こった福島の大きな事故、もちろん、東日本全部が大変だったんだけれども、私はあの時にとても心配したの。福島の皆さんのことも。特に、私にとってこのいわき市というのは、思い出の場所だし、たくさんの恩があるんです。今日は、六年生のみなさんが、私にお手紙を送ってくれたことがきっかけで、みなさんとお会いすることができるようになりました。

ペギーさんの歌を聴いてくださいね。歌って、本当に、元気になるよね？　肩をポンッと叩いて〝一緒に歌おう〟って言ったら、その子もみんな元気になるよね。今日は、みんなで一緒に歌いましょうね」

優しさにあふれたペギーの言葉に、子供たちもうれしくなった。いや、子供たちのうしろにいる大人たちのほうが感激しただろう。

どうしてこんなに温かい人なんだろう、と。

ミニコンサートは、ペギーのこの最初の挨拶から、温かく、朗らかなものとなった。七十九歳とは到底、思えないペギーの歌声が次々と披露されていく。目の前のペギーが放つオーラに、観客である地元の人たち、そして学校の先生たちも、言葉を忘れていた。

「SING」

「雲よ風よ空よ」

「学生時代」

「切手のないおくりもの」

「夢の坂道」

……大野第一小学校の体育館は、ペギーの美しく、それでいて迫力がある声量に圧倒されていった。

ペギーのコンサートの特徴は、歌だけでなく、ステージと観客を一体化させる見事なトークにもある。子供たちに語りかけ、子供たちのうしろにいる地元の人たちにも語りかけながら、笑いと感動のコンサートがつづく。

「さあ、みんな上がってきなさい。一緒に歌いましょう！」

いよいよコンサートが終わりに近づいてきたとき、突然、ペギーがそう言った。

「いらっしゃい、いらっしゃい」

えっ？　一瞬、子供たちは顔を見合わせた。

ステージで一緒に歌おう、ということらしい。田舎の子は引っ込み思案だ。一瞬、立ちよどんだが、次の瞬間にはもう、ワーッという声とともに、子供たちがステージにかけ上がってきた。

恥ずかしそうにまわりをきょろきょろ見ている子、満面に笑みを浮かべた子、手を振って見に来ている親たちに合図を送る子……一年生から六年生まで、五十六人の生徒たちにとって、まさに〝特別な時間〟だった。

ペギーは、自分のもとに子供たちが集まってくるのがうれしくて仕方がないように目を細めている。

少子化の影響は、ここ福島県いわき市でもご多分に漏れず進行している。しかし、少人数だけに、一人一人の顔が直接、心の中に飛び込んでくるというメリットもある。

「さあ、ここ、ここ」

慈しむような表情で子供たちの顔を見ながら、ペギー葉山がそんな声を掛けているうちに、もうステージは子供たちで一杯になってしまった。

「さあ、歌いましょう！」

ペギーの掛け声とともに始まったのは、『ドレミの歌』である。

ドはドーナツのド〜
レはレモンのレ〜

ペギーと子供たちの弾むような声が、一瞬で大きな塊となった。

ミはみんなのミ
ファはファイトのファ
ソは青い空
ラはラッパのラ
シは幸せよ
さぁ歌いましょう　ランランランラン

この歌ほど、子供たちが、いや、老若男女すべてが知っているものは珍しいだろう。

もう半世紀以上前から、日本の教科書に載せられ、音楽の先生たちは、音階を、そしてリズムを教えるために、真っ先にこの歌を子供たちに歌わせてきた。

ドレミファソラシド　ドシラソファミレ
ドミミ　ミソソ　レファファ　ラシシ
ドミミ　ミソソ　レファファ　ラシシ
ソドラファミドレ　ソドラシドレド

もじもじしていた一年生たちも、高学年のお兄ちゃんやお姉ちゃんたちが一緒に歌っているのである。もう、楽しくて仕方がない。お兄ちゃんやお姉ちゃんは、さらに大きな声で歌っている。

どんなときにも　列を組んで　みんな楽しく
ファイトを持って　空を仰いで　ランラ　ラララララン
幸せの歌　さあ歌いましょう

歌が、それぞれの思いを託すものとするなら、『ドレミの歌』ほど、楽しく、朗らかになることができる歌も珍しい。メロディが流れ始めると、口ずさみ、自然に身体が動き始めるのだ。まさに幸せ一杯の曲である。

その秘密は、ペギーが苦心に苦心を重ねたあの部分にあることは明らかだろう。

ファはファイトのファ
ソは青い空
ラはラッパのラ
シは幸せよ

ファイト、すなわち、勇気を持って進もう。あの青い空を晴れやかな気持ちで、もう一度見たい。幸せに向かって、立ち直りたい——。

この歌詞と、浮き立つようなメロディは、打ちひしがれそうな被災者たちをどれだけ勇気づけたか知れない。

大合唱に、大人たちの手拍子も加わった。

福島県いわき市の大野第一小学校体育館。ペギー葉山と『ドレミの歌』によって、そこだけが異質な空間と化していた。

「神様からの贈り物」

実は、このとき、満面の笑みのペギーは、泣きそうになっていた。あまりにも、こみ上げてくるものがあり過ぎたのだ。

六年生の顔を見ていると、ちょうど自分たちが疎開していた頃と同じ顔だった。昔の子供よりも、今の子供のほうがしっかりとしているかもしれない。

しかし、会いたかった六年生の子供たちの顔を見た瞬間、ペギーは、自分たちの子供時代を思い出してしまったのである。

「もう、歌ってて、胸がいっぱいになってしまったの。本当は、泣きそうだったのよ。でも、泣いちゃいけないという気持ちで、必死に歌いました。だって、子供たちの顔を見ていたら、あの疎開時代のことを思い出すんですよ。お腹が空いて、ゲンゴロウがおかずになったり、かわいがっていた豚が殺されて食卓に出てきて、泣いて箸がつけられなかったり……。日本は戦争をしているんだから、私たちも、がんばろう、って。でも、夜になると、どうしても、めそめそして、〝帰りたい〟という、まだ小っちゃい下級生もいるでしょう。それを一生懸命、慰めながら、でも、やっぱり、自分も寂しくってね。そんなことを思い出してしまって……」

さまざまな思いがこみ上げて、ペギーは、泣きそうになってしまったのだ。

「本当にこれは、六十年歌手生活をおくってきた私への神さまからの贈り物だったと思うの。大野では、みんなと一緒に歌えたし、テレビでも、私、震災のときに、子どもたちが手をつないで、輪になって、みんなで、『ドレミの歌』を歌ってくれているのを観たこともあります。

ファイトを持って、とにかく人生を渡ろうっていうのは、私の頭にいつもあるのね。自分の歌の人生も、いつもファイトと思っていましたから。それが、震災のときの被災者を励ます歌のひとつにもなったんです。

とにかくみんなに元気が出ればいいな、って。打ちひしがれて、しょぼっとしている子が、ファイトを持って、元気が出てくれれば、これほどうれしいことはなかったのね」

あの戦争中につくられた「望郷の歌」が、長い年月を経て、「姿」と「かたち」を変えて、さらに多くの人を励ましつづけている。

ペギーは、そのことをどう考えているのだろうか。

「すべてが、つながっているんですよ。だから、これは、私は『南国土佐を後にして』のご褒美《ほうび》だと思っています。私の歌の人生って、〝歌の扉〟があって、それを開けると、また次の〝歌の扉〟があって、という、そういう運命的な歌の神さまに導かれたような気がするの。そのことによって、またいい出会いがあって、とても幸せな人生だったんだな、と思うのよ」

ペギーはそう語ると、静かに息をついた。なにか遠くを見るような目をした。

コンサートの後、ペギーは、北村校長に、こんな手紙を書き送っている。

〈北村校長先生
卒業式も近く何かと御多忙な毎日でいらっしゃる事でしょう。

東京は、今日は二十度以上の暖かさに思わず桜が三分咲きになりました。

お彼岸《ひがん》と云う事で、今日は主人の墓前に、先日のすばらしい一日の事を報告して参りました。

三月十四日のコンサートは、今後私の人生で一番の思い出に残るステージになるでしょう。

あとからあとから思いが一杯で、熱い気持ちの中で生徒さんと御一緒にドレミの歌でフィナーレを盛りあがる事が出来た事、幸せでした。

子供達の清らかな瞳と暖かさ、みなさんのハンドベルの歓迎、コーラスどれもが感動的でした。

すばらしい思い出になって、中学に進学する皆さんが希望の光の中で育って行って下さる事を願っております。

すてきな機会をいただけたのは60年歌って来た私に神様からの贈り物だと思います。

皆々様によろしくお伝えください。

感謝を込めて　　　　ペギー葉山〉

歌手生活六十年となったペギー葉山は、きらびやかで、華やかなステージもさることながら、自分自身が疎開生活をおくった地での、子供たちとともにつくりあげたコンサートを「神様からの贈り物」と表現したのである。

ペギーにとって、それは、人生の集大成ともいえるコンサートだった。

エピローグ

二〇一七（平成二十九）年四月十日朝、代々木上原の自宅マンションの化粧台の前に立ったペギーは、急にめまいがして、倒れ込んだ。血圧が異常に低下していた。目黒区内の病院に運びこまれ、そのまま入院となった。診断は、「肺炎」である。

ペギーが所属する太田事務所の太田耕二社長は、すぐに病院に駆けつけた。

病室に入っていった太田は、驚いた。ペギーが酸素吸入をして、ベッドに横たわっていたからである。

「僕が行ったのは、昼前の十一時半から十二時近くだったと思います。酸素マスクをしていました。僕が〝大丈夫？〟と聞いたら、〝大丈夫、大丈夫〟と、言っていました。もちろん、酸素マスクをつけたままで、彼女は、声も出せていたんです」

昭和三年生まれの太田は、八十八歳。海軍兵学校に合格し、入学を待ったまま「終戦」を迎えたという人物で、昭和二十七年から、もう六十五年もペギーのマネージメントをしている。つまり、ペギーのプロデビュー以来の「すべてを知る人物」である。

ペギーの周囲にいる人たちは、太田のように六十年、あるいは、五十年というつき合いの人が多い。いかにも、人間関係を大切にするペギーらしい。

いつも元気そのもののペギーが、「入院」して、しかも、「酸素吸入」を受けるなんて、もちろん、太田は想像もしたことがない。

「彼女は、人間ドックで長いこと通っているかかりつけの病院があるんです。年に二回も三回も検診を受けていますから、何かあれば、そこの先生が、直々に薬の面倒をみてくれたり、点滴を打ってくれたりしていました。でも、そこには入院施設がありませんから、連携している目黒川沿いの病院に連絡してもらって、そのまま入院となったんです」

それほど深刻なものとは考えていなかった太田は、酸素マスク姿のペギーを見て、仰天したのである。

「どうも、医者がいい顔をしないのよ」

六十年以上にわたってペギーの伴奏をつとめるピアニスト、秋満義孝のもとにペギーのマネージャーからそんな電話が入ったのは、四月十日の昼のことである。

医者がいい顔をしない、とは、病状が「よくない」という意味である。

（えっ？　そんなはずは……）

秋満は、そう思った。

ペギーとは、四月十四日から始まるコンサートに備えて、二日前に銀座でリハーサルをやったばかりだ。一緒に夕ご飯も食べて、ペギーの車で目黒区駒場の自宅まで送ってもらった。

父親が家まで送ってもらったので、娘の章江《ふみえ》（五七）も出てきて、

「ありがとうございました」

と挨拶をしている。

「ペギーさんは、車の後部座席にすわっておられました。ちょっとお疲れの感じかな、とは思いましたが、いつものペギーさんでした。別れ際に、ペギーさんは〝またね〟とおっしゃったんです」

そう章江は言う。

その日のリハーサルでもペギーは、二時間ほど練習をしている。秋満によれば、普段とまったく変わりなく、夕ご飯も大いに食べていたという。それだけではない。

「その四日前の四月四日にも、ディズニーランドのある舞浜まで行って、ある化粧品会社のパーティーで、四十分ぐらい、歌っています。僕らが伴奏をして、十曲ぐらい歌いましたか。もちろん、お元気でしたよ。このときも一緒に食事をしています。終わって、（主催者が）お食事を食べて帰ってください、ということで、七、八人でご馳走になって、ペギーさんが〝あきみっちゃん、送るわよ〟と、このときも自宅まで送ってもらったんです」

ふたりは「ペギーさん」「あきみっちゃん」と呼び合う関係だ。

いつものように元気なペギーが、普段と変わったようすはまったくなかったのである。

「九日の夜も、自宅で普通にご飯を食べた、と聞きました。しっかり食べた、と。それでお休みになっているんですね。しかし、朝、具合が悪くなって、それで急に入院というのですから……」

秋満が娘の章江を連れて病室にペギーを見舞ったのは、十一日午後四時頃である。

ペギーの酸素マスク姿を見て、秋満もはっとした。そんな姿を予想もしていないし、これまでに見たこともなかったからだ。

「ペギーさん、もっと歌わなきゃダメだよ……。がんばって……」

ペギーの手を握って、秋満はそう言った。ペギーには、まだまだ多くの人々に勇気や感動を与える使命がある。そして、その力を現に持っているのだ。いつも伴奏をしている秋満には、そのことがわかっている。

しかし、このとき、ペギーの手が少し冷たかった。

「ペギーさんの手を自分から握るというのは、六十年つきあっていても、初めてじゃないかなあ。彼女の手がやや冷たかった印象があります」

となりで、秋満の娘、章江がようすを見ていた。章江は、物心ついたときからペギーにはかわいがってもらってきた。ペギーと秋満家の家族づきあいは長い。

しかし、病院に来たこともあって、気を利かして章江はマスクをしていた。顔が隠れているので、ペギーは酸素マスクのまま、

「だあれ?」

と、聞いた。

「章江です」

そう章江が答えると、ペギーは、

「わかった」

と返事をして、頷《うなず》いた。コミュニケーションは、とれていたのである。

このとき章江は、少し不安を覚えた。

章江は、母と祖母をすでに見送っている。母、すなわち秋満の妻は六十三歳で病死した。

「母が六十三歳で亡くなったとき、ペギーさんは駆けつけてくれたんです。横になっている母に、〝ママ、ママ! なんでこんなに早く死んじゃったの? あきみっちゃんを一人残して、どうするの!〟と、仰ったんです。それで、ううう……って、すごく泣いてくれたんです。ペギーさんは、本当に温かい人なので、そう言って、母のために泣いてくれました。その母が亡くなる二、三日前の呼吸の仕方と、酸素マスクをつけたペギーさんの呼吸の仕方がすごく似ていたんです。祖母もそうでした。ハア、ハア……って。二人が亡くなる前のときと、あまりに似ていたので、心配になりました……」

章江の懸念どおり、ペギーの意識は、だんだん遠のいていった。

「十一日の夜までは、しゃべることができたと思います。でも、それ以降は……」

太田社長は、そう語る。

ペギーは、二〇一二年十月、朝日放送の『みんなの家庭の医学』という番組のなかで、息子の英児《えいじ》（四九）が自閉症であることを告白している。自宅屋上に窯《かま》をつくり、「陶芸家」の道を進んだ最愛のひとり息子である。

英児を含む、ペギーを愛し、また、ペギーに愛された人が病室に駆けつけていた。

秋満が章江とともに病院を出たのは、夜七時半頃のことだった。外は、いつの間にか土砂降りになっていた。

「その日、ペギーさんの夢を見たんですよ」

と、秋満は語る。

「明け方かどうかわからないけれども、ペギーさんの夢を見たんです。夢のなかで、ペギーさんが普通に寝ていたの。顔が見えたんですよ。前の日に行ったときは、酸素マスクをつけて、苦しそうだったじゃないですか。だから、心の中でかわいそうだなと、きっと感じていたんだと思うんですよ。でも、夢では、酸素マスクをしていないんですよ。ふつうにすやすやと寝ていたんです。それで朝、起きた時に娘に言ったんですよ。〝いい夢見たよ。ペギーさんがマスクを外してすやすや寝ていたよ〟って」

四月十二日の朝は、昨夜の土砂降りがきれいに晴れ上がっていた。嵐のような天候が嘘だったように穏やかな一日が始まっていた。

「お天気もこんなに回復したから、ペギーさん、きっと回復するね」

章江も希望が持てたようで、そう返事した。

普段、あれだけ元気いっぱいだった彼女のこと、秋満は、大丈夫だ、と思った。

しかし、午後一時半頃、秋満家に一本の電話が入った。電話に出たのは、章江だった。

「十一時五十五分にお亡くなりになりました。本当はもっと早く（亡くなる前に）お電話をしたかったんですが、親戚の方々がワーッといらっしゃって病室も一杯で、お電話ができず、申し訳ありません」

太田事務所からの電話だった。

「えっ……」

章江は、言葉を失った。

父に伝えた。

「……そうか……」

父は、それだけしか言わなかった。押し黙ったまま、父はむこうを向いた。六十年以上も組んできた「ペギー・秋満コンビ」の突然の終焉だった。

かえすがえすも秋満は残念でならない。昨日、病室で手を握って、

「ペギーさん、もっと歌わなきゃダメだよ……」

そう言ったのは、彼女が現役ばりばりのシンガーであり、力がまだ衰えていないことを知っていたからにほかならない。

「ペギーさんは、音楽が大好きで、もっともっと歌いたかったんですよ。僕も音楽は好

きですから、そのことがよくわかるんです。だから、僕は、手を握って、もっと歌わなきゃダメだよ、と言ったんです。彼女のもっと歌いたいという気持ちがわかるんです。だって、今年もスケジュールがどんどん入っていましたからね」

亡くなる四日前の四月八日に秋満と一緒に練習したのは、四月十四日からのステージのためだった。

「これは、関東で十か所ぐらいまわらなきゃいけなくて、関西でも七月に四か所ぐらいまわるものでした。それに九月には上野の文化会館で、〝歌手生活六十五年〟の記念コンサートをやることが決まっていましたからね。八月にも、帝国ホテルで、インペリアルジャズというのに出るはずだったんです。具合が悪くなったら、ひと月でもいいから、ゆっくり休んで寝ていてくれればよかったんです。それが、話ができないうちに突然、逝《い》っちゃったんですよ。星がパーッと落ちたみたいになっちゃって……」

秋満は、そうしみじみ呟いた。

密葬は、四月十六日、茨城県下のお寺で営まれた。住職がペギーの音楽ファンだったことから縁ができ、夫・根上淳の父親が亡くなったときから、お世話になっている関係だ。夫もまたこの寺で眠っている。

お別れ会がのちに予定されていたため、親戚やごく身近な者だけの密葬だった。

秋満と章江の姿が参列者のなかにあった。

やがて、お別れのときが来た。棺《ひつぎ》に花を入れ、最後の別れをひとりひとりがしていく。

すすり泣きの声が聞こえる。

秋満と章江の番が来た。

いつもどおりのきれいな顔のペギーがそこには、いた。六十年以上にわたって、ともに音楽の道を歩んだ、秋満にとって、いわば〝戦友〟である。

(あっ……)

そのとき、秋満は声をあげそうになった。

溢れんばかりの花のなかで、ペギーは、なにかを抱くようにして、胸の前で手を組んでいた。

抱いているのは、譜面である。

(ああ……)

そのとき秋満の目から涙があふれ出てきた。

それは、『南国土佐を後にして』の譜面だった。秋満自身が持っていったものだ。

二日前、ペギーの遺体に対面したとき、秋満は、事務所の人間に三つの曲の譜面を渡していた。『南国土佐を後にして』『DOMINO』『爪』の三曲である。いずれも、ペギーにとって思い出深い曲だ。

なかでも、最も思いが強いのが『南国土佐を後にして』だった。

この歌を歌い、伴奏するために、秋満は、ペギーとともにどれだけ苦労したかしれない。

最初、歌うこと自体を拒否していたこの曲は、やがて、ペギーにとって人生を代表する曲になっていく。

「この曲は、最初は嫌だったかもしれないけれども、あれだけ歌い込んで歌い込んで、彼女にとって本当に愛着のある曲になっていきました。ふたりで、いろいろ工夫もしました。〝あきみっちゃん、今度はこうやって歌おう〟とか、歌謡曲調をちょっとやめようか、とか、いろんな相談をされました。僕は、アイディアで、〝最初は語り口調で歌ったらどうかなあ。それで途中からリズムを入れるというのは、どうだろうか〟とか、ずいぶんやりましたよ。語りのところは、僕のピアノだけでね。洋楽でいうと、イタリアの歌なんかでレチタティーヴォと言って、〝語るように〟歌うのがあるんですよ。伴奏が黙ってついていくんですね。つまり、リズムがないんです。要するに好きなように歌ってもらって、僕がついていくんですよ。これがコンビネーションです。ペギーさんはこの歌を本当に愛していましたから、こういう工夫を忘れなかったんです」

秋満は、その譜面を二日前に渡していたのである。

血のつながっていない自分たちはしゃしゃり出ることはできないが、心のなかで、誰か近しい人がペギーの棺にこれらを入れてくれないだろうか、と思っていたからである。

その譜面が目の前にあった。しかも、花に囲まれたペギーの胸に抱かれて……。

もう涙が止まらなかった。

秋満は、男泣きに泣いた。とめどなく涙があふれてきた。

ペギー葉山。本名・森（旧姓・小鷹狩）繁子。日本歌手協会の会長まで務め上げた戦後日本を代表する大歌手は、こうして愛する『南国土佐を後にして』の譜面を胸に抱いて、天に昇っていった。

中支の戦場でこの歌が生まれてから、実に八十年近い歳月が流れていた。

おわりに

八十年近く前に生まれ、姿かたちを変えながら、現代も、多くの影響を与えているひとつの歌の物語を追いました。

それは、私自身が生まれ育った南国土佐にまつわる歌でした。

その間に、実に多くの方々のドラマがあり、取材を通じて、私は、何度も、「運命」や「奇跡」、あるいは、「縁《えにし》」という言葉を思い浮かべました。

ペギー葉山さんという歌手によって、この歌は、大きな力を発揮するようになっていったものです。そして、空前の大ヒット曲となったことで、今度は『ドレミの歌』という、いまでは日本人なら誰でも知っている歌へとつながっていきました。

二十世紀から二十一世紀にかけて、多くの悲劇を経験した日本は、二〇一一年三月、東日本大震災という大惨事に直面しました。さまざまな方にお話を伺ったなかで、『ドレミの歌』について、こんな印象的なものがあります。

大震災以来、いたるところで被災者を励ましてきたこの歌について、自身も福島県出身で、震災以来、被災地各地で慰問の演奏会をつづけている日本フィルハーモニー交響楽団の山田智樹《ともき》さん（チェロ奏者）のこんなお話です。

「ドレミの歌は、知名度が本当に高いんです。前奏が流れた瞬間に、あっ、これっ！とピクッとして、すぐに皆さんが歌ってくれます。やはり、この歌は大人も子供も知っていますからね。教科書に載っているというのが大きいですよね。

私は二〇一一年五月六日に福島県双葉町の人たちが避難されていた埼玉の騎西《きさい》小学校で、この歌を演奏させてもらいました。これが最初だったのですが、このとき大合唱になったんです。僕自身は、ドレミの歌の歌詞の経緯までは存じ上げなかったですが、この歌が出ると、皆さんが、歌い出してくれます」

震災以来、山田さんを含め、多くの音楽家や歌手たちが被災者を励ます活動をしていますが、一番、大切なのは、いうまでもなく聴いてくれる方々の気持ちです。

山田さんは言います。

「聴いてくれている人たちの心持ちを、選曲段階で考えるんです。たとえば、『ふるさと』も、私たち随分、やらせてもらいました。『ふるさと』は、『ドレミの歌』と同じぐらい日本人は歌えますよね。でも、故郷を思う気持ちを表現した歌なものですから、聴いてくれている方のお気持ちを考えると、この歌をやっていいものかどうかと、どうしても考えてしまうんです。

故郷が大変なことになっているので、故郷を思っておられる皆さまには、あまりに直接的過ぎるかもしれないと……。『花は咲く』も同じですね。聴いておられる方が、逆に沈んでしまうようなことが正直、あるんです。やっぱり、『ドレミの歌』のような、明るく元気の出る歌がいいんですよね……」

ペギーさんがアメリカから持ち帰ったこの歌は、哀しみを抱える人々を励まし、エールを送り、背中を押してくれる力を持っていたのです。

ペギーさんの人生の集大成ともいうべきコンサートが開かれた福島県いわき市の大野第一小学校の元校長、北村壽秋さんは、こんなことを語ってくれました。

本文でも紹介させてもらったように、実家が福島第一原発のすぐ近くの双葉郡双葉町にある北村元校長は、いまだに実家に帰ることができません。しかし、電話だけは、今も止めずにそのまま引いたままなのだそうです。

「『ドレミの歌』を子供たちと一緒にペギーさんが歌ってくれたあのコンサートは忘れることができません。私は、実家に帰ることができませんが、でも、実家の電話はそのまま引いてあって、止めていないんです。あの家には楽しい思い出が一杯あるし、亡き父と母が、そこにいるような気がするんですね。それで、時々、電話をかけて、父と母と会話をするんです。もちろん、電話は鳴っているだけなんですが、私は、いろいろな話を父と母にしています。ペギーさんが来てくれて、コンサートをしてくれたことも、父と母に話しました。〝ペギーさんがわざわざ僕の学校まで来てくれて、素晴らしいコンサートをしてくれたんだよ〟と。父と母も、きっと喜んでくれたと思います……」

戦争中に生まれた「望郷の歌」を歌い、多くの元兵士の心を捉えたペギー葉山さんは、生涯現役をつづけ、人々に希望と生きる勇気を伝えつづけたのです。

私は、中国戦線で生まれたこの歌の取材を始めたとき、最後に、福島県に取材に行くことになるとは予想もしていませんでした。福島第一原発にからんで、私は過去に三冊もノンフィクションを上梓しているからです。

ただ、運命に導かれるように、私は取材をつづけていたような気がします。

長時間にわたったペギー葉山さんへのインタビューの最後に、ペギーさんが私にこんなことを語ってくれました。

「自分では、ただ歌うことが好きで、愛していただけなんです。そういう職業をいただいて、おまけにそういったきっかけというものが折々にあって……。それがみんな、私の人生の後押しをしてくれた歌になってくれたんです。そういう意味では、幸せな歌手だと思います。歌の神さまに愛されてるなって……。実は、ひとつの曲が、ずっとつながっているということを仰ってくださる方は、あなたが初めてでした。でも、そうなんだなと私も思います。ひとつの歌が、次に、次にって、必ずつながっていくんです。

もう、戦争のことを語る人がいないですもんね。こういうことを語り継いでいかないといけないでしょうね。うちの主人（根上淳）が大正の生まれで、生きていたら九十いくつです。私も、もしかすると、そういう語り部の一人で、これからも、お話があれば語っていかなきゃなって、今日は思いました。本当にありがとう」

ペギー葉山さんの思い、そして、戦場に散っていった多くの若者、歴史の真実を後世に残そうとがんばる人たち――この作品が、そんな方々の期待に添えるものであることを祈りたいと思います。

今回も作品ができるまでには、多くの方々のご協力を仰ぎました。取材の壁に何度もぶち当たった私を、そのたびに、その壁を「突破」させてくれた方々がいたのです。なんといってもペギー葉山さんご本人のご協力は欠かせないものでした。忙しい中から貴重な時間を頂戴し、率直にさまざまなお話を伺えたことは、この本に「命」を吹き込んでくれる最大の力となりました。

また、はりまや橋に『南国土佐を後にして』の歌碑を建てた臼井浩爾さんには、高知県下にご存命の鯨部隊のご高齢の元兵士を探し出すときに、どれだけお世話になったか知れません。

そして、ご高齢を押して、長時間にわたる取材に答えていただいた鯨部隊の元兵士の方々にも感謝の言葉が見つかりません。この場を借りて、心より御礼申し上げます。

ご協力いただいた方々のお名前を以下に記し、お礼の言葉に代えさせていただきたく思います。

青木章泰　秋満義孝　秋満章江　荒谷深雪　有田恵津子　足達明美　井口正直　石島道子　玄角政春　伊藤希代子　植野克彦　臼井浩爾　太田耕二　大野敏明　岡田澄子

上村正男　川﨑奉治　北村壽秋　北村直人　久米徳子　久米弘夫　近藤健治　清水康文　白井真佐子　高橋明子　高村禎二　武石憲一　竹村功　竹村利行　谷岡俊彦　田内功一　多々良成紀　妻城英治郎　富樫尚代　時久紀恵　徳橋裕生　富尾和方　中平義弘　鍋島康夫　成岡俊昌　永森清松　西山俊彦　西山枝里　橋田寛一　橋田豪夫　橋田美那恵　浜口公男　濱口利雄　濱口花都喜　福田仁　藤川幸恵　ペギー葉山　松浦正　松本秀正　南岩夫　宮嶋啓輔　宮田速雄　宮川昭男　村井俊子　森澤恒夫　森田繁広　山岡義和　山田智樹　横田寿生　横森綾　吉門三枝　吉永強　吉永ユリ子　渡邉治彦　渡邉秀彦　渡辺盛男

（五十音順）

今回も、校閲だけでなく、本文全般にわたって貴重なアドバイスをいただいた髙松完子さん、また、ブックデザイナーの緒方修一さんには素晴らしい装幀を頂戴いたしました。心より御礼を申し上げます。

なお、本書を編集するにあたって小学館の週刊ポスト編集長飯田昌宏氏、NEWSポストセブン編集室編集長の鶴田祐一氏には、多大なご協力をいただきました。この場を借りて、御礼を申し上げます。

本文は、原則として敬称を略させていただいたこと、そして、表記のなかには、現在は使われていなかったり、差別語に分類されたりする言葉もありますが、当時の雰囲気や実情、あるいは世相をそのまま表わすために使用させていただいたことをお断わり致します。

平成二十九年　盛夏

門田隆将

文庫版あとがき

四年ぶりの通常開催となった「2023年 第70回よさこい祭り」の興奮もさめやらぬ令和五年八月十三日――。

私は前日まで本書冒頭に登場する「十人十彩《じゅうにんといろ》」をはじめ、多くの踊り子隊が乱舞した高知市追手筋《おうてすじ》のメイン会場横に聳《そび》え立つ「オーテピア高知図書館」にいた。日本の経済活動を麻痺《まひ》させたコロナ禍が去り、この夏、やっと全国各地で恒例イベントが復活した。私も、オーテピアの五階「高知みらい科学館」に鎮座する豹《ひょう》の「ハチ」に久しぶりに会いに来ることができたのである。

五年前にオーテピアがオープンして以来、高知みらい科学館のメイン展示は、なんといってもハチの剝製《はくせい》である。

土佐《とさ》の鯨部隊に育てられ、成岡正久《なるおかまさひさ》・元陸軍曹長の奔走で、やっと土佐の地を安住の地にすることができたハチ。愛らしく、人なつこいハチは、後世に命の大切さと戦争の悲惨さを伝える天使の役割を今も果たしている。

私が五階に上がっていくと、ハチがいるすぐ数メートル横のオープンスペースでは、〈うく？　しずむ？　～浮力の世界～〉

と題するサイエンスショーが開かれていた。

夏休みの特別企画だ。さまざまなものを用いて、水にものが浮かぶようすと仕組みを子供たちに教えるショーである。

ハチの頭の方角、つまり視線の先には、目をキラキラさせて実験を見る子供たちの姿があった。なにやら、子供たちと一緒にハチが実験に見入っているかのようだ。

私はハチに向かって、

「よっ、久しぶり！」

そう声をかけた。ちょっぴりハチがびっくりしたような気がした。高知も、やっとコロナ禍を脱し、通常の生活に戻っていることを実感した。

ハチの横には、本書『奇跡の歌』が展示されていた。

私は手に取って、ぺらぺらとめくってみた。刊行から、もう六年も経っていた。

本書の文庫化の話を頂戴《ちょうだい》したとき、反射的に私はハチと、取材に協力してくれた方々のお顔を思い浮かべた。

刊行から六年というと、ペギー葉山《はやま》さんが亡くなってから、「もう六年が経つ」ということである。

ノンフィクション作品の最大の敵は、なんといっても「時間の壁」である。五年、十年の歳月ならば、取材や調査も困難が少ない。だが、これが六十年、七十年となってくると、本当に分厚い壁に跳ね返され、絶望的な思いになることもしばしばだ。

そういうときに必死で探すのが、当事者が書き残した日記やメモ、あるいは子供や孫に語り聞かせた証言である。本書は、そういった当事者、ご家族、友人……等々、多くの人々の協力によって、困難をひとつずつ克服していった作品である。

ハチのエピソードも、鯨部隊の苦難も、ペギー葉山さんの戦争体験も、多くの証言と資料が事実を補強してくれた。

ケースの中にいるハチの姿を見ながら、私はとりとめもなくそんなことを考えていた。

本書は、「二部構成」となっている。

前半は、鯨部隊の奮戦と戦争の過酷さを表わすドキュメントであり、後半は、そこで生まれた「南国節」が不思議な経緯を辿《たど》りながら戦後を代表するヒット曲となり、ペギー葉山という類《たぐい》まれな歌手によって何十倍、何百倍のパワーを吹き込まれていく実録である。

あらためて文庫本用のゲラを読み直して、一つ一つのエピソードを振り返ると、さまざまな思い出が蘇《よみがえ》ってくる。

(このエピソードは、あの人の日記が見つかって初めてわかったものだ)

(真相こそ辿りつけなかったが、あのご遺族の証言によってここまで表現できた)

次々とそんなことが頭に浮かんでくる。

ペギーさんが貴重な時間を割《さ》いて取材に答えてくれた、あの夢のような時間は何だったのだろう、と思う。ペギーさんの若々しさ、記憶の確かさ、誠実な人柄、なんであろうと真摯《しんし》に正面から向き合った人生……時代を創る歌手、いや、アーティストの神髄に私は触れさせてもらった。本当に感謝という言葉しか浮かんでこない。

この六年の間に、本書に協力いただいたご高齢の方々の訃報《ふほう》にどれだけ接したかしれない。

久しぶりに連絡を取り合った人が数週間後には亡くなったり、直前に電話で話した人の訃報をご家族から告げられたり、ノンフィクションの宿命というべき「生と死」が本書刊行後も続いたことをお知らせさせていただきたい。

そのため、この文庫でも、当事者の年齢については、二〇一七年の単行本刊行時点の満年齢をそのまま使わせていただくことにした。

また、本書には現在では使用が適切でないとされる用語もしばしば登場する。しかし、場面描写している当時の世相や雰囲気をそのまま表わすために、言葉を言い換えるのを避け、そのまま表現させていただいたこともお断わりしておきたい。

文庫版解説をしていただいた安倍寧《あべやすし》氏は、クラシックやジャズ、ミュージカルに造詣《ぞうけい》が深い音楽評論家である。ペギー葉山さんと同じ齢《とし》で、ペギーさんと会えば戦争の話などもされる親しい方だ。

私のような若輩の作品に向き合っていただき、このような心を揺さぶるご感想を頂戴できたことは望外の喜びである。この場を借りて、深く御礼を申し上げる次第である。

なお文庫化にあたっては、KADOKAWAの出版事業マネジメント局局長・吉良浩《きらこう》一《いち》氏、学芸ノンフィクション編集部NF新規開発課編集長・菊地悟《きくちさとし》氏にお世話になった。また大学の後輩である角川文庫編集部の伊藤泰平《いとうたいへい》氏には、さまざまな実務を担っていただいた。あらためて謝辞を述べさせていただきたい。

激動する世界にあって、「軸」がなくなったかのように日本が迷走を続けている。日本は今こそ、本来の毅然《きぜん》とした姿勢と優しさ、そして、誇りを取り戻さなければならないと思う。

苦難の中でも挫《くじ》けることなく前進を続けた先人の姿を、本書でもう一度振り返ってもらい、今後、日本が進むべき道標《みちしるべ》のひとつにでもなれば、これほど嬉《うれ》しいことはない。

永遠の平和を祈る書として、皆さまの傍《かたわ》らに置いていただけることを切に願って――。

令和五年　夏

門田隆将

参考文献

『鯨部隊　ある補充兵の手記』松浦初男　土佐鯨会　1969年
『鯨部隊補充兵の手記』松浦初男　非売品
『駄馬の足跡』松浦初男　非売品
『兵隊と豹』成岡正久　大東亜社　1943年
『豹と兵隊』成岡正久　芙蓉書房　1967年
『還らざる青春譜』成岡正久　非売品　1981年
『鯨騎兵隊戦史』鯨騎兵隊戦史刊行委員会　非売品　1985年
『南国土佐を後にして～鯨第六八八四部隊の記録～』
土佐鯨会／編（編集責任者・久米滋三）1960年
『第二次長沙作戦　ある中隊長の手記』久米滋三　非売品　1967年
『鯨　大陸に渡る　ある電報班長の手記』久米滋三　非売品　1970年
『初年兵』久米滋三　非売品　1975年
『中支戦線を征く　ある中隊長の手記』久米滋三　旺史社　1986年
『戦争は終った　ある副官の手記』久米滋三　非売品　1991年
『太平洋戦争従軍記』久米滋三　非売品　1998年
『鯨部隊戦記写真集　想い出の戦場　あの人の詩この人の歌』

久米滋三／総合監修　四国文芸社　1981年
『中支戦線の想い出』濱口利雄　非売品
『鯨部隊奮戦記』佐々木春隆「軍事研究」1985年二月号から八月号連載
『長沙作戦　緒戦の栄光に隠された敗北』佐々木春隆　光人社NF文庫　2007年
『大陸打通作戦　日本陸軍最後の大作戦』佐々木春隆　光人社NF文庫　2008年
『軍人軍属短期在職者が語り継ぐ労苦5　～南方抑留レンバン島～』
羽田野正義／文　平和祈念事業特別基金／編
『戦争と兵』近添美豊　非売品　1998年
『戦場の天使』浜畑賢吉　角川春樹事務所　2003年
『香港・長沙作戦』戦史叢書・防衛庁防衛研修所戦史室　朝雲新聞社　1971年
『昭和の防人の歌　碑が語る「南国土佐をあとにして」』
濱田幸吉　ヘンゼの森　集伝舎　1994年
『葉隠　上・下』山本常朝／原著　松永義弘／訳　教育社新書　1980年
『陸軍省派遣極秘従軍舞踊団』宮操子　創栄出版　1995年
『実録　上野動物園』福田三郎　毎日新聞社　1968年
『動物園物語』福田三郎　駿河台書房　1953年
『上野動物園百年史　資料編』東京都　1982年
『高知経済人列伝』鍋島高明　高知新聞社　2016年

『代々木上原めおと坂』根上淳・ペギー葉山　立風書房　１９８７年
『歌ありてこそ』武政英策　武政春子発行　２０００年
『歌に憑れた或る教師の軌跡』妻城良夫
『よさこい祭り50年　よさこい祭50年記念誌』よさこい祭振興会　２００４年
『高知新聞』１９５８年12月８日付朝夕刊・１９５９年５月７日付朝刊
・１９５９年５月８日付朝刊
『朝日新聞』１９４２年６月２日付夕刊・１９４２年９月11日付朝刊

解説　『南国土佐を後にして』とペギー葉山の不思議な縁《えにし》

安《あ》倍《べ》　寧《やすし》（音楽評論家）

『奇跡の歌　戦争と望郷とペギー葉山』は、一曲のヒットソングを巡るノンフィクションとして最高の作品です。

ここではその理由をペギー葉山という歌手を軸にして語りたいと思います。なぜなら僕は彼女と同年生まれで、同じ時代を音楽とともに生きたからです。

僕とペギーは昭和八年生まれ。戦中・戦後を体験している世代です。ペギーは平成二九年に亡くなり、今では第二次世界大戦の体験者そのものが少なくなっています。『奇跡の歌』は私たちとその親の世代の経験を伝える作品だと言えるでしょう。

僕がペギーを知ったのはお互いまだ高校生の時です。音楽評論家になる前から、ペギー葉山を知り、彼女が歌手として歩むその道のりをリアルタイムで見てきました。

ペギーの歌手デビューは昭和二六年の夏、後楽園球場で開かれた渡辺弘《わたなべひろし》とスターダスターズのナイター・コンサートでした。ペギーはこの第一級ジャズ・バンドの新しい専属歌手として登場したのです。演奏したのはアメリカのミュージカル『南太平洋』全曲。その中の主要な曲を彼女が歌うというプログラムでした。僕は新聞でこのコンサートの広告を見たことを覚えています。しかし残念ながら聴きに行ってはいません。

ペギーの歌を聴き、本人に会ったのはその年の秋です。僕の友人のガールフレンドとペギーが青山学院で同級生だったことから、有楽町・日劇（日本劇場）に彼女の歌を聴きに行ったのです。その時にペギーと楽屋で初めて会っています。つまり、私にとってペギーはデビュー当時から見ていて、亡くなった時には新聞の依頼で追悼文を書いたほど思い入れのある歌手なのです。

『奇跡の歌』はペギーと彼女の代表曲『南国土佐を後にして』について書かれたものですが、本題に入る前に、軍歌について少しお話ししましょう。本書に書かれているように、『南国土佐を後にして』のルーツはとある部隊が歌っていた軍歌なのですから。しかし、軍歌って何？　というのが、今の日本国民の大半の反応でしょう。

軍歌と隣接する分野に戦時歌謡がありましたが、こちらは軍歌よりももっと死語になっています。軍歌と戦時歌謡の違いを簡単に言うと、軍歌は兵隊が歌う歌、戦時歌謡は銃後の国民が歌う歌です。どちらも悲しい歌が多い。

戦時歌謡が悲しいのはわかります。自分の愛する夫や恋人、息子が戦争に行くことは大きな悲しみですから。しかし軍歌が悲しいというのは矛盾した話です。兵隊の勇気を奮い立たせるのが軍歌のはずだからです。

僕もペギーも戦時中はまだ子供でしたが、軍歌は知っていました。唱歌と呼ばれた音楽の授業で教えられ、童謡と同じかそれ以上に歌っていました。ですから、僕たちの世代は、日本の軍歌には本来軍歌が持っていてはいけない悲しみ、哀調があると知っていたんです。その特色は『南国土佐を後にして』のルーツである『南国節』にもにじみ出ていると思います。

兵隊たちの心のどこかに、この戦争に勝てる見込みは少ない、多分負けるだろうという気持ちがあった。それが哀調に結びつき、軍歌にも表現されていた。うがった見方をすれば、そういうことになると僕は思います。

『南国土佐を後にして』のもう一つの特色は民謡を取り込んでいることです。『南国節』を生んだ部隊の故郷、土佐の民謡、よさこい節です。

部隊は県単位で編成されていますから、郷土の民謡が軍歌の中に取り入れられていくのは自然なことです。ですが『南国節』ほど顕著に曲の中に取り入れられているのは珍しいでしょう。『南国土佐を後にして』のルーツには土佐出身の兵隊たちの思いがあったのです。そのことはこの『奇跡の歌』に詳しく描かれています。『奇跡の歌』が感動的な理由の一つは、高知を故郷とする兵隊たちが『南国節』を歌いながら、負け戦を戦わざるを得なかったという悲劇が透けて見えることです。

しかし『奇跡の歌』はそれで終わりません。後半のクライマックスとも言えるのが、『南国土佐を後にして』という大ヒット曲がどのように誕生したかというドラマです。

軍歌、しかも民謡調のこの歌を、そのどちらともまったく関係がないジャズ出身のペギーに歌わせようとした妻城《つまき》良夫《よしお》さんというＮＨＫの音楽プロデューサーと、これは私の得意なジャンルの歌ではないと歌うことに抵抗したペギー葉山。この二人の葛藤《かっとう》がこのヒット曲誕生の一番のハイライトです。そして、この葛藤を乗り越えることによって『南国土佐を後にして』は大ヒット曲になったのだと思います。

なぜ、ペギー葉山が歌った『南国土佐を後にして』は大衆に受け入れられたのか。一言で言えば異化作用です。民謡を取り入れた軍歌と、ジャズ出身のペギー葉山という異質の歌手が一つの歌の中でぶつかり合った。それが成功の大きな要因でしょう。シンプルに言ってしまえば、異分子同士が結び合って弁証法が実現したということです。正と反と合ですね。『南国土佐を後にして』を正として、ジャズを反とすれば、そこに新しい何か、すなわち、合が生まれたのです。

それを可能にした背景に、僕はクラシック音楽があったと考えています。ペギー葉山はもともとクラシックを歌いたいと思っていました。高校生だった時に、ジャズを聴きながら、同時にクラシック音楽に対する憧《あこが》れも持っていたのです。実際にクラシックの個人レッスンをその道の専門家、内田《うちだ》るり子《こ》さんから受けていました。

一方、ペギーに『南国土佐を後にして』を歌わせたNHKの音楽プロデューサー、妻城良夫さんは、子供の時に日本の代表的なテノール歌手、藤原義江《ふじわらよしえ》のコンサートを見て感動したという人です。自分もクラシックの歌手になりたいという希望を持っていました。

二人ともクラシック音楽への憧れと執着があった。そこが重なり合うんです。

ペギーがクラシックの勉強をしていたことを妻城さんが知っていたかどうかはわかりません。でも、ペギーの歌を聴いて、クラシックの素養があるんだということを感じていたのではないでしょうか。妻城さんは『南国土佐を後にして』を聴いた瞬間に、クラシックの素養のある人に歌わせたら面白いと思ったんじゃないでしょうか。そしてペギー葉山が思い浮かんだ。

例えば、同じジャズ歌手でも江利《えり》チエミに歌わせようとは思わなかったでしょう。チエミは浅草のバンドマンと軽演劇の女優を両親に持つ庶民派で、クラシックとは無縁です。ほかに当時の代表的なジャズ歌手といえばナンシー梅木《うめき》がいますが、この人は本場のアメリカで通用するほどの見事なジャズ歌手でした。やはりクラシックのムードではなかった。

ペギーはこの二人に比べれば、いわゆるジャスのフィーリングとはちょっと違う歌手でした。ジャズの最大の特色は即興、インプロヴィゼーションです。つまりアドリブです。

チエミもナンシーもアドリブを苦にしない歌手でした。しかしペギーはどちらかというとアドリブは得意ではなく、きっちり譜面通りに歌うほうが向いていました。『南国土佐を後にして』との異化作用がうまくいったのもあまりジャズっぽくなかったせいかもしれません。

『南国土佐を後にして』をペギーが歌ったのは昭和三三年。ちょうど高度経済成長が始まった頃でした。高度経済成長とはどういうことかというと、生活の洋風化です。例えば、団地が新しい生活様式の住居として人気を集めました。キッチンとダイニングルームが一体化したダイニングキッチンがあり、隣には畳の部屋もあるという間取りでした。

江利チエミのデビュー曲『テネシー・ワルツ』は、日本語と英語のちゃんぽんでした。ペギーも初期のヒット曲『火の接吻』は日本語と英語が混ぜこぜの歌詞で歌っています。高度経済成長を背景とした洋と和の文化のぶつかり合いが、歌の世界でも起きていたわけです。ペギーの『南国土佐を後にして』もその流れの一つに位置づけられるでしょう。

また、ペギーが『南国土佐を後にして』を歌うということはジャンル破りでもありました。それまで日本の楽壇では軍歌、民謡、ジャズ、クラシックなど、それぞれのジャンルにそれぞれの専門家がいて、その領域は侵してはいけないと思われていましたが、その因習を堂々と破り大成功をもたらしました。戦後日本の新しい文化のあり方を象徴する出来事だったのです。

『南国土佐を後にして』が大ヒットしていた当時、ペギーはちょっと戸惑っていたようでした。当たったのは嬉《うれ》しいけれど、自分の歌とは違うジャンルだから、というニュアンスは隠しませんでした。でも、歌手にとっては、こんな大ヒット曲を生涯に持てたということは本当に幸せだったと思います。この『奇跡の歌』を読むと、ペギーが最後には納得して『南国土佐を後にして』を歌っていたことがよくわかります。

歌は常に時代とともにあります。よって歌を主題にしたノンフィクションが優れたものであるためには、歌の背景となる時代を陰に陽に浮き彫りにしなくてはなりません。『奇跡の歌』は、『南国土佐を後にして』の旋律とともに戦時下の、そして戦後の日本のさまざまな光景を次々と想起させてくれます。極上のノンフィクションたる所以《ゆえん》にほかなりません。（談）

構成／タカザワケンジ

本書は、二〇一七年七月に小学館より刊行された
単行本を加筆修正のうえ、文庫化したものです。
写真提供：ＮＨＫ、成岡俊昌、臼井浩爾、太田事
務所、十人十彩事務局

奇跡《きせき》の歌《うた》

戦争《せんそう》と望郷《ぼうきょう》とペギー葉山《はやま》

門田《かどた》隆将《りゅうしょう》

令和5年 10月25日　初版発行

発行者●山下直久

発行●株式会社KADOKAWA
〒102-8177　東京都千代田区富士見2-13-3
電話　0570-002-301（ナビダイヤル）

角川文庫 23856

印刷所●株式会社暁印刷
製本所●本間製本株式会社

表紙画●和田三造

●お問い合わせ
https://www.kadokawa.co.jp/（「お問い合わせ」へお進みください）
※内容によっては、お答えできない場合があります。
※サポートは日本国内のみとさせていただきます。
※Japanese text only

ISBN 978-4-04-114076-5　C0195

JASRAC 出 2305756-301　◇◇◇

角川文庫発刊に際して

角川源義

第二次世界大戦の敗北は、軍事力の敗北であった以上に、私たちの若い文化力の敗退であった。私たちの文化が戦争に対して如何に無力であり、単なるあだ花に過ぎなかったかを、私たちは身を以て体験し痛感した。西洋近代文化の摂取にとって、明治以後八十年の歳月は決して短かすぎたとは言えない。にもかかわらず、近代文化の伝統を確立し、自由な批判と柔軟な良識に富む文化層として自らを形成することに私たちは失敗して来た。そしてこれは、各層への文化の普及滲透を任務とする出版人の責任でもあった。

一九四五年以来、私たちは再び振出しに戻り、第一歩から踏み出すことを余儀なくされた。これは大きな不幸ではあるが、反面、これまでの混沌・未熟・歪曲の中にあった我が国の文化に秩序と確たる基礎を齎らすためには絶好の機会でもある。角川書店は、このような祖国の文化的危機にあたり、微力をも顧みず再建の礎石たるべき抱負と決意とをもって出発したが、ここに創立以来の念願を果すべく角川文庫を発刊する。これまで刊行されたあらゆる全集叢書文庫類の長所と短所とを検討し、古今東西の不朽の典籍を、良心的編集のもとに、廉価に、そして書架にふさわしい美本として、多くのひとびとに提供しようとする。しかし私たちは徒らに百科全書的な知識のジレッタントを作ることを目的とせず、あくまで祖国の文化に秩序と再建への道を示し、この文庫を角川書店の栄ある事業として、今後永久に継続発展せしめ、学芸と教養との殿堂として大成せんことを期したい。多くの読書子の愛情ある忠言と支持とによって、この希望と抱負とを完遂せしめられんことを願う。

一九四九年五月三日